BARRON'S
FOREIGN LANGUAGE GUIDES

Mastering
SPANISH
Vocabulary

Jóse María Navarro and
Axel J. Navarro Ramil

BARRON'S

All inquiries should be addressed to:
Barron's Educational Series, Inc.
250 Wireless Boulevard
Hauppauge, NY 11788
www.barronseduc.com

ISBN: 978-1-4380-7155-8
Library of Congress Control Number: 2011920870

Printed in the United States of America

9 8 7 6 5 4 3 2 1

Table of Contents

Contents

At a Glance

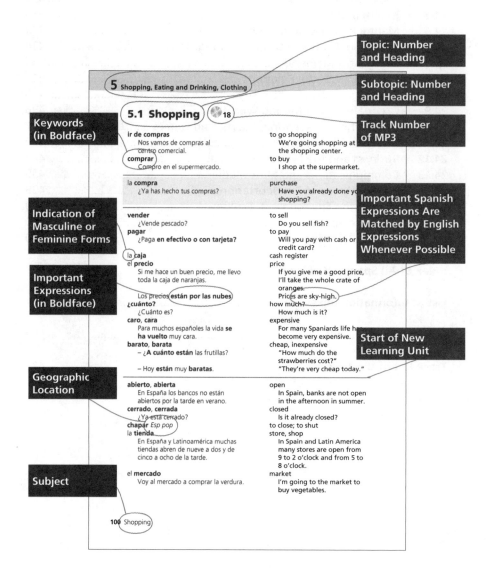

Topic: Number and Heading

Subtopic: Number and Heading

Track Number of MP3

Keywords (in Boldface)

Indication of Masculine or Feminine Forms

Important Expressions (in Boldface)

Geographic Location

Subject

Important Spanish Expressions Are Matched by English Expressions Whenever Possible

Start of New Learning Unit

5 Shopping, Eating and Drinking, Clothing

5.1 Shopping 18

ir de compras	to go shopping
Nos vamos de compras al centro comercial.	We're going shopping at the shopping center.
comprar	to buy
Compro en el supermercado.	I shop at the supermarket.
la **compra**	purchase
¿Ya has hecho tus compras?	Have you already done your shopping?
vender	to sell
¿Vende pescado?	Do you sell fish?
pagar	to pay
¿Paga **en efectivo o con tarjeta**?	Will you pay with cash or credit card?
la **caja**	cash register
el **precio**	price
Si me hace un buen precio, me llevo toda la caja de naranjas.	If you give me a good price, I'll take the whole crate of oranges.
Los precios **están por las nubes**.	Prices are sky-high.
¿cuánto?	how much?
¿Cuánto es?	How much is it?
caro, cara	expensive
Para muchos españoles la vida **se ha vuelto** muy cara.	For many Spaniards life has become very expensive.
barato, barata	cheap, inexpensive
– ¿**A cuánto están** las frutillas?	"How much do the strawberries cost?"
– Hoy **están** muy **baratas**.	"They're very cheap today."
abierto, abierta	open
En España los bancos no están abiertos por la tarde en verano.	In Spain, banks are not open in the afternoon in summer.
cerrado, cerrada	closed
¿Ya está cerrado?	Is it already closed?
chapar Esp pop	to close; to shut
la **tienda**	store, shop
En España y Latinoamérica muchas tiendas abren de nueve a dos y de cinco a ocho de la tarde.	In Spain and Latin America many stores are open from 9 to 2 o'clock and from 5 to 8 o'clock.
el **mercado**	market
Voy al mercado a comprar la verdura.	I'm going to the market to buy vegetables.

100 Shopping

Introduction

Target Audience and Purpose

Mastering Spanish Vocabulary is intended for young people and adults with previous knowledge of Spanish. The organization of this book into basic and supplementary vocabulary subjects makes it possible to solidify or expand what is already in place, to systematize and put new lexical items into context, and to differentiate important things from less important ones.

This instructional book facilitates all levels of vocabulary acquisition for students of Spanish language and culture. Particular attention has been given to translations and readings, demanding cultural or literary texts, and to competent and differentiated foreign language communication.

Partly because of its many specialized subjects relating to professions, this book is also appropriate for adults who focus on Spanish for professional reasons, plan to visit Spain or Latin America, or wish to read Spanish-language newspapers, magazines or books, or to watch television programs and films in their original versions.

Compilation Background

In creating this comprehensive, usage-based selection of **basic** and **supplementary vocabulary**, we consulted a number of sources:

- vocabulary lists from the most recent instruction books and readings in the educational field;
- culturally and subject-relevant articles and files;
- the most up-to-date word-frequency dictionaries and vocabulary lists;
- lists of neologisms from the latest dictionaries.

Structure and Presentation of Vocabulary

Mastering Spanish Vocabulary is organized into **24 subject-oriented chapters**. All deal with the characteristics of human beings and the various areas of human experience. The chapters are broken down into 126 subsections. Arranging the individual entries in clusters based on subject matter makes the material easier to handle within the subsections and allows you to learn in small building blocks that contain a wealth of related information.

A **user-friendly layout based on educational psychology** helps users find their way quickly and retain memorized material more successfully:

- The supplementary vocabulary is distinguished from the basic vocabulary by a colored background.
- Important idiomatic expressions in Spanish are matched (if possible) by their counterparts in English.
- **Lines** separate the individual **learning segments** into easy-to-memorize units.
- The 63 **Information Boxes** distributed throughout the chapters contain **Tips** with explanations of particular learning difficulties (see list, page 481).
- At the end of each chapter a list of possible **False Friends (cognates)** selected from the subject area in question will help you avoid particularly annoying mistakes.

The Main Target

The prime concern of this book is **effective and long-lasting vocabulary learning.** With such an objective, a purely alphabetical arrangement of the vocabulary would be inappropriate.

Memory stores vocabulary and its meanings in so-called ***networks*** or ***word linkages.*** Thus, anything that can create relationships between the foreign-language term and its equivalent strengthens retention and forms easy-to-memorize learning units. This knowledge of educational psychology is incorporated into this book's organization: the words are combined into **manageable semantic units of similar content** that are grouped around a specific **core subject.** Within these semantic blocks are created such associations as **synonyms** (*fantástico, estupendo, maravilloso*) and **antonyms** (*calor – frío*), **semantic fields** (*calle, avenida, cruce, semáforo, zona peatonal*) or **word families** (*la pintura – el pintor, la pintora – pintar – pintado, pintada*), and these associations facilitate and support retention and memory.

The **content** and **language coherence** of the organization and the differentiation between basic and supplementary vocabulary require taking certain factors into consideration at the moment of selecting this book's terminology:

■ The **frequency** with which the lexical unit appears in true Spanish communication usage.

■ Many Spanish words are similar to English terms because of spelling, sound, or phonetics, or a common origin, which may lead to incorrect assumptions. Such entries, often referred to as **False Friends (cognates)**, are often conducive to incorrect usage or even to unintended irony.

■ There are **varieties of Spanish,** including **language differences** between Spain and the Spanish-speaking countries in the Americas, as well as the Balearics. These varieties are identified in this book by the abbreviations *Esp,* which identifies words that are commonly used only in peninsular Spanish, and *Am*, which refers to expressions that are common in the Spanish-speaking regions of the world that are not part of the Iberian peninsula and the Balearics. Both designations constitute simplifications, because they suggest a lexical unity that does not truly exist. Nevertheless, they are very useful because they provide the learner with clear information on possible causes of misunderstandings in one language region or the other.

With the use of the designation *Esp*, this book follows the strong trend in Spanish lexicography of identifying vocabulary on both sides of the Atlantic (and not just the *Americanisms*). Reference guides are the *Nuevo Diccionario de Americanismos* (a project of the Professorship for Applied Language Scholarship at the University of Augsburg) and the *Diccionario General de la Lengua Española* by VOX/PONS (ISBN 978-3-12-517474-0).

■ Terms with more than one meaning are included in the basic vocabulary with their principal meaning and in the supplementary vocabulary with their secondary meaning (e.g., *una acción* as *action* in the basic vocabulary, and as *share* in the supplementary vocabulary).

Learning from the Examples

Transferring native-language customs to a foreign language, or making incorrect inferences about word meanings—as with *chistera*, which is often translated as *buffoon* because of the connection to *chiste*—is just one of the dangers that must be avoided. This book places special emphasis on a **syntagmatic embedding** of the most commonly listed words:

- Relevant **verb complements**, such as *hablar con – hablar de; poner a – ponerse a*, facilitate the syntactical connections.
- **Sample sentences** provide situational references and facilitate contextual understanding and retention. They show how a word is connected to other parts of the sentences and point out possible differences between the Spanish and English systems.
- Words are not always freely connectable in speech generation. In many cases they involve predetermined combinations with nouns, adjectives, or verbs (example: *sentar bien/mal – to suit well/poorly; sentarse en la silla – to sit on the chair*). These combinations pose difficulties for the language learner and thus require targeted practice. The authors of this book feel obligated to take this fact into particular consideration.
- **Idiomatic expressions** and **proverbs** show how fantasy and playful wit can characterize a language. In many cases they deviate from the basic meanings of the respective target words, but mastering them is part of linguistic and cross-cultural competence.

Spanish Pronunciation Guide

Consonants

b	[b; β]	**b**arco, a**b**eja	as an initial sound (or after a pause in speech) and after *m*, **b** is pronounced as in English; as a medial sound (except after *m*) **b** is pronounced like a sound between *w* and *b*, with a tendency toward *b*
c	[k]	**c**aja, **c**laro	*c* before *a, o,* or *u* and before consonants, like the English *k*
ce, ci	[θ; s]	**c**ero	*c* before *e* or *i* as a soft *c* (with an *s* sound) in Latin America and in many areas of southern Spain, or as the English *th* (ex. *think*) in Spain
ch	[tʃ]	**ch**iste	*ch* as in *cheer*
d	[d; ð]	**d**anés, An**d**alucía; ciu**dad**	at the beginning of a word (or after a pause in speech) and after *l, n,* or *d*, **d** is pronounced as in English; otherwise like the soft *th* sound in *the*
g	[g; ɣ]	**g**afas, **g**racias, tan**g**o, in**g**lés; pa**g**a	as an initial sound (or after a pause in speech) before *a, o, u* and before consonants and as a medial sound after *n* (followed by *a, o, u,* or a consonant) **g** is pronounced like the English hard *g*; otherwise like a [g], which is pronounced as a fricative
ge, gi	[x]	**g**ente, **g**irar	*g* before *e* and *i* like the initial sound of *house*
h		**h**aber	*h* is not pronounced
j	[x]	**j**ugar	*j* like the initial sound of *chutzpah*
ll	[ʎ; j, ʝ, ʒ, dʒ; ʃ]	**ll**amar, ca**ll**e	*ll* like the initial sound of *yes*; however, in some parts of South America (Rio de la Plata area) like the medial consonant sound in *measure* or *version*
ñ	[ɲ]	Espa**ñ**a	*ñ* like *ny* in *canyon*
q	[k]	**q**ue	always accompanied by *u, q* is pronounced like the English *k* or hard *c*

r, rr	[r, rr]	quitar, garra	*r* is trilled, and more strongly at the beginning of a word or as *rr*
s	[s; z, h]	quizás, fiesta; isla, la**s** Ramblas	*s* is pronounced approximately as in English. In many Latin-American countries (e.g., Argentina, the Caribbean region) *s* is aspirated as *h* at the end of a syllable; in some regions of Spain and Latin America it is left out in everyday language
v	[b; β, v]	via, un viaje; dividir, Cervantes	*v* is pronounced like the English **v**. However, as an initial sound (or after a pause in speech) or after *n* it is often pronounced like *b*
y	[j, ʝ, ʒ, ʤ, ʃ], [i]	playa, yo, soy	*y* is pronounced like the English *y* between two vowels or at the start of a word, often also as [ʝ], [ʒ] or [ʤ] (like the *j* in *jungle* but a bit softer); in the Rio de la Plata area as [ʃ] (like *sh* in *show*). At the end of a word, like *i*
z	[θ, s]	plaza, tenaz	*z* like an unvoiced *s* in *miss* in Latin America and some areas in southern Spain, or as the English sound *th* in *think* (Spain only)

All other consonants are pronounced approximately as in English.

Vowels

[a]	pata	
[e]	me	are pronounced approximately as in English, but noticeably shorter and more open
[i]	pino	
[o]	lo	*o* is pronounced like the open *o* in *hope*
[u]	lunes	*u* is pronounced as in the English word *super* (but noticeably shorter and more open); but it is not pronounced after *q* and in the combinations *gue* and *gui*, except when written with an umlaut, e.g., *antigüedad*

In general, vowels in Spanish are shorter and more open than in English.

Diphthongs

If the first component of the diphthong is *a, e,* or *o,* and the second component is *i* or *u,* the first part is stressed:

ai, ay	baile, jaime	like *ai* in *Mikhail*
au	auto	like the vowel sound in *now*
ei, ey	seis, buey	two separate vowel sounds
eu	deuda	two separate vowel sounds
oi, oy	hoy	like *toy*

If the first component of the diphthong is *i* or *u,* it is weakened to a semi-vowel [j] or [w] and the second component is stressed:

ia	[ja]	Alemania	**ua**	[wa]	estatua
ie	[je]	fiesta	**ue**	[we]	bueno
io	[jo]	vacaciones	**uo**	[wo]	antiguo
iu	[ju]	ciudad	**ui**	[wi]	cuidado

List of Abbreviations

adj	adjectivo	adjective
adv	adverbio	adverb
Am	americanismo	from Latin America
Esp	peninsularismo	from Spain
f	femenino	feminine
loc	locucíon	expression, turn of phrase
m	masculino	masculine
pey	peyorativo	pejorative
pl	plural	plural
pop	popular	very colloquial
refrán	refrán	proverb
®	marca registrada	registered trademark
sg	singular	singular
vulg	vulgar	vulgar

1

Personal Information

1.1 Personal Data ₁

la **persona**	person
ser	to be

INFO

Ser – Ir

In the *pretérito indefinido*, the verbs **ser** *(to be)* and **ir** *(to go)* have the same forms:

Fuiste muy trabajador hasta que te **fuiste** de Bilbao.
You were very hard-working until you left Bilbao.

---

el **nombre**
 ¿Cuál es su nombre?
el **apellido**
 En muchos países hispanohablantes la gente tiene dos apellidos.

llamarse
 Me llamo Juan Martín Echeguí.

el **hombre**
 Tu hijo está hecho un hombre.
la **mujer**
 Tomás se ha casado con una mujer extraordinaria.
el **muchacho**, la **muchacha**
el **señor**, la **señora**
 Los señores Sánchez tienen dos hijas.

la **señorita**
don, doña

first name; given name
 What is your first name?
surname; last name
 In many Spanish-speaking countries, people have two surnames.

to be named, to be called
 My name is Juan Martín Echeguí.

man; human being
 Your son is already a man.
woman
 Tomás has married a remarkable woman.
teenage boy; teenage girl
Mr.; Mrs.
 Mr. and Mrs. Sánchez have two daughters.

Miss
don; doña

INFO

Don, doña

Don and **doña** are used only in connection with the *first name* and *without the article*: **don Juan**, **doña Inés**. **Don** and **doña** are just as polite as **señor** and **señora** with the *last name*.

– ¿**De dónde es usted?**
– **Soy colombiano.**

"Where are you from?"
"I am Colombian."

---

los **datos** personales	personal information
el **lugar de nacimiento**	birthplace
Su lugar de nacimiento es Caracas.	Caracas is his birthplace.
la **fecha de nacimiento**	birth date
la **nacionalidad**	nationality
la **ciudad de origen**	native town
el **sexo**	sex

el **año**	year
¿Cuántos años tienes?	How old are you?
la **edad**	age
Ya soy mayor de edad.	I am of legal age.
Prohibido para menores de edad.	Off limits to minors.
la **tercera edad**	senior citizens
Hay descuento en los viajes para la tercera edad.	There are travel discounts for senior citizens.

la **dirección**	address
¿Me das tu dirección?	Could you give me your address?
vivir	to live
– ¿Dónde viven? – Vivimos en La Paz pero somos de Cochabamba.	"Where do you live?" "We live in La Paz, but we come from Cochabamba."
la **calle**	street
– Perdone, ¿dónde está la calle Matías Perelló? – Lo siento, no tengo ni idea.	"Excuse me, where is Matías Perelló Street?" "I'm sorry, but I have no idea."

la **residencia**	residence
el **domicilio**	domicile, residence
la **región**	region
Juan cultiva vinos típicos de esta región.	Juan cultivates wines typical of this region.

el **número de teléfono**	telephone number
Dame tu número de teléfono para llamarte mañana.	Give me your phone number so I can call you tomorrow.

el **estado civil**	marital status
estar	to be
soltero, soltera	single
– ¿Todavía estás soltero?	"Are you still single?"
– No, ya me he casado, pero mi hermana es soltera.	"No, I'm married now, but my sister is single."
casado, casada	married

divorciado, divorciada	divorced
Todavía no se han divorciado.	They didn't get divorced yet.
la **pareja de hecho**	domestic partnership
el **viudo**, la **viuda**	widower, widow
Su madre se quedó viuda muy joven.	His mother was widowed very young.
separado, separada	separated
Juana y Teresa se han separado.	Juana and Teresa have separated.

la **profesión**	profession, vocation
¿Cuál es su profesión?	What is your profession?
dedicarse a	to devote oneself to; to do (professionally)
¿A qué te vas a dedicar cuando termines el aprendizaje?	What are you going to do when you finish your training?

el **documento de identidad**	identification card
¿Lleva usted el documento de identidad?	Do you have an identification card with you?
la **cédula** *Am*	ID card

el **pasaporte**	passport
Para viajar por Latinoamérica es necesario llevar el pasaporte.	A passport is necessary for traveling in Latin America.
extranjero, extranjera	foreigner
Muchos extranjeros pasan sus vacaciones en las costas españolas.	Many foreigners spend their holidays on the Spanish seashore.

el, la **emigrante**	emigrant
Hay emigrantes gallegos en muchos países hispanoamericanos.	There are Galician emigrants in many Latin American countries.
emigrar	to emigrate
el, la **inmigrante**	immigrant
inmigrar	to immigrate
el **permiso de residencia**	residence permit
válido, válida	valid
la **ciudadanía**	citizenship
naturalizarse	to become naturalized

1.2 Nationality, Languages, ₂ Countries, Ethnic Groups

Europa	Europe
(el, la) **europeo, europea**	European
la **Unión Europea (UE)**	European Union (E.U.)
el **país**	country
Euskadi es el nombre vasco del País Vasco.	Euskadi is the Basque name for the Basque country.
el **idioma**	language

Alemania
Alemania estuvo dividida casi 40 años en República Federal (RFA) y República Democrática (RDA).

Germany
For almost 40 years Germany was divided into the Federal Republic of Germany (F.R.G.) and the German Democratic Republic (G.D.R.).

(el, la) **alemán, alemana**
Lukas no es alemán, aunque habla alemán, vive en Alemania y tiene madre alemana.

German
Lukas is not German, although he speaks German, lives in Germany, and has a German mother.

Suiza
Switzerland
(el, la) **suizo, suiza**
Swiss
Los relojes suizos son muy buenos.
Swiss watches are very good.

Austria
Austria
En invierno vamos a esquiar a Austria.
In winter we go skiing in Austria.

(el, la) **austriaco/austríaco, austriaca/austríaca**
Austrian
Viena es la capital austríaca.
Vienna is the capital of Austria.

Suecia
Sweden
Suecia forma parte de Escandinavia.
Sweden is a part of Scandinavia.

(el, la) **sueco, sueca**
Swedish; Swede
Muchos suecos hablan muy bien inglés.
Many Swedes speak English very well.

Noruega
Norway
La capital de Noruega es Oslo.
The capital of Norway is Oslo.
(el, la) **noruego, noruega**
Norwegian
Finlandia
Finland
(el, la) **finlandés, finlandesa**
Finnish; Finn
Dinamarca
Denmark
En Dinamarca se produce mucha leche.
A lot of milk is produced in Denmark.

(el, la) danés, danesa	Danish; Dane
Las playas danesas son muy largas.	The Danish beaches are very long.

(los) Países Bajos	Netherlands, Holland
En los Países Bajos no hay casi montañas.	There are almost no mountains in the Netherlands.
(el, la) holandés, holandesa	Dutch; Dutchman
Las flores holandesas se exportan a muchos países.	Dutch flowers are exported to many countries.
Bélgica	Belgium
En Bélgica está la sede de la Comunidad Europea.	The seat of the European Community is in Belgium.
(el, la) belga	Belgian
Los belgas hablan francés y flamenco.	The Belgians speak French and Flemish.

Inglaterra	England
(el, la) inglés, inglesa	English
La capital inglesa es muy conocida.	The English capital is very well known.

Irlanda	Ireland
(el, la) irlandés, irlandesa	Irish
¿Te gusta el café irlandés?	Do you like Irish coffee?
Gran Bretaña	Great Britain
(el, la) británico, británica	British
Escocia	Scotland
(el, la) escocés, escocesa	Scottish; Scot
(País de) Gales	Wales
(el, la) galés, galesa	Welsh; Welshman

Francia	France
Francia limita con Bélgica, Luxemburgo, Alemania, Suiza, Italia y España.	France borders on Belgium, Luxemburg, Germany, Switzerland, Italy, and Spain.
(el, la) francés, francesa	French; Frenchman, Frenchwoman
La Revolución Francesa terminó con el golpe de Estado de Napoleón.	The French Revolution ended with Napoleon's coup d'etat.
Italia	Italy
Carlos se fue a Italia y no quiere volver.	Carlos went to Italy and doesn't want to come back.
(el, la) italiano, italiana	Italian
La ópera italiana es muy famosa.	Italian opera is very famous.

Turquía	Turkey
Turquía es un estado multiétnico donde se hablan muchas lenguas.	Turkey is a multiethnic state in which many languages are spoken.
(el, la) **turco, turca**	Turkish; Turk
A mí me gusta la comida turca.	I like Turkish food.

Grecia	Greece
En Grecia hay muchos templos antiguos.	There are many ancient temples in Greece.
(el, la) **griego, griega**	Greek
chipre	Cyprus
(el, la) **chipriota**	Cypriot
Bulgaria	Bulgaria
(el, la) **búlgaro, búlgara**	Bulgarian
Rumania	Romania
(el, la) **rumano, rumana**	Romanian

España	Spain
En España se hablan cuatro lenguas: el español o castellano, el euskera o vasco, el gallego y el catalán.	Four languages are spoken in Spain: Spanish (or Castilian), Basque, Galician, and Catalán
(el, la) **español, española**	Spanish; Spaniard
(el, la) **castellano, castellana**	Castilian
Portugal	Portugal
Portugal es un país pequeño con hermosas playas.	Portugal is a small country with beautiful beaches.
(el, la) **portugués, portuguesa**	Portuguese
En Portugal se habla portugués, que es similar al portugués Brasileño.	Portuguese is spoken in Portugal, a language similar to Brazilian Portuguese.
(el) Brasil	Brazil
Brasil es el país más grande de Latinoamérica.	Brazil is the biggest country in Latin America.
(el, la) **brasileño, brasileña**	Brazilian

Rusia	Russia
(el, la) **ruso, rusa**	Russian
El ruso me parece una lengua muy difícil.	Russian seems to me to be a very difficult language.
Estonia	Estonia
(el, la) **estonio, estonia**	Estonian
Letonia	Latvia
(el, la) **letón, letona**	Latvian
Lituania	Lithuania
(el, la) **lituano, lituana**	Lithuanian
Ucrania	Ukraine
(el, la) **ucraniano, ucraniana**	Ukrainian
Bielorrusia	Belarus
(el, la) **bielorruso, bielorrusa**	Belarusian, Belarussian

Polonia	Poland
En Polonia los inviernos son muy largos.	Winters are very long in Poland.
(el, la) **polaco, polaca**	Polish; Pole
El polaco se parece al ruso.	Polish is similar to Russian.
Eslovaquia	Slovakia
(el) **eslovaco**	Slovak
Hungría	Hungary
(el, la) **húngaro, húngara**	Hungarian
Serbia	Serbia
serbio, serbia	Serb; Serbian

Croacia	Croatia
(el, la) **croata**	Croatian; Croat
Bosnia	Bosnia
(el, la) **bosnio, bosnia**	Bosnian
Montenegro	Montenegro
(el, la) **montenegrino, montenegrina**	Montenegrin
Macedonia	Macedonia
(el, la) **macedonio, macedonia**	Macedonian
Albania	Albania
(el, la) **albanés, albanesa**	Albanian
Kosovo	Kosovo
(el, la) **kosovar**	Kosovar

La americana –Jacket

In addition to *American (woman or girl)*, **americana** can mean *jacket*;
see page 122.

América	America (continent)
el **Mercosur**	Mercosur
la **Unasur**	Unasur (Union de Naciones Suramericanas)
(el, la) **americano**, **americana**	American
Hay gente que llama americanos sólo a los estadounidenses.	Some people refer only to U.S. citizens as *American*.

(el) **Canadá**	Canada
(el, la) **canadiense**	Canadian
(los) **Estados Unidos (EE.UU.)**	United States (U.S.A.)
En los Estados Unidos viven muchos hispanohablantes.	Many Spanish speakers live in the United States.
(el, la) **estadounidense**	of the U.S.; U.S. American
(el, la) **norteamericano**, **norteamericana**	North American

(la) **India**	India
La India ocupa casi un continente.	India occupies almost an entire continent.
(el, la) **indio**, **india**	Indian
Colón se equivocó y llamó indios a los habitantes de América.	Columbus made a mistake and called the inhabitants of America Indians.

Hispanoamérica	Spanish America

Hispanoamérica – Spanish America

Hispanoamérica refers to all the *Spanish-speaking countries of Latin America*,
whereas **hispanoamericanos** refer to themselves as **americanos**.

hispanoamericano, **hispanoamericana**	Spanish American
Latinoamérica	Latin America
(el, la) **hispanohablante**	Spanish-speaking; Spanish speaker
(el, la) **sudamericano**, **sudamericana**	South American

México (Méjico)
De México llegó mucha plata a España.

Mexico
Much silver came to Spain from Mexico.

(el, la) mexicano, mexicana (mejicano, mejicana)
La cocina mexicana es muy picante.

Mexican

Mexican cooking is very spicy.

Guatemala
Rigoberta Menchú es de Guatemala.

Guatemala
Rigoberta Menchú is from Guatemala.

(el, la) guatemalteco, guatemalteca
El escritor guatemalteco Miguel Ángel Asturias recibió el Premio Nobel de Literatura en 1967.

Guatemalan
Guatemalan writer Miguel Ángel Asturias received the Nobel Prize for Literature in 1967.

Honduras
(el, la) hondureño, hondureña
El Salvador
El Salvador es un país pequeño que exporta café y plátanos.

Honduras
Honduran
El Salvador
El Salvador is a small country that exports coffee and bananas.

(el, la) salvadoreño, salvadoreña
Nicaragua
El poeta Rubén Darío nació en Nicaragua.

Salvadoran
Nicaragua
The poet Rubén Darío was born in Nicaragua.

(el, la) nicaragüense
Costa Rica
En Costa Rica no hay ejército.
(el, la) costarricense
Panamá
(el, la) panameño, panameña
Cuba
Cuba tiene grandes poetas como Nicolás Guillén.

Nicaraguan
Costa Rica
Costa Rica has no Army.
Costa Rican
Panama
Panamanian
Cuba
Cuba has great poets such as Nicolás Guillén.

(el, la) cubano, cubana
El tabaco y el ron cubanos son famosos en todo el mundo.

Cuban
Cuban tobacco and rum are famous all over the world.

(la) República Dominicana
La República Dominicana está en el Caribe.

Dominican Republic
The Dominican Republic is in the Caribbean.

(el, la) dominicano, dominicana

Dominican

Colombia
En Europa se toma mucho café de Colombia.

Colombia
A great deal of coffee from Colombia is drunk in Europe.

(el, la) colombiano, colombiana
Venezuela
Venezuela exporta petróleo.
(el, la) venezolano, venezolana

Colombian
Venezuela
Venezuela exports oil.
Venezuelan

(el) **Ecuador**
Mi alumno trabaja ahora en Ecuador.

Ecuador
My student is now working in Ecuador.

(el, la) **ecuatoriano**, **ecuatoriana**
Las Islas Galápagos son ecuatorianas.

Ecuadoran
The Galapagos Islands belong to Ecuador.

(el) **Perú**
Colombia, Venezuela, Perú, Ecuador, Bolivia y Chile son países andinos.

Peru
Colombia, Venezuela, Peru, Ecuador, Bolivia, and Chile are Andean countries.

(el, la) **peruano**, **peruana**
Muchos peruanos hablan quechua.

Peruvian
Many Peruvians speak Quechua.

Bolivia
La capital de Bolivia es La Paz.

Bolivia
The capital of Bolivia is La Paz.

(el, la) **boliviano**, **boliviana**

Bolivian

(el) **Paraguay**
En Paraguay hubo una dictadura.

Paraguay
There used to be a dictatorship in Paraguay.

(el, la) **paraguayo**, **paraguaya**
Los paraguayos hablan español y guaraní.

Paraguayan
The Paraguayans speak Spanish and Guaraní.

(el) **Uruguay**

Uruguay

(el, la) **uruguayo**, **uruguaya**

Uruguayan

(la) **Argentina**
En Argentina viven muchos descendientes de italianos.

Argentina
Many descendants of Italians live in Argentina.

(el, la) **argentino**, **argentina**
El tango argentino es muy singular.

Argentine
The Argentine tango is very unique.

Chile
En Chile se producen muchos vinos.

Chile
Much wine is produced in Chile.

(el, la) **chileno**, **chilena**
Uno de los atractivos chilenos más conocidos es el desierto de Atacama.

Chilean
One of the best known Chilean attractions is the Atacama Desert.

África
(el, la) **africano**, **africana**
África sufre una gran crisis económica.

Africa
African
Africa is suffering a great economic crisis.

Marruecos
(el, la) **marroquí**
Marruecos quiere que Ceuta y Melilla sean ciudades marroquíes.

Morocco
Moroccan
Morocco wants Ceuta and Melilla to become Moroccan cities.

(el, la) **árabe**

Arab; Arabic

Israel	**Israel**
En Israel se habla hebreo.	Hebrew is spoken in Israel.
(el, la) **israelí**	**Israeli**
Durante nuestras vacaciones conocimos a unos israelíes.	During our vacation we met several Israelis.

Asia — **Asia**
(el, la) **asiático, asiática** — Asian; Asiatic
La zona asiática de Rusia tiene una extensión de 13.122.850 km². — The Asian area of Russia has an extension of 13,122,850 km².

China — **China**
En China hay un gran desarrollo económico. — There is great economic development in China.
(el, la) **chino, china** — Chinese
Los chinos son un pueblo muy trabajador. — The Chinese are a very hard-working people.

(el) **Japón** — **Japan**
A Japón pertenecen muchas islas. — Many islands belong to Japan.

japonés, japonesa — **Japanese**
Los productos japoneses son de alta calidad. — Japanese products are of high quality.

Filipinas — **Philippines**
(el, la) **filipino, filipina** — **Filipino**
Muchos filipinos tienen apellidos de origen español. — Many Filipinos have surnames of Spanish origin.

Australia — **Australia**
Australia junto con otras islas forman el continente Oceanía. — Australia, together with other islands, forms the continent of Oceania.

(el, la) **australiano, australiana** — **Australian**
Nueva Zelanda, Nueva Zelandia — **New Zealand**
(el, la) **neozelandés, neozelandesa** — **New Zealander**

el **mulato**, la **mulata**	mulatto
el **mestizo**, la **mestiza**	mestizo
Los mestizos son de padre blanco y madre india o al revés.	Mestizos have a white father and a Native American mother, or the other way around.
el **gitano**, la **gitana**	gipsy
Federico García Lorca escribió el primer romancero gitano.	Federico García Lorca wrote the first gipsy collection of romances and ballads.
la **tribu**	tribe
el **indio**, la **india**	Indian (Native American)
Los pobladores indígenas de América fueron llamados indios.	The indigenous inhabitants of America were called Indians.
(el, la) **azteca**	Aztec
el, la **maya**	Maya
el, la **inca**	Inca
el **quechua**	Quechua (language)

My Vocabulary

_____

_____

_____

_____

_____

_____

_____

_____

_____

_____

_____

_____

_____

_____

_____

_____

_____

_____

_____

_____

_____

_____

2

The Human Body

2.1 Body Parts and Organs ₃

el **cuerpo**
Hacer deporte es bueno para
la constitución del cuerpo.

body
Playing sports helps get your
body in good condition.

físico

physique

la **piel**

skin

el **hueso**
Me he quedado en la piel y
los huesos. *loc*

bone
I'm just skin and bones.

---

el **esqueleto**
Me dan miedo los esqueletos.

skeleton
I'm afraid of skeletons.

corporal

bodily

---

la **cabeza**
Juan tiene la cabeza muy grande.

head
Juan has a very big head.

---

el **cerebro**
El cerebro dirige nuestras actividades
y sentidos.

brain
The brain controls our
activities and senses.

el **nervio**
El paciente sufrió un ataque de nervios.

nerve
The patient suffered a
nervous breakdown.

---

el **pelo**
Tomás lleva el pelo largo.

hair
Tomás has long hair.

la **cara**
Ponte crema en la cara para no quemarte.

face
Put cream on your face,
so that you don't get
sunburned.

¿Tengo monos en la cara? *loc pop*

What are you looking at?

la **frente**
Cuando Miguel se acordó otra vez,
se dio en la frente.

forehead
When Miguel remembered
it again, he slapped his
forehead.

Algunas personas confunden la frente
con el frente.

Some people confuse
la frente (forehead) with
el frente (front).

---

el **sudor**
Cámbiate los calcetines, que te
huelen a sudor.

sweat
Change your socks; they
smell sweaty.

---

el **ojo**
Teresa tiene unos ojos muy bonitos.

eye
Teresa has very pretty eyes.

---

la **ceja** De aquella caída tengo la cicatriz sobre las cejas.	eyebrow I got the scar above my eyebrows from that fall.
la **oreja** la **nariz** ¡No te metas el dedo en la nariz!	ear nose Don't pick your nose!
la **boca** Tienes una boca muy bonita.	mouth You have a very cute mouth.
el **labio** la **mejilla** (n) Las españolas saludan con un beso en cada mejilla. la **barbilla** Cuando mi padre está pensando se acaricia la barbilla. la **pera** *Am*	lip cheek Spanish women greet one another with a kiss on each cheek. chin When my father is thinking, he strokes his chin. goatee
la **lengua** Al probar la sopa me he quemado la lengua. el **diente** Mi dentista me recomendó esperar por lo menos media hora antes de limpiarme los dientes después de cada comida. la **muela** Gema tiene dolor de muelas.	tongue I burned my tongue when I tasted the soup. tooth My dentist advised me to wait at least half an hour after each meal before brushing my teeth. molar Gema has a toothache.
el **cuello** Es muy práctico llevar la cámara fotográfica al cuello. la **garganta** Me duele la garganta. el **hombro** Mi amigo Julián saluda siempre a sus amigos con una palmada en el hombro.	neck It's very practical to carry the camera round one's neck. throat I have a sore throat. shoulder My friend Julián always greets his friends with a clap on the shoulder.
el **brazo** Paco tiene un brazo enyesado.	arm Paco has his arm in a cast.
el **codo** Me he dado un golpe en el codo.	elbow I bumped my elbow.

la **mano** Los españoles no se dan la mano cada vez que saludan.	hand Spaniards don't always shake hands when they greet one another.
la **muñeca** Marisa lleva el reloj de pulsera en la muñeca derecha. el **puño** **diestro, diestra** **zurdo, zurda**	wrist Marisa carries her wristwatch on her right wrist. fist right-handed left-handed
el **dedo** Pilar se ha cortado en el dedo.	finger Pilar has cut her finger.
la **uña** Benito se come las uñas.	fingernail Benito bites his nails.
el **pecho** Lola tiene un niño de pecho.	chest, breast Lola has a newborn.
el **pulmón** El tabaco daña los pulmones. **respirar** Quiero respirar aire puro. la **respiración** Durante toda la operación vigilaron la respiración del paciente.	lung Tobacco damages the lungs. to breathe I want to breathe fresh air. respiration, breathing They watched the patient's breathing during the entire operation.
la **espalda** Perdone que le dé la espalda.	back Excuse me for turning my back to you.
el **trasero** Le duele el trasero de estar sentada.	buttocks Her bottom hurts from sitting so long.
el **culo** *pop* Marta se cayó de culo. el **corazón** Tomás tiene el corazón delicado. la **sangre** El herido ha perdido mucha sangre.	bottom Marta fell on her bottom. heart Tomás has a weak heart. blood The injured man lost a lot of blood.

la **arteria**	artery
Las arterias llevan la sangre del corazón a los órganos.	The arteries carry the blood from the heart to the organs.
la **vena**	vein
El médico me sacó sangre de la vena.	The doctor took blood from my vein.

el **estómago**	stomach
Me duele el estómago.	I have a stomachache.

la **barriga**	belly
el **vientre**	belly; abdomen; bowels
Me parece que Marisa está embarazada. Tiene el vientre muy hinchado.	It seems to me that Marisa is pregnant. Her belly is very swollen.
El médico me preguntó si tenía dolores al hacer de vientre.	The doctor asked me if I had pain when I relieved myself.
el **riñón**	kidney
Pablo tiene piedras en el riñón.	Pablo has kidney stones.
el **hígado**	liver
El alcohol es malo para el hígado.	Alcohol is bad for the liver.
el **apéndice**	appendix
digerir	to digest
la **digestión**	digestion
Hago la digestión muy pesada.	I have digestive trouble.

la **cadera**	hip
las **caderas**	hipbones; pelvis
Ana tiene caderas anchas y Clara estrechas.	Ana has broad hipbones, and Clara has narrow ones.

la **pierna**	leg
Cuando subo a un avión me tiemblan las piernas.	When I board an airplane, my legs shake.

el **muslo**	thigh
el **músculo**	muscle
El deportista tiene músculos de acero.	The athlete has muscles of steel.
la **rodilla**	knee
Víctor se ha puesto de rodillas en la iglesia.	Victor went on his knees in church.
el **tobillo**	ankle
Isabel se ha torcido el tobillo.	Isabel sprained her ankle.

el **pie**
Me canso de estar de pie.
En español también tenemos dedos en el pie.

foot
I'm tired of standing.
In Spanish our foot has fingers (*dedos*) as well.

---

estar parado, **parada** *Am*

to be unemployed

2.2 Sexuality, Reproduction 4

la **mujer**
Solo las mujeres tienen niños.
el **hombre**
A los hombres se les cae el pelo con mayor frecuencia.

woman
Only women have children.
man
Men lose hair more often.

---

el/la **hermafrodita**
A menudo los hermafroditas sufren la presión social de que se asignen un sexo definido.

hermaphrodite
Hermaphrodites often experience social pressure to have a well-defined sexual orientation.

---

el **varón** *Am*
la **hembra** *Am*

male; man
female; woman

---

el **chico**, la **chica**

La chica de la falda roja es mi novia.

boy or young man; girl or young woman
The girl in the red skirt is my girlfriend (or bride).

---

enamorado, **enamorada**
Yo estoy enamorada de Andrés y Andrés, por desgracia, de Mario.

in love
I am in love with Andrés, and Andrés is unfortunately in love with Mario.

---

enamorarse
hacer el amor

to fall in love
to make love

---

querer
Los abuelos quieren mucho a los nietos.

¿Me quieres?
amar
Te amo.
el **beso**
Dame un beso.

to love; to desire; to like
Grandparents love their grandchildren very much.
Do you love me?
to love
I love you.
kiss
Give me a kiss.

besarse	to kiss each other
Los novios se besaban con mucho cariño.	The engaged couple kissed very tenderly.
íntimo, íntima	intimate
Marta y Jesús tienen relaciones íntimas.	Marta and Jesús have an intimate relationship.
Noel y Miguel son íntimos amigos.	Noel and Miguel are good friends.

el **sexo**	sex
el **género**	gender

sexual	sexual
erótico, erótica	erotic
La primera película erótica que vimos fue muy mala.	The first erotic movie we saw was very bad.
los **cojones** *vulg*	balls
el **pene**	penis
el **pito** *pop*	dick
la **polla** *Esp vulg*	pussy
la **vagina**	vagina
el **coño** *vulg*	twat

la **papaya** *Am vulg*	cunt

la **matriz**	uterus
Le duele la matriz.	I have cramps.
el **periodo, período**	menstrual period
¿Cuándo tuvo el último periodo?	When did you have your last period?
la **píldora**	pill
¡Olvidé tomarme la píldora!	I forgot to take my pill!
el **condón**	condom
Deme un paquete de condones.	Give me a package of condoms.
la **virgen**	virgin
Marisa es virgen.	Marisa is a virgin.
la **pubertad**	puberty
Hay chicas que llegan a la pubertad a los doce años.	There are girls who reach puberty at the age of 12.

embarazada	pregnant
Está embarazada de cinco meses.	She is five months pregnant.
el **embarazo**	pregnancy
Ofelia tiene un embarazo sin problemas.	Ofelia is having an easy pregnancy.
el **aborto**	abortion
El aborto es un tema muy discutido.	Abortion is a controversial subject.

el/la **homosexual**	homosexual; gay
¿Por qué discriminan a los homosexuales?	Why are homosexuals discriminated against?
homosexual	homosexual
(el) **gay**	gay
el/la **transexual**	transsexual
el **travesti, travestí**	transvestite
(el/la) **intersexual**	intersexual
el **marica/maricón** *vulg pey*	fag
(la) **lesbiana**	lesbian
heterosexual	heterosexual
el **acoso sexual**	sexual harassment

2.3 Birth, Stages of Life, Death 5

| **nacer** | to be born |
| Beatriz ha nacido en junio. | Beatriz was born in June. |

el **parto**	delivery, birth
Ha sido un parto fácil.	It was an easy delivery.
la **comadrona**	midwife
la **partera**	midwife

el **cumpleaños**	birthday
Mañana es mi cumpleaños.	Tomorrow is my birthday.
¡Feliz cumpleaños!	Happy Birthday!
vivir	to live
¿De qué vives?	What do you live on?
la **vida**	life
Así es la vida.	That's life.
vivo, viva	alive, living
El herido estaba vivo cuando llegó la ambulancia.	The injured man was still alive when the ambulance came.

INFO

Ser – Estar

Note:

| **estar vivo, viva** | *to be alive* |
| **ser vivo, viva** | *to be ingenious, to be smart* |

For the difference between **ser** and **estar**, see the information on page 411.

el **bebé**	baby
El bebé despierta a toda la familia cuando llora.	The baby wakes the whole family when he cries.
el, la **niño**, **niña**	child; boy, girl
Todavía no sabemos si será niño o niña.	We don't know yet whether it will be a boy or a girl.

crecer	to grow
Has crecido mucho.	You have grown a lot.
la **infancia**	childhood; infancy
En mi infancia jugábamos en la calle.	In my childhood we played in the street.
la **niñez**	childhood
infantil	infantile; childish

el, la **joven**	youth; young man or woman
Muchos jóvenes no tienen trabajo.	Many young people have no job.
joven	young
Carmela no es muy joven.	Carmela is not very young.

la **juventud**	youth
La juventud pasa deprisa.	Youth passes quickly.
el **adulto**, la **adulta**	adult
Hay cursos de español para adultos.	There are Spanish courses for adults.

viejo, **vieja**	old
Cuando sea vieja me iré a vivir a España.	When I get old, I'll move to Spain.

el **anciano**, la **anciana**	old man, old woman
la **vejez**	old age
No hay que temer a la vejez.	There is no need to fear old age.

la **muerte**	death
¡Peligro de muerte!	Grave danger!
el **muerto**, la **muerta**	dead man, dead woman
Nadie pudo identificar al muerto.	No one was able to identify the dead man.
morir	to die
Doña Felisa murió de cáncer.	Doña Felisa died of cancer.

morirse	to die
Se murió a causa de un infarto.	He died as a result of an infarct.

mortal	fatal
La caída pudo haber sido mortal.	The fall could have been fatal.

el **suicidio**	suicide
Tomar tanto el sol es un suicidio.	Lying in the sun so long is suicide.
suicidarse	to commit suicide, to kill oneself
Los drogadictos se suicidan poco a poco.	Drug addicts commit suicide little by little.
ahogarse	to drown, to suffocate
¡Me ahogo de calor!	I'm suffocating from heat!
envenenarse	to poison oneself
el **veneno**	poison
El tabaco es veneno para la salud.	Tobacco is poison for one's health.

el **cadáver**	cadaver, corpse
el **entierro**	burial, funeral
El entierro será esta tarde.	The burial will take place this afternoon.
enterrar	to bury, to inter
Mis padres están enterrados en Madrid.	My parents are buried in Madrid.
el **pésame**	sympathy; condolence
Quiero darle el pésame.	I want to express my condolences to you.
el **sentimiento**	sorrow
Le acompaño en el sentimiento.	I share your sorrow.
el **luto**	mourning
Estoy **de** luto.	I am in mourning.
el **duelo**	mourning
la **sepultura**	grave
La enterraron en una sepultura individual.	She was buried in a single grave.
la **tumba**	tomb
La tumba de Felipe II está en El Escorial.	The tomb of Philip II is in El Escorial.

2.4 Senses and Perceptions 6

sentir	to feel
Siento frío.	I'm cold.

el **sentido**	sense
Esto no tiene sentido.	This doesn't make sense.

el **frío**	cold
Tengo frío.	I'm cold.
caliente	hot
Tienes las manos calientes.	Your hands are hot.
el **calor**	heat; hot
¡Qué calor tengo! ¿Vamos a bañarnos?	I'm so hot! Shall we go swimming?

notar	to notice; to observe
Hemos notado la vida más cara.	We've noticed that life has become more expensive.

tocar	to touch
Por favor, no toquen la mercancía.	Please, don't touch the merchandise.

el **tacto**	sense of touch
Los ciegos leen por el tacto.	The blind read by touch.

duro, dura	hard
Esto está duro como una piedra.	That is as hard as a rock.
blando, blanda	soft
No me gusta la cama blanda.	I don't like a soft bed.

bello, bella	beautiful
el **gusto**	taste
Hay gustos que merecen palos.	There is no accounting for tastes!
gozar	to enjoy
El público goza con el espectáculo.	The audience enjoys the performance.

ver	to see
Hoy no quiero ver a nadie.	Today I don't want to see anybody.

la **vista**	sight; vision
Rafael perdió la vista en un accidente.	Rafael lost his sight in an accident.
reconocer	to recognize
He visto a Ana pero no me ha reconocido.	I saw Ana, but she didn't recognize me.

mirar	to look
Mira, Carlos, ahí hay un bar.	Look, Carlos, there's a bar.

la **mirada**	look; glance
¡Eche una mirada al periódico!	Take a look at the newspaper!

oír	to hear
Pedro está oyendo las noticias.	Pedro is listening to the news.
el oído	sense of hearing; ear
Carmen canta de oído.	Carmen sings by ear.
Ana me lo ha dicho al oído.	Ana whispered it in my ear.
escuchar	to listen to
Maite me oye pero no escucha.	Maite hears me, but she doesn't listen.
el ruido	noise
Con tanto ruido no puedo dormir.	I can't sleep with so much noise.
el silencio	silence
¡Silencio, por favor! Aquí se está rodando una película.	Silence, please! A movie is being filmed here.
el olor	smell
El olor del café me despierta.	The smell of coffee wakes me up.
oler	to smell
Tu perfume huele muy bien.	Your perfume smells very good.
percibir	to perceive, to sense, to feel
la percepción	perception
Parece que tienes una percepción extrasensorial.	It seems that you have extrasensory perception.
gustar	to taste; to be pleasing
Me gusta mucho la paella.	I like paella a lot.
el sabor	taste
dulce	sweet
Este vino dulce es bueno para acompañar el postre.	This sweet wine is good for dessert.
salado, salada	salty; funny (Sp.)
Este pescado está muy salado.	This fish is very salty.
¡Qué salado es este niño!	How funny is this kid!
amargo, amarga	bitter
El café solo es amargo.	Espresso is bitter.
agrio, agria	sour
La leche está agria.	The milk is sour.
agridulce	bittersweet

2.5 Activities, Movements, States 7

la **actividad**	activity
la **acción**	action; deed
A Pablo le gustan las películas de acción.	Pablo likes action films.
hacer	to do; to make
– ¿Qué hiciste el sábado?	"What did you do on Saturday?"
– Nada especial. Me quedé en casa estudiando y viendo la tele.	"Nothing much. I stayed at home, studying and watching TV."
el **gesto**	gesture; facial expression; look
Mi profesor tenía un gesto muy severo.	My teacher had a very stern look.
Tu gesto ha sido muy generoso.	Your gesture was very generous.
acariciar	to caress, to stroke
El gato no se dejó acariciar.	The cat didn't allow itself to be stroked.

rascarse	to scratch oneself
Me pica la espalda pero no me puedo rascar.	My back itches, but I can't scratch myself.

el **esfuerzo**	effort
Haz un esfuerzo y aprobarás el examen.	Make an effort and you'll pass the exam.
sonreír	to smile
¡Sonría, por favor!	Smile, please!
la **sonrisa**	smile
Tienes una sonrisa muy simpática.	You have a nice smile.
reírse	to laugh
Nos reímos mucho del chiste.	We laughed a lot at the joke.
la **risa**	laughter
Es para morirse de risa.	It's too funny for words.

moverse	to move
Lola se mueve mucho.	Lola travels a lot.

mover	to move
¡No te muevas de ahí!	Don't you move from there!

quedarse	to stay, to remain
Mi mujer se ha quedado hoy en casa.	My wife stayed home today.
Mi mujer se ha quedado embarazada.	My wife became pregnant.
ir	to go
Voy a la playa.	I'm going to the beach.
irse	to go away; to leave; to go on a trip
Lola se va a casa.	Lola is going home.

venir	to come
¿Vienes conmigo?	Are you coming with me?
llegar	to arrive
Llegaré el domingo.	I'll arrive on Sunday.
regresar	to return
¿Cuándo regresarás?	When will you return?
volver	to come back
Manuel volverá a las diez.	He'll be back at ten.

volverse	to turn around
La gente se volvió al oír la sirena.	The people turned around when they heard the siren.
voltear *Am*	to strike; to spill

pasar	to go in; to enter
– ¡Pase usted primero, señora!	"You go first, madam."
– Muchas gracias.	"Thank you very much."
– De nada.	"You're welcome."
¡Hola! Pasa y siéntate.	Hi! Come in and have a seat.

el **paso**	step
Paso a paso llegamos al final.	Step by step we got to the end.
El teatro está a un paso de aquí.	The theater is just a few steps from here.

pisar	to step on someone
Perdone que lo haya pisado.	Please excuse me for stepping on your foot.
entrar	to come in, to enter
– ¿Podemos entrar por aquí?	"Can we come in through here?"
– No, es mejor que entren por aquella puerta.	"No, it's better for you to go through that door."
salir	to leave, to go out
Maruja ha salido.	Maruja has gone out.

pararse *Am*	to stand up
En Hispanoamérica *pararse* significa ponerse de pie.	In Spanish America *pararse* means *"to stand up."*
pararse	to stop, to halt

fijar	to fix; to fast; to post; to determine
Prohibido fijar carteles.	Post no bills.
atar	to tie; to fasten; to bind
Si no te atas los zapatos, te caerás.	If you don't tie your shoes, you'll fall down.
soltar	to untie; to turn loose
¡No suelte el perro!	Don't let the dog off his leash!

caminar	to go; to stroll
andar	to go; to walk
Carmen anda siempre descalza.	Carmen always goes barefoot.
correr	to run; to race
¡Corre, que llegamos tarde!	Hurry up, we're going to be late!
darse prisa	to hurry
Tenemos que darnos prisa.	We have to hurry.
la **prisa**	hurry, haste
apurarse *Am*	to hurry up
estar/andar apurado, apurada *Am*	to make haste
tener prisa	to be in a hurry
Tengo mucha prisa.	I'm in a great hurry.
quieto, quieta	quiet
Juanito, ¡estate quieto de una vez!	Juanito, be quiet once and for all!
caerse	to fall down; to tumble
Pedro se ha caído y se ha hecho daño.	Pedro fell down and hurt himself.
la **caída**	fall
apoyarse	to lean
Por favor, no se apoye en la pared.	Please, don't lean on the wall.
levantarse	to rise, to get up
¿A qué hora te levantas?	What time do you get up?
despierto, despierta	awake
Juan, ¿estás despierto?	Juan, are you awake?
despertar	to wake up; to arouse
Baja la música, que vas a despertar al niño.	Turn down the music; you are going to wake the child.
despertarse	to wake up oneself
madrugar	to get up early
sentarse	to sit down
¡Siéntese!	Sit down!
estar sentado, sentada	to be seated
relajarse	to relax
Relájate para tranquilizarte.	Relax, so you can calm down.
agacharse	to bend over
Paco se ata los zapatos sin agacharse.	Paco ties his shoes without bending over.
cansado, cansada	tired
Estoy cansada de planchar.	I'm tired of ironing.

descansar	to rest, to take a rest
¡Que descanse!	Sleep well!
el **cansancio**	tiredness, fatigue
Por las mañanas noto mucho cansancio.	In the morning I feel very tired.
cansar	to tire; to wear out
cansarse	to become weary or tired
Me canso cuando subo escaleras.	I get tired when I climb stairs.
acostarse	to go to bed
Ana se acuesta tarde.	Ana goes to bed late.
echarse	to lie down
Ricardo se ha echado un rato.	Ricardo is lying down for a while.
bostezar	to yawn
Julio bosteza porque tiene sueño.	Julio yawns because he is sleepy.
dormir	to sleep
Los sábados duermo hasta las once.	On Saturdays I sleep till eleven.
dormirse	to go to sleep
Por fin se durmió la niña.	At last the little girl fell asleep.
Se me ha dormido un pie.	My foot has gone to sleep.
la **siesta**	afternoon nap, siesta
Todos los días duermo la siesta.	I take an afternoon nap every day.
soñar	to dream
He soñado anoche **con** Claudia.	I dreamed about Claudia last night.
el **sueño**	dream; sleep
El niño **tiene sueño**.	The child is sleepy.
Tú eres mi sueño.	You are my dream.
la **pesadilla**	nightmare
temblar	to tremble; to shake
El niño está temblando de miedo.	The child is trembling with fear.
tomar	to take
Toma este paquete y dáselo a tu tío.	Take this package and give it to your uncle.

coger	to catch
¿Qué autobús cojo?	What bus do I have to catch?

agarrar *Am*	to get; to obtain; to grab

levantar	to lift

INFO

Irregular Verbs

When we deal with the indicative in the present tense, the first person ends in "o" most of the time. However, this rule does not apply to six important irregular verbs:

dar – doy	*to give*	**ir – voy**	*to go*
ser – soy	*to be*	**saber – sé**	*to know*
estar - estoy	*to be*	**haber – he**	*to have*

---

dar	to give
Deme un kilo de peras.	Give me a kilo of pears.

poner	to put; to set; to lay
Cecilia pone la mesa.	Cecilia sets the table.

colgar	to hang up
¿Dónde cuelgo este cuadro?	Where do I hang this picture?
colocar	to place; to arrange; to put in order
¿Cómo habrán colocado el cartel?	How did they put up the sign?

usar	to use; to wear
No uso cinturón.	I don't wear a belt.

emplear	to use; to employ
aplicar	to apply; to put on
¿Cómo se aplica esto?	How do you apply this?
el **uso**	use, usage

entregar	to hand over, to deliver
abrir	to open
¡Abra la maleta!	Open the suitcase!
cerrar	to close
Por favor, cierre la ventana.	Please, close the window.

tirar
En algunos países de Hispanoamérica
en las puertas no dice *tirar* sino *halar* (o *jalar*).

to pull, to throw away
In some countries of Spanish
America signs say *halar* or
jalar instead of *tirar*.

botar *Am*
halar/jalar *Am*

to throw away; to drop
to pull

---

empujar
¡No empujen!

to push
Don't push!

---

meter
He metido las maletas en el coche.
echar
¿Has echado las cartas al buzón?

Te echo de menos.

to insert; to put in(to)
I put the suitcases in the car.
to throw; to put in(to)
Did you put the letters in
the mailbox?
I miss you.

---

buscar
señalar

to seek, to search for
to indicate; to point out

---

sacar
Raúl quiere sacar la moto del garaje.

to take out; to remove
Raúl wants to take the
motorcycle out of the
garage.

---

hallar
Quien busca, halla.
encontrar

esconder
¿Dónde has escondido las llaves
del coche?
guardar
¡Guárdame el sitio!
recoger
¿A qué hora recogen el buzón?
retener

to find; to discover
He who seeks will find.
to find; to come across;
to meet
to hide
Where did you hide the
car keys?
to store; to keep in a safe place
Save the spot for me!
to pick up; to collect
When is the mail picked up?
to retain; to keep; to withhold

---

traer
Por favor, no me traigan nada.
Tengo de todo.

llevar
– Perdona, ¿llevas hora?

– Sí, son las ocho y veinte.

to bring
Please don't bring me
anything. I have everything
I need.
to take; to carry
"Excuse me, do you have
the time?"
"Yes, it's eight twenty."

---

llevarse
Me llevo este suéter. Me gusta mucho.

to take along
I'll take this sweater. I like it
very much.

dejar
He dejado los guantes en el coche.
to leave (behind)
I left the gloves in the car.

quitar
to take away; to put away;
to take off

¡No me quites el plato que todavía no he terminado!
Don't take my plate away, I'm not finished yet!

INFO

Traer – Llevar

Note the various translations of bring and take:

Traigo las flores para Indés
I'm bringing the flowers for Inés.

Trae el periódico cuando vuelvas.
Bring the newspaper when you come back.

Lucía me **ha traido** un regalo.
Lucía has brought me a gift.

Ana **lleva** a los niños al colegio.
Ana takes the children to school.

Voy a **llevar** el coche al taller.
I'll take the car to the shop

---

chupar
Eres muy mayor para chuparte el dedo.
to suck
You are too old to be sucking your thumb.

tragar
Me duele la garganta al tragar.
to swallow
My throat hurts when I swallow.

pinchar
to pierce, to puncture

---

encender
Han encendido las luces.
to turn on; to light
They've turned on the lights.

prender *Am*
to switch on

---

apagar
to turn off; to extinguish; to switch off

¡Apague el cigarrillo!
Put out the cigarette!

romper
Rafael ha roto la computadora.
to break; to smash; to tear
Rafael has broken the computer.

apretar
¡Aprieta el interruptor de la luz!
to press; to push
Press the light switch!

agitar
¡Agítese antes de usar!
to shake
Shake before use!

---

envolver
¿Has envuelto el regalo?
to wrap
Have you wrapped the gift?

cubrir
Los pintores han cubierto los muebles antes de pintar.
to cover
The painters covered the furniture before painting.

mojar	to wet; to dampen
llenar	to fill
Tenemos que llenar el depósito de gasolina.	We have to fill the gas tank.

2.6 Appearance 8

alto, alta	tall; big
Carolina está muy alta para su edad.	Carolina is very tall for her age.
bajo, baja	short; small
El señor Pajares es bajito y gordo.	Mr. Pajares is short and fat.
gordo, gorda	fat
Felipe está cada día más gordo.	Felipe gets fatter every day.
delgado, delgada	slim, slender
Eres alta y delgada.	You're tall and slender.

adelgazar	to lose weight; to get thinner
Pepa ha adelgazado doce kilos.	Pepa has lost 12 kilos.
engordar	to put on weight; to fatten
Los dulces engordan mucho.	Sweets make you fat.

fuerte	strong
Pepe está delgado pero es muy fuerte.	Pepe is slender, but very strong.

juvenil	youthful
Con ese vestido pareces muy juvenil.	You look very youthful with that dress.
parecerse	to resemble
Julián se parece a su padre.	Julián resembles his father.

guapo, guapa	handsome; pretty
Mis hermanas son muy guapas.	My sisters are very pretty.
la **belleza**	beauty
atractivo, atractiva	attractive
Tu primo es muy atractivo.	Your cousin is very attractive.

feo, fea	ugly
Jorge es feo pero muy simpático.	Jorge is ugly but very nice.

la **arruga**	wrinkle

rubio, rubia	blonde
– ¿Te gustan las rubias?	"Do you like blondes?"
– No, prefiero las pelirrojas.	"No, I prefer redheads."

catire *Am*	blond
pelirrojo, pelirroja	redhead; redheaded, red-haired
Lucía tiene el pelo rubio como su madre pero Ángel es pelirrojo como su abuelo.	Lucía has blond hair like her mother, but Ángel is a redhead like her grandfather.
colorado, colorada	red, reddish
El niño **se puso colorado** cuando lo miraron.	The boy blushed when they looked at him.
castaño, castaña	hazel, brown, auburn
Muchos argentinos **tienen el pelo castaño**.	Many Argentineans have brown hair.
rizado, rizada	curly; wavy
Marisa tiene el pelo muy rizado.	Marisa has very curly hair.
calvo, calva	bald
moreno, morena	brown; tanned, dark; brunette
¡Qué moreno estás! ¿Dónde has estado?	How tanned you've gotten! Where have you been?
Carmen es morena, como muchas españolas.	Carmen is a brunette, like many Spanish women.
negro, negra	black; dark-skinned
blanco, blanca	white; white-skinned
Estás muy blanca.	You're very pale.
pálido, pálida	pale
el **tipo**	figure; type
María tiene buen tipo.	María has a good figure.
femenino, femenina	feminine
Tu prima es muy femenina.	Your cousin is very feminine.
masculino, masculina	masculine
María tiene una voz muy masculina.	María has a very masculine voice.
el **bigote**	mustache
la **barba**	beard
Ernesto **se ha dejado barba**.	Ernesto has grown a beard.

2.7 Cosmetics and Personal Grooming 9

lavarse
Antes de comer me lavo las manos.

to wash (oneself)
I wash my hands before
eating.

bañarse
Vamos a bañarnos.

to take a bath
We're going to take a bath.

ducharse
Clara se ducha a diario.

to take a shower
Clara showers every day.

el **jabón**
Me gusta el jabón español.

soap
I like Spanish soap.

limpio, limpia

clean

sucio, sucia
– ¿Tienes las manos limpias?
– No, las tengo sucias.

dirty
"Are your hands clean?"
"No, they're dirty."

mancharse
Me he manchado el pantalón con
el rotulador.

to get oneself dirty
I got my pants dirty with
the marker.

dejarse

Desde que vive solo se ha dejado mucho.

to neglect oneself, to let
oneself go
Since he's been living alone,
he has really let himself go.

secarse
Isabel nunca se seca el pelo.

to dry oneself
Isabel never dries her hair.

la **toalla**
Necesito una toalla porque me voy
a duchar.

towel
I need a towel because I'm
going to take a shower.

mojado, mojada
Dame una toalla, que estoy mojado
y tengo frío.

wet
Give me a towel. I'm wet
and cold.

limpiarse/lavarse los dientes
Me limpio los dientes tres veces al día.

to brush one's teeth
I brush my teeth three times
a day.

el **cepillo de dientes**

toothbrush

la **pasta dentífrica**
¿Me da un cepillo de dientes y un
tubo de pasta dentífrica, por favor?

toothpaste
Will you give me a
toothbrush and a tube of
toothpaste, please?

lavarse el pelo
No me lavo el pelo todos los días.

to wash one's hair
I don't wash my hair
every day.

el **champú**
Quisiera un **champú para niños**.

shampoo
I'd like a children's shampoo.

el **peine**
    Quiero un peine de bolsillo.
peinarse
    Prefiero cepillarme el pelo a peinármelo.

comb
    I'd like a pocket comb.
to comb one's hair
    I'd rather brush my hair than comb it.

---

el **cepillo**
    ¿Tiene **cepillos para el pelo**?
cepillarse
el **secador**
    Este secador es muy lento.

brush
    Do you carry hairbrushes?
to brush one's hair
hairdryer
    This hairdryer is very slow.

---

la **peluquería**
    –¿A qué hora **tienes hora en la peluquería**?
    – A las cuatro.
la **barbería** *Am*

beauty parlor
    "When is your appointment at the beauty parlor?"
    "At 4 o'clock."
barbershop

---

teñirse el pelo
el **tinte**
    Ese tinte te queda muy bien.

el **corte de pelo**
la **permanente**
    Te queda muy bien la permanente.

el **peinado**
    – ¿Quién te ha hecho ese peinado?

    – Yo misma.

to dye one's hair
hair dye
    You look nice with that hair dye.

haircut
permanent (wave)
    The perm looks good on you.

hairdo
    "Who did your hair for you?"

    "I did it myself."

---

afeitarse
la **máquina de afeitar**
la **cuchilla de afeitar**
    Como se me ha roto la máquina de afeitar, **me afeito con cuchilla**.

la **brocha**
la **crema**
    Nos ponemos crema todos los días.

to shave oneself
electric shaver
safety razor
    Since my electric shaver is broken, I have to use a safety razor.

shaving brush
cream
    We put on cream every day.

---

las **pinzas**
    ¿Me puedes dejar tus pinzas?

la **lima de uñas**

tweezers
    Can you lend me your tweezers?

nail file

---

maquillarse
    Algunas mujeres se maquillan mucho.

to put on makeup
    Some women wear a lot of makeup.

---

el **perfume**
    Marta usa un perfume suave.
perfumarse
    No te perfumes demasiado.

pintarse
la **sombra de ojos**
el **rímel**
    A mi hermana le he comprado
    sombra de ojos y rímel.
el **lápiz de labios**
    Emilia siempre lleva un lápiz de
    labios en el bolso.
la **polvera**
la **laca (de uñas)**

perfume
    Marta uses a light perfume.
to put on perfume
    Don't put on too much
    perfume.
to put on makeup
eye shadow
mascara
    I bought eye shadow and
    mascara for my sister.
lipstick
    Emilia always carries a
    lipstick in her purse.
compact
nail polish

---

el **aseo personal**
higiénico, higiénica
la **droguería**
el **papel higiénico**
la **compresa higiénica**
el **tampón**

personal grooming
hygienic
drugstore
toilet paper
sanitary napkin
tampon

False Friends

Spanish Word	Thematic Meaning	False Friend	Spanish Equivalent
la brocha	**brush**	brooch	el broche
estar embarazada	**to be pregnant**	to be embarrassed	estar avergonzada
la frente	**forehead**	front	el frente

3

Health and Medicine

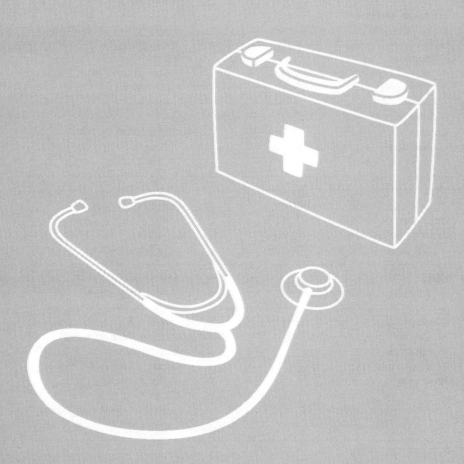

3.1 General State of Health 10

encontrarse	to feel; to be; to find oneself
– ¿Cómo se encuentra hoy?	"How are you today?"
– Mucho mejor que la semana pasada.	"Much better than last week."
– ¿Qué tal?	"How are you?"
– Muy bien.	"Fine."
regular	fairly good; so-so
– ¿Cómo estás?	"How are you?"
– Pues regular.	"All right, I guess."
¡Que se mejore!	I wish you a speedy recovery!
la **salud**	health
– ¿Cómo están tus padres de salud?	"How is your parents' health?"
– Muy bien. ¿Y los tuyos?	"Fine, and your parents?"
sano, sana	healthy
Es muy sano hacer deporte.	Playing sports is very healthy.
enfermo, enferma	sick
La televisión me pone enfermo.	Television makes me sick.

el **aspecto**	appearance
Marisa tiene mal aspecto hoy.	Marisa looks awful today.
¿Está enferma?	Is she sick?

el **dolor**	pain
doler	to hurt, to be painful
Me duele la garganta y tengo dolor de cabeza.	I have a sore throat and a headache.

¡Ay!	Ow!
¡Ay! ¡Qué daño me he hecho!	Ow! I hurt myself!
doloroso, dolorosa	painful
el **dolor de cabeza**	headache
Me duele la cabeza.	My head hurts.

débil	weak
Me encuentro muy débil.	I feel very weak.

sentirse	to feel
De pronto Luis se sintió mal.	Suddenly, Luis felt ill.
el **malestar**	indisposition; slight illness
Siento malestar.	I don't feel well.
enfermar	to become ill
En las noticias dijeron que el presidente enfermó de gravedad.	They said in the news that the President had fallen seriously ill.

3.2 Medical Care 11

el **médico**, la **médica**	doctor, physician
Aquí cerca hay un médico.	There is a doctor near here.
el **médico de cabecera**	family doctor
el, la **dentista**	dentist
¿Para cuándo **te ha dado hora** el dentista?	When do you have an appointment with the dentist?

el **empaste**	filling
Se me ha caído un empaste.	I've lost a filling.
la **tapadura** *Am*	filling

el, la **especialista**	specialist
la **consulta**	office hours; consultation
El doctor López no tiene consulta los lunes.	Doctor López doesn't have office hours on Mondays.
el **consultorio**	medical practice; doctor's office
Enfrente de la farmacia está el consultorio de mi amigo.	Across from the pharmacy is my friend's medical practice.
el **enfermero**, la **enfermera**	nurse
Hay muy pocos enfermeros.	There are very few male nurses.

la **homeopatía**	homeopathy
el, la **homeópata**	homeopath

el **hospital**	hospital
Los hospitales atienden a todos.	Hospitals admit everybody.

la **clínica**	clinic
Luis está en una clínica particular.	Luis is in a private clinic.
la **sala de emergencia**	emergency room, ER
La ambulancia lo llevó a la sala de emergencia del hospital.	The ambulance took him to the hospital's emergency room.
el **ambulatorio** *Esp*	outpatient clinic
En el ambulatorio faltan camillas.	There are not enough stretchers in the outpatient clinic.
el **dispensario**	dispensary
la **camilla**	stretcher
la **UVI (Unidad de Vigilancia Intensiva)**	intensive care unit, ICU
intensivo, intensiva	intensive
el **seguro de enfermedad**	health insurance
Esta operación no la paga su seguro de enfermedad.	This operation is not covered by your health insurance.
la **casa de socorro**	emergency hospital
En la casa de socorro sólo atienden urgencias y primeros auxilios.	At the emergency hospital, only emergencies are treated and first aid is provided.
la **radiografía**	X-ray
Necesito una radiografía de la rodilla.	I need a knee X-ray.
hinchado, hinchada	swollen
la **inflamación**	inflammation
El hielo te calmará la inflamación.	Ice will alleviate your inflammation.
inflamarse	to swell; to become inflamed
Se me ha inflamado el tobillo.	My ankle is swollen.
torcerse	to sprain; to twist
la **fractura**	fracture; break
Esta **fractura de cadera** es complicada.	This pelvic fracture is complicated.
complicado, complicada	complicated
vendar	to bandage
Le voy a vendar el tobillo.	I am going to bandage your ankle.
la **inyección**	injection; shot
La enfermera le pondrá las inyecciones.	The nurse will give you the shots.
inyectar	to inject
No sé inyectar en la vena.	I don't know how to inject intravenously.

la **operación**	operation

operar	to operate on
Me han operado **de** apendicitis.	I was operated on for appendicitis.
la **cirugía**	surgery
La cirugía ha avanzado mucho.	Great advances have been made in surgery.
el **cirujano**, la **cirujana**	surgeon
el **quirófano**	operating room, OR
En el quirófano todo está preparado para la operación.	In the operating room, everything is ready for the operation.
la **anestesia**	anesthesia
La anestesia **hizo efecto** enseguida.	The anesthesia took effect immediately.
consciente	conscious
Estuve consciente todo el tiempo.	I was conscious all the time.
la **tomografía computarizada**	computerized tomography (CT)
la **resonancia magnética**	magnetic resonance imaging (MRI)
tra(n)splantar	to transplant
la **donación de órganos**	organ donation
clonar	to clone

la **ambulancia**	ambulance
¡Llame a una ambulancia!	Call an ambulance!

la **urgencia**	emergency
¡Llame a un médico! Es un **caso de urgencia**.	Call a doctor! It's an emergency!
los **primeros auxilios**	first aid
En la Cruz Roja le dieron los primeros auxilios.	First aid was provided at the Red Cross.

la **farmacia**	pharmacy
– ¿Abren las farmacias los domingos?	"Are the pharmacies open on Sundays?"
– Sólo las farmacias de guardia.	"Only those on emergency duty."
la **receta**	prescription
Para la aspirina no **hace falta receta**.	No prescription is required for aspirin.
el **medicamento**	medication
Prefiero medicamentos naturales.	I prefer natural medications.
la **medicina**	medicine
Es mejor no tomar muchas medicinas.	It's better not to take too many medicines.
la **tabelta**	tablet, pill
Tome una tabelta después de comer.	Take one tablet after meals.

la **aspirina**	aspirin
Si **te duele la cabeza** tómate una aspirina.	If you have a headache, take an aspirin.
el **analgésico**	analgesic

el **comprimido**	tablet
el **remedio**	remedy
la **tirita**	Band-Aid®
Deme un paquete de tiritas.	Please give me a package of Band-Aids.
el **esparadrapo**	adhesive tape

las **gotas**	drops
Estas gotas son inofensivas.	These drops are harmless.
la **venda**	bandage
¿Tiene vendas elásticas?	Do you have elastic bandages?

la **pomada**	salve, ointment
frotar	to rub
Frótese la pomada en el hombro.	Rub this ointment on your shoulder.

las **gafas** *Esp*	eyeglasses, glasses
Antonio ha olvidado las gafas en casa.	Antonio left his eyeglasses at home.
los **anteojos** *Am*	eyeglasses; glasses
los/las **lentes** *Am*	eyeglasses; glasses

cruzar la vista	to be cross-eyed
Los que cruzan la vista necesitan gafas.	People who are cross-eyed need glasses.
bizco, bizca	cross-eyed
Me parece que Lisa es un poco bizca, ¿no?	It seems to me that Lisa is a bit cross-eyed, don't you think?
miope	myopic; nearsighted
Mi hermana es miope.	My sister is nearsighted.
la **presbicia**	farsightedness; presbyopia
Con los años puede venir la presbicia.	With age, farsightedness may arrive.

3.3 Diseases and Treatment 12

la **enfermedad**
Sigue habiendo muchas
enfermedades incurables.

disease; illness
There continue to be many
incurable diseases.

el **tratamiento**
Estoy en tratamiento médico.

treatment
I'm under medical
treatment.

el **examen**
Le voy a **hacer un examen**.
examinar
Desnúdese para que la examine.

examination
I'm going to examine you.
to examine
Please undress so that I can
examine you.

la **apendicitis**
el **sarampión**
El sarampión es peligroso para adultos.

appendicitis
measles
Measles are dangerous
for adults.

la **pulmonía**
Si no te vistes, vas a coger una
pulmonía.

pneumonia
If you don't get dressed,
you're going to catch
pneumonia.

el **cólera**
el **tifus**
la **malaria**
la **tuberculosis**
la **diabetes**
la **anorexia**
la **bulimia**
la **obesidad**
La obesidad es una enfermedad crónica.
el **sida/SIDA**
Luis tiene sida.
seropositivo
Muchos drogadictos son seropositivos.

cholera
typhus
malaria
tuberculosis
diabetes
anorexia
bulimia
obesity
Obesity is a chronic sickness.
AIDS
Luis has AIDS.
seropositive
Many drug addicts are
seropositive.

sufrir
Mi tía **sufre de** reuma.

to suffer
My aunt suffers from
rheumatism.

el **reuma, reúma**
el **masaje**
¿**Me das masajes** en la espalda?
el, la **masajista**
Como tenemos **dolor de espalda**
vamos al masajista.

rheumatism
massage
Will you massage my back?
masseur, masseuse
Since we have back pain, we
go to a masseur.

prevenir
  Más vale prevenir que curar. *refrán*
	to prevent
	  Prevention is better than a cure.

el **análisis de sangre**
  Tengo que hacerle un análisis de sangre.
 	
la **tensión**
  Tiene la tensión alta.
 	
la **presión**
el **régimen**
  Me han puesto a régimen por los resultados del análisis de sangre.
	blood test, blood analysis
	  I have to give you a blood test.
	
	blood pressure; tension
	  You have high blood pressure (hypertension).
	
	pressure
	diet
	  They've put me on a diet because of the blood test results.

tratar
  ¿Qué médico lo trata?
 	
curar
  La herida ya se ha curado del todo.
	to treat
	  Which doctor is treating you?
	
	to cure; to heal
	  The wound is already completely healed.

recetar
  ¿Me puede recetar algo contra la diarrea?
	to prescribe
	  Could you prescribe something for my diarrhea?

el **enfermo**, la **enferma** el **estrés**	the sick person stress

dañar
  El tabaco le ha dañado los pulmones.
	to harm, to damage
	  Tobacco has damaged his lungs.

el **minusválido**, la **minusválida**
  Este aparcamiento está reservado
  para minusválidos.

el **discapacitado**, la **discapacitada**
el **sordomudo**, la **sordomuda**
  Algunos sordomudos aprenden
  a hablar.
ciego, ciega
  A consecuencia del accidente **me
  quedé ciego de un ojo**.
el **ciego**, la **ciega**
  Los **ciegos** a menudo usan un
  bastón blanco.
sordo, sorda
  ¿Estás sordo o es que no me
  quieres escuchar?
mudo, muda
  Se ha quedado muda.
manco, manca
cojo, coja
  ¿Por qué andas cojo?
loco, loca
  ¿Estás loco?

handicapped
  This parking place is
  reserved for the
  handicapped.
challenged
deaf mute
  Some deaf mutes learn
  to speak.
blind
  As a result of the accident
  I became blind in one eye.
blind person
  Blind people often use a
  white cane.
deaf
  Are you deaf, or don't you
  want to listen to me?
mute
  She was left mute.
one-handed; one-armed
lame
  Why do you limp?
crazy; insane
  Are you crazy?

---

la **herida**
  No es grave, es una herida
  poco profunda.
el **herido**, la **herida**
  Llevaron al herido al hospital.

wound; injury
  It's not bad; it's not a deep
  wound.
injured person
  They took the injured man
  to the hospital.

---

la **cicatriz**
quemarse
  Alejandro se quemó la espalda.
  Ahora tiene una cicatriz.

scar
to burn oneself
  Alejandro burned his back.
  Now he has a scar.

---

herido, **herida**
  Se llevaron al policía herido en
  una ambulancia.

hacerse daño
  – ¿Te has hecho daño?
  – No, no ha sido nada.
cortarse
  Te vas a cortar con la navaja.

injured
  They took the injured
  police officer away in an
  ambulance.
to injure oneself
  "Have you hurt yourself?"
  "No, it was nothing."
to cut oneself
  You are going to cut
  yourself with that
  pocketknife.

sangrar	to bleed
El chico sangraba **por la nariz** cuando lo llevaron al médico.	The boy was bleeding from the nose when they brought him to the doctor.

la **picadura**	bite
Las picaduras de mosquito son dolorosas.	Mosquito bites are painful.
el **contagio**	contagion; infection
Evita contagios lavándote las manos.	Avoid contagion by washing your hands.
contagiarse	to be infected; to catch a disease
No quiero que te contagies.	I don't want you to become infected.
el **hongo**	fungus
la **infección**	infection
Tiene una infección **en** el dedo.	He has an infection on his toe
infectarse	to become infected
Se ha infectado la herida.	The wound got infected.
el/la **pus**	pus
Hay que abrir la herida para que salga el pus.	The wound has to be opened to let the pus come out.
la **vacunación**	vaccination
Los médicos recomiendan la vacunación de bebés.	Doctors recommend that babies get vaccinated.
la **vacuna**	vaccine
Muchas vacunas pueden evitar el contagio con enfermedades.	Many vaccines can prevent contagious diseases.

la **fiebre**	fever
Debo tener fiebre.	I must have a fever.

la **diarrea**	diarrhea

sudar	to sweat
Lo mejor contra ese resfriado es que te acuestes y sudes.	The best way to fight that cold is for you to go to bed and sweat it out.
mareado, mareada	dizzy; seasick

marearse	to become dizzy; to become seasick
Cuando voy en barco me mareo.	When I travel by ship I get seasick.
el **mareo**	dizziness; seasickness
Cuando no como **me dan mareos**.	When I don't eat, I feel queasy.

INFO

Different meanings determined by the masculine or feminine form

A masculine noun sometimes acquires a totally different meaning when it becomes feminine:

el mareo	*dizziness; seasickness*
la marea	*tide*

desmayarse	to faint
caer desmayado, desmayada	to fall unconscious
El enfermo cayó desmayado.	The sick man lost consciousness.
vomitar	to vomit
Cuando estoy mareado me dan ganas de vomitar.	When I'm seasick I feel like vomiting.
el **resfriado**	cold
Carmen tiene un resfriado.	Carmen has a cold.
resfriado, resfriada	afflicted with a cold
Yo también estoy resfriado.	I have a cold too.
resfriarse	to catch a cold
Cuando me resfrío toso mucho.	When I catch a cold I cough a lot.
co(n)stiparse	to catch a cold; to get constipated
Cuando me co(n)stipo, casi no puedo respirar.	When I get a cold, I almost can't breathe.
el **co(n)stipado**	person with a cold; person with constipation
el **resfrío** *Am*	cold; head cold
grave	serious; grave
Juan está grave.	Juan is seriously ill.
leve	slight
En el accidente sólo hubo heridos leves.	Only slight injuries were incurred in the accident.
la **gripe**	flu
Creo que tienes la gripe.	I think you have the flu.
incurable	incurable
La diabetes es incurable.	Diabetes is incurable.
mejorar	to get well; to recover from a disease
En casa mejorará más deprisa.	He will recover more quickly at home.

el **calmante**	painkiller; analgesic
Toma un calmante.	Take a pain pill.
calmar	to alleviate
La aspirina calma dolores.	Aspirin alleviates pain.

la **tos**	cough
¿Tiene algo contra la tos?	Do you have something for a cough?
toser	to cough
Estoy tosiendo toda la noche.	I'm coughing all night long.
estornudar	to sneeze
Mucha gente se pone las manos delante de la boca y la nariz cuando estornuda, en lugar de utilizar la manga para evitar que los gérmenes pasen al aire.	Many people place both hands in front of the mouth and nose when they sneeze, instead of using the sleeve in order to avoid the spread of germs through the air.
el **estornudo**	sneeze
el **cáncer**	cancer
Hoy se puede curar a veces el cáncer.	Today cancer is sometimes curable.

el **ataque**	attack
el **infarto de corazón**	heart attack; cardiac infarction
El clima del Mediterráneo es bueno para enfermos de infarto.	The Mediterranean climate is beneficial for people with a cardiac infarct.

3.4 Drugs, Tobacco, Alcohol 13

la **droga**	drug
El consumo de drogas aumenta.	Drug use is on the rise.
drogarse	to use drugs
¿Con qué se droga?	What drug does he use?
el **alcohol**	alcohol
El alcohol al volante es un peligro.	Drinking and driving is dangerous.
el **tabaco**	tobacco
¿Tienes tabaco?	Do you have a cigarette?
el **humo de segunda mano**	second-hand smoke
La gente protesta contra el humo de segunda mano.	People protest against second-hand smoke.

fumar	to smoke
Prohibido fumar.	No smoking.
el **fumador**, la **fumadora**	smoker

el **cigarrillo**	cigarette
¿Me das un cigarrillo?	May I have a cigarette?
el **cigarro**	cigar
Se fumaba diez cigarros al día.	He smoked ten cigars every day.
En Cuba el cigarro se llama tabaco.	In Cuba a cigar is called "tabaco."
el **cigarro** *Am*	cigar

el **puro**	cigar
Los puros habanos son los mejores.	Havana cigars are the best.
la **pipa**	pipe
Mi abuelo fumaba pipa.	My grandfather smoked a pipe.
el **filtro**	filter
cigarrillos con filtro	filter cigarettes

la **cerilla** *Esp*	match
Deme una caja de cerillas, por favor.	Give me a box of matches, please.
el **fósforo** *Am*	match
el **vodka**	vodka
El cunsumo de vodka aumentó.	The consumption of vodka increased.
el **vino tinto**	red wine
En pequeña cantidad, el vino tinto es saludable.	In small amounts, red wine is healthy.
el **vino blanco**	white wine
Compré tres botellas de vino blanco.	I bought three bottles of white wine.

el **alcohólico**, la **alcohólica**	alcoholic
el **trago**	drink; gulp; swallow
¡Dame un trago!	Give me a drink!
estar alegre	to be tipsy
borracho, borracha	drunk
Está borracho pero no es un alcohólico.	He's drunk, but he's not an alcoholic.
bebido, bebida	tipsy
Estáis un poco bebidos.	You are a little tipsy.
estar alegrón *Am*	to be happily unsteady

emborracharse	to get drunk
En el bar Paco se emborrachó.	Paco got drunk at the bar.
ir de jarana *Am*	to go on a binge
la **cantina** *Am*	bar

el **drogadicto**, la **drogadicta**
    Hay muchos jóvenes drogadictos.
	drug addict
	    There are many young drug addicts.

el, la **narcotraficante**
    El narcotraficante es un delincuente.
	drug dealer
	    Drug dealers are criminals.

el **camello** *Esp pop*
    Hay camellos adictos que vendiendo drogas financian su adicción.
	drug dealer
	    There are drug-addicted dealers who finance their addiction by dealing drugs.

el **hachís**
    El hachís es droga blanda como la marihuana.
	hashish
	    Hashish, like marijuana, is a soft drug.

el **chocolate** *pop*	hashish
la **marihuana**	marijuana

el **porro** *pop*
    El porro es un cigarro de hachís o marihuana que a veces puede estar mezclado con tabaco.
	joint
	    A joint is a cigarette containing hashish or marijuana, sometimes mixed with tobacco.

la **heroína**
    La heroína es tan peligrosa como la cocaína.
	heroin
	    Heroin is just as dangerous as cocaine.

INFO

Heroína

For another meaning of **heroína** see page 273.

chutarse *Esp pop*	to shoot up
estar rayado	to be high
el **caballo** *Esp pop*	heroin, "horse"
la **cocaína**	cocaine

la **coca**
    La coca es une droga peligrosa.
	coke
	    Coke is a dangerous drug.

el **éxtasis**	Ecstasy
colocarse *Esp pop*	to get high
la **raya** *pop*	line (of cocaine)
la **metadona**	methadone
el **síndrome de abstinencia**	withdrawal syndrome

False Friends

Spanish Word	Thematic Meaning	False Friend	Spanish Equivalent
la barba	beard	barb	la púa
las gotas	drops	goats	las cabras
grave	serious	grave	la tumba

My Vocabulary

_____

_____

_____

_____

_____

_____

_____

_____

_____

_____

_____

_____

_____

_____

_____

_____

_____

_____

_____

_____

_____

_____

4
Mental Processes and States, Behavior

4.1 Feelings 14

el **sentimiento**	feeling
Mis sentimientos hacia ti no han cambiado.	My feelings toward you have not changed.
sentir	to feel; to regret
Siento que no puedas venir.	I'm sorry that you can't come.
la **sensación**	sensation; feeling
Tengo la sensación de que va a cambiar el tiempo.	I have the feeling that the weather is going to change.
la **emoción**	emotion; thrill
¡Qué emoción!	How thrilling!

emocionarse	to be moved, to be touched
Mi primo se emociona cuando oye tangos.	My cousin is moved when he hears tangos.
emocionante	exciting; thrilling
Es una película muy emocionante.	The film is very exciting.

feliz	happy
Los novios son felices.	The bride and groom are happy.
Feliz Año Nuevo.	Happy New Year.

enhorabuena	congratulations
Enhorabuena por tu éxito en los exámenes.	Congratulations on passing your exams.
la **felicitación**	congratulations, felicitation
Mi más cordial felicitación **por** su matrimonio.	Congratulations on your marriage.

la **alegría**	joy; merriment
Me has dado una gran alegría.	You have given me great joy.
alegrarse	to be glad; to be happy
Me alegro de verte.	I'm glad to see you.
contentar	to make glad; to make happy

alegrar	to please; to make happy
El buen tiempo primaveral alegra a la gente.	The good spring weather makes people happy.

contento, contenta	happy; content
¿**Estás contenta** de estar en Sevilla?	Are you happy to be in Seville?
tranquilo, tranquila	calm, tranquil
¡Usted tranquila!	Don't worry!

INFO

Subjuntivo (I)

After verbs that *express emotion*, use the *subjunctive* in the subordinate clause if the main clause and the subordinate clause have *different subjects*.

Me alegra que estés bien.	*I'm glad that you're well.*

But:

Me alegro de volver a verte.	*I'm glad to see you again.*

Other verbs that convey emotion are, for example, **gustar** (pages 42, 73, 103, 104), **enfadarse** (page 77), **interesar** (page 88), **preocuparse** (page 89), **molestarse** (page 170).

tranquilizarse	to calm down
¡Tranquilízate! No ha pasado nada.	Calm down! Nothing happened.

querer	to love; to want; to like
Te quiero.	I love you.
el **amor**	love
el **cariño**	fondness, affection; love
Te tengo mucho **cariño**.	I am very fond of you.
(estar) **enamorado**, enamorada (de alguien)	(to be) in love (with someone)
apreciado, apreciada	respected; esteemed; valued
Su abuelo era muy apreciado como ingeniero.	His grandfather was a highly esteemed engineer.
la **simpatía**	sympathy; liking; charm; friendly feeling

afectuoso, afectuosa	affectionate; fond
Afectuosos saludos de tu amiga Irene.	Kind regards from your friend Irene.
el **afecto**	affect; fondness
cordial	cordial, friendly
Nuestras relaciones son muy cordiales.	Our relationship is very cordial.

gustar	to be pleasing
Me gustas mucho.	I like you very much.
tener ganas	to desire; to wish to
Tengo ganas de volver a Venezuela.	I wish to return to Venezuela.
loco, loca	crazy
Estoy **loco por** ti.	I'm crazy about you.

la **confianza**
  Ten confianza en mí.

trust, confidence
  Trust me.

confiar
  Confío poco en los médicos.

to trust, to have confidence
  I have little confidence in doctors.

la **esperanza**
  La esperanza es lo último que se pierde. *refrán*

hope
  Hope is the last thing to be lost.

la **ilusión**
  Tengo la ilusión de obtener ese puesto.

hopefulness; illusion; eagerness
  I am hoping to get that position.

el **deseo**
  Jorge tiene el deseo de viajar a la luna.

wish, desire
  Jorge has a desire to go to the moon.

la **satisfacción**
  Terminar un trabajo bien es una satisfacción.

satisfaction
  It is satisfying to finish a job well.

entusiasmar
  Andrea le entusiasma el teatro.

to enrapture
  Andrea is enraptured by the theater.

entusiasmarse
  Mi hijo **se entusiasma con** el fútbol.

to become enthusiastic
  My son gets enthusiastic about soccer.

apasionarse
  Muchas personas **se apasionan por** la política.

to become impassioned
  Many people get passionate about politics.

la **pasión**
  Las motos son la pasión de mi abuelo.

passion
  Motorcycles are my grandfather's passion.

la **felicidad**
  Muchas **felicidades por** tu cumpleaños.

happiness
  Happy birthday.

el **placer**
  Ha sido un placer conocerte.

pleasure
  It was a pleasure to meet you.

encantar
  A Pedro le encanta pasear por la playa.

to enchant, to delight
  Walking on the beach is Pedro's great delight.

impresionar
Granada me ha impresionado mucho.

to impress; to affect
Granada impressed me greatly.

la impresión
Tengo la impresión de que me engañas.

impression
I have the impression that you are deceiving me.

atraer
La música atrajo al público.

to attract
The music attracted an audience.

la atracción
Marta **siente atracción por** los gatos.

attraction
Marta has an attraction to cats.

el estímulo
Este premio será el estímulo para seguir trabajando tan bien.

stimulus; inducement
This prize will be an inducement to continue the good work.

seducir
No me dejo **seducir por** los avisos.

to seduce
I don't allow myself to be seduced by advertising.

revelar
Ángeles me reveló un secreto.

to reveal; to divulge
Ángeles divulged a secret to me.

total
¿Y qué?
– Total, que a pesar de todo, te quieres casar con ella.
– ¡Sí! ¿Y qué?

in short; to sum up
So what?
"In short, you want to marry him."
"Yes! What of it?"

por si acaso
Siempre llevo el dinero en el bolsillo del pantalón por si acaso.

just in case
Just in case, I always carry money in my pants pocket.

triste
No estés triste.
la tristeza
La lluvia me **da tristeza**.
llorar
Tengo ganas de llorar.
la lágrima
la vergüenza
A Pablito le da vergüenza cantar delante de su clase.
Siento vergüenza ajena cuando la gente no sabe comportarse.

sad
Don't be sad.
sadness
Rain makes me sad.
to cry
I feel like crying.
tear
shame
Pablito feels shame when he sings in front of the class.
I feel shame for those people who don't know how to behave.

decepcionar
Nos decepcionó el concierto.

to disappoint
The concert disappointed us.

fastidiar
¿No te fastidia?

to annoy; to displease
Isn't that enough to annoy you?

arrepentirse
Me arrepiento de haber venido.

to regret; to repent
I regret that I came.

---

conviene
Conviene que vayas a la municipalidad.

it is advisable
It is advisable for you to go to city hall.

rogar
Le ruego que baje un poco el volumen porque no me deja dormir.

to request; to beg; to entreat
I beg you to turn down the volume because it is keeping me awake.

solicitar
Solicité el permiso de obras hace meses pero todavía no me han contestado.

to solicit; to apply for; to woo
I applied for a building permit months ago, but they haven't answered yet.

exigir
Exija siempre el certificado de garantía.

to demand; to require
Always ask for a certificate of guarantee.

la **petición**
Hemos presentado una petición al alcalde.

petition; request
We presented a petition to the mayor.

pretender

to seek; to be after; to claim

quejarse
¡No te quejes tanto!

to complain
Don't complain so much!

en ningún caso
En ningún caso se devolverá el importe del pasaje.

in no case
In no case will the ticket be refunded.

¡Basta!
¡Basta ya de bromas!

Enough!
Now that's enough joking!

al **contrario**

on the contrary

¡Qué va!
– Habrá sido muy caro el regalo, ¿no?

– ¡Qué va!

Nonsense!
"The gift was probably very expensive, wasn't it?"
"Nonsense!"

¡Anda!
¡Anda! ¿Qué haces tú por aquí?

Look at that! Well, I never!
Well, I never! What are you doing here?

¡Socorro!

Help!

aburrirse
Me aburro viendo la tele.
preocupado, preocupada
Estoy preocupado por la crisis
económica.

to get bored
I get bored watching TV.
worried, preoccupied
The economic crisis has me
worried.

desesperado, desesperada
Malena está desesperada porque
no encuentra trabajo.

desperate; despairing; hopeless
Malena is desperate because
she can't find a job.

nervioso, nerviosa
La impuntualidad me **pone nerviosa**.

nervous; worried
Tardiness upsets me.

intranquilo, intranquila
Los candidatos están intranquilos
porque todavía no conocen los resultados
de la elección.
desconfiar
¡**Desconfía de** los malos amigos!

uneasy, restless
The candidates are uneasy
because they don't know
the election results yet.
to mistrust; to doubt
Beware of false friends!

el **miedo**
No **tengo miedo a** la oscuridad.
temer
Temo que me estás mintiendo.

fear
I am not afraid of the dark.
to fear
I fear that you're lying
to me.

¡Ahí va!
¡Ahí va! **Me temo que olvidamos**
las llaves del coche. O sea, que
tendremos que tomar un taxi.
la **angustia**
Las familias de los heridos esperaban
noticias **con angustia**.
desilusionado, desilusionada
Estoy desilusionado por el
resultado del trabajo.
desilusionarse

Good Lord! Oh! Damn!
Damn! We forgot the car
keys, so we'll have to take
a taxi.
anxiety; anguish
The families of the injured
waited anxiously for news.
disappointed
I was disappointed in the
result of the work.
to experience a
disappointment; to become
disillusioned

enfadarse

Vicente **se ha enfadado contigo**.
enfadado, enfadada
María está enfadada porque he
roto el jarrón.
enojarse *Am*
enojado, enojada *Am*
obstinado, obstinado *Am*

to become angry; to become
furious
Vicente is furious with you.
angry; furious
María is angry because
I broke the vase.
to get angry
angry
obstinate, stubborn

la **rabia**	rage
Me **da rabia** perder el tiempo.	It enrages me to waste time.
el **odio**	hatred, hate
odiar	to hate
Odio las guerras.	I hate wars.

la **envidia**	envy
El jefe **se ha puesto verde de envidia**.	The boss turned green with envy.
envidioso, envidiosa	envious
Lucas **está envidioso de** su hermanita.	Lucas is envious of his little sister.

envidiar	to envy
Te envidio la suerte que tienes.	I envy you your luck.
el **rencor**	rancor; animosity; grudge
Margarita no **guarda rencor**.	Margarita doesn't carry a grudge.
los **celos**	jealousy; envy
celoso, celosa	jealous; envious
Su marido es muy celoso.	Her husband is very jealous.
tener celos	to be jealous
Jorge tiene celos de su hermanita.	Jorge is jealous of his little sister.
tener mal genio	to be ill-tempered

asustarse	to be frightened
Los precios de este verano nos han asustado.	The prices this summer frightened us.
el **susto**	fright; scare; shock
¡Vaya susto!	Oh, what a fright!
el **disgusto**	quarrel; annoyance; unpleasantness
Pepa tuvo un disgusto con su primo.	Pepa had a quarrel with her cousin.
soportar	to bear; to put up with
No soporto los gritos.	I can't bear screaming.
la **preocupación**	worry; concern
Las preocupaciones enferman.	Worry makes you ill.
el **suspiro**	sigh
Juan **dio un suspiro** al encontrar el documento.	Juan sighed when he found the document.
¡**Cielos**!	Heavens!
¡**Caramba**!	Wow!

la **afirmación**
Esa afirmación **está por** demostrar.

affirmation; assertion
The assertion is yet to be proved.

afirmar
Afirmaron su inocencia.

to affirm; to assert
They affirmed their innocence.

la **confirmación**
Necesitamos una confirmación de su pedido.

confirmation
We need a confirmation of your order.

garantizar

Me garantizaron que terminarían el trabajo hasta marzo.

to guarantee; to vouch for; to assure
They assured me that they would finish the job by March.

preciso, precisa

necessary

¡Ya lo creo!
– ¿Son buenas las pistas de esquí de Farellones?
– Ya lo creo.

Of course! You bet!
"Are the Farellones ski trails good?"
"You bet!"

la **regla**

rule

la **excepción**
La excepción confirma la regla.

exception
The exception confirms the rule.

reservado, reservada
Reservado para minusválidos.

reserved; restricted
Reserved for the handicapped.

4.2 Thoughts 15

pensar
pensar en alguien
Piensa irse mañana.

to think
to think about someone
He is thinking of leaving tomorrow.

el **pensamiento**
No se me va del pensamiento.

thought; idea; mind
I can't get it out of my mind.

reflexionar
Tengo que reflexionar sobre esto.

to reflect; to think
I have to think about it.

analizar

to analyze

comparar
¿Has comparado la copia con el original?

to compare
Have you compared the copy with the original?

la **comparación**
Toda comparación es odiosa.

comparison
All comparisons are odious.

saber	to know; to learn; to be able (can)
Ayer supe que venías.	Yesterday, I learned that you were coming.
No sé ruso.	I don't know Russian.
¿Sabes dónde está Inés?	Do you know where Inés is?

INFO

Saber – Poder

To describe *abilities* or *things that have been learned*, use the verb **saber**.

Sé tocar la guitarra.   *I can play the guitar.*

To describe a *possibility* or request *permission* to do something, use the verb **poder**.

¿Puedes venir a la fiesta?   *Can you come to the party?*

---

creer	to believe; to think
Creo que no me ha comprendido, ¿qué crees?	I think he didn't understand me; what do you think?

INFO

Subjuntivo (II)

Verbs that *express an opinion* are followed by the indicative in a subordinate clause introduced by **que**.

Cero que los niño aprend**en** mejor un idioma.   *I think that it's better for children to learn a foreign language.*

However, if the verb expressing opinion is negated, the *subjunctive* must be used in the subordinate clause. The same is true in expressions of *probability*.

No creo que los niños aprend**an** mejor un idioma.   *I don't think that it's better for children to learn a foreign language.*

Other verbs that express an opinion are, for example, **pensar** (pages 79, 163) and **suponer** (page 81).

---

fiarse	to trust; to depend
¿Es que no **te fías de** nosotros?	Don't you trust us?
entender	to understand
No entiendes a tu mujer.	You don't understand your wife.

comprender
No he comprendido su explicación.

to comprehend
I didn't comprehend her explanation.

darse cuenta
No **se ha dado cuenta de** que soy extranjera.

to realize
He didn't realize that I'm a foreigner.

la **razón**
Tiene usted razón.

reason
You're right.

---

opinar
El ministro opina que hay que ahorrar más.

to be of the opinion; to think
The minister is of the opinion that we need to save more.

el **punto de vista**
Desde tu punto de vista parece ser razonable.

point of view; standpoint
From your point of view, it seems to be reasonable.

---

reconocer
No quiso reconocer nuestro trabajo.

to recognize
He didn't want to recognize our work.

---

suponer
Supongo que me escribirás algún día, ¿no?

to assume; to suppose
I suppose you'll write to me someday, won't you?

la **previsión**
¿Has oído la previsión del tiempo para mañana?

prediction; forecast; foresight
Have you heard the weather forecast for tomorrow?

---

decidir
Hemos decidido comprar la casa.

to decide
We've decided to buy the house.

resolver
Miguel prefiere resolver sus problemas solo.

to solve; to resolve
Miguel prefers to solve his problems himself.

---

la **lógica**
Lo que dices no **tiene lógica**.

logic
What you say has no logic.

lógico, lógica
¡Lógico! ¡Claro que sí!

logical
It's logical! Of course it is!

---

la **idea**
No puedes hacerte ni idea de lo bien que he pasado las vacaciones.

idea
You have no idea how great my vacation was.

---

imaginarse
Imagínese lo que hará cuando sepa la verdad.

to imagine
Just imagine what he'll do when he learns the truth.

---

la **imaginación**
Paco tiene poca imaginación.

imagination
Paco has little imagination.

inventar
¿Qué inventó Juan de la Cierva?

to invent
What did Juan de la Cierva invent?

---

el **invento**
El invento de Juan de la Cierva fue el autogiro.

invention
Juan de la Cierva's invention was the autogiro, an aircraft with helicopter features.

---

recordar
No recuerdo el título del libro.

to remember
I don't remember the title of the book.

acordarse
No **me acuerdo de** su nombre.

to recall
I don't recall her name.

olvidar
He olvidado la cartera.

to forget
I forgot my wallet.

olvidarse
No **me olvidé** de ti.

to forget (reflexive verb)
I didn't forget you.

dudar

to doubt

INFO

Subjuntivo (III)

If the main clause contains a verb or expression of *possibility, uncertainty,* or *doubt*, use the *subjunctive* in the subordinate clause.

Dudo que venga.   *I doubt that he/she is coming.*

¿Dudas que vengan a tiempo?   *Do you doubt that they will come on time?*

---

la **duda**
No cabe la menor duda de que fue una equivocación.

doubt
There is not the slightest doubt that it was an error.

equivocarse

Se ha equivocado de número.

to be mistaken; to make a mistake
You've dialed the wrong number.

---

confundirse
Disculpe, **me he confundido de** habitación.

to be mixed up; to be wrong
Excuse me, I got the rooms mixed up.

la **equivocación**

mistake, error, blunder

4.3 Character, Behavior 16

el **carácter**	character
Tiene un carácter muy fuerte.	He has a very strong character.

la **característica**	characteristic; feature
El humor es una característica positiva.	Humor is a positive characteristic.
característico, característica	characteristic; typical

bueno, buena	good
Es una buena muchacha.	She's a good girl.
malo, mala	bad; ill-behaved
Jaimito es muy malo.	Jaimito is very naughty.

INFO

> **Bueno – Malo**
>
> *Bueno* and *malo* drop the **o** before masculine singular nouns:
>
> el buen libro   *the good book*   el mal día   *the bad day*
>
> But:
>
> el libro buen**o**   *the good book*   el día mal**o**   *the bad day*
>
> The word *santo* behaves similarly (*Santo Pablo* becomes *San Pablo*), with the exceptions of *Santo Tomás* and *Santo Domingo*.

la **bondad**	goodness; kindness
Tenga la bondad de rellenar la ficha.	Be so kind as to fill out the form.
la **malicia**	malice
El delicuente ha actuado **con malicia**.	The delinquent has acted with malice.

simpático, simpática	nice; friendly
¡Qué simpática!	Oh, how nice!
amable	kind; amiable; affable
Fueron bastante amables en el banco.	They were rather kind at the bank.
la **amabilidad**	kindness; amiability
sensible	sensitive
Luis es un chico sensible.	Luis is a sensitive boy.
cariñoso, cariñosa	affectionate; tender; loving
Tengo una novia muy cariñosa.	I have a very affectionate girlfriend.

romántico, romántica	romantic

curioso, **curiosa**	curious
Mi vecina es un poco curiosa.	My neighbor is a bit nosy.
la **curiosidad**	curiosity
Tengo curiosidad por conocer a Luisa.	I'm curious to meet Luisa.

la **personalidad**	personality
Marta tiene personalidad.	Marta has personality.
individual	individual; personal
la **mentalidad**	mentality

alegre	happy; cheerful
En verano estoy más alegre que en invierno.	I'm more cheerful in summer than in winter.
divertido, **divertida**	entertaining
La señora Florentino es una persona muy divertida.	Mrs. Florentino is a very entertaining person.

fresco, fresca	fresh, impertinent, insolent
¿Pili? ¡Uy, ésa sí que es una fresca!	Pili? She sure is a fresh one!

aburrido, **aburrida**	boring
Tu marido es muy aburrido.	Your husband is very boring.
el **humor**	humor
Paco **tiene sentido del humor**.	Paco has a sense of humor.
gracioso, **graciosa**	witty; funny; graceful
la **gracia**	wit; witticism
Este chiste **no tiene ninguna gracia**.	This joke has no wit at all.
ser listo, **lista**	to be clever
Eres un tío muy listo.	You're a very clever guy.
inteligente	intelligent; smart
tonto, **tonta**	foolish; stupid; silly
¡No seas tonto!	Don't be foolish!
la **tontería**	foolishness; silliness; nonsense
Has hecho una tontería vendiendo la moto tan barata.	You were foolish to sell the motorcycle so cheaply.
optimista	optimist
pesimista	pessimist

la **actitud**	attitude
La actitud optimista de Miguel es muy curiosa.	Miguel's attitude is very curious.

tímido, **tímida**	shy, timid
Jorge es muy tímido.	Jorge is very shy.
callado, **callada**	quiet; calm; silent
Rosa es muy callada.	Rosa is very quiet.

serio, **seria**	serious; trustworthy; reliable
¿Por qué estás tan seria?	Why are you so serious?
correcto, **correcta**	correct; straight
La señora Galíndez es muy correcta.	Mrs. Galíndez is very correct.
puntual	punctual
Sé puntual.	Be punctual.

decente	decent
En la oficina tengo que vestir decentemente, si no me echarían.	I must dress decently at the office; otherwise they would fire me.

honesto, **honesta**	honest; decent
honrado, **honrada**	honorable; decent; reputable
justo, **justa**	just; fair
sincero, **sincera**	sincere; honest
Si te soy sincero, no me gusta tu perfume.	To be honest, I don't like your perfume.
la **responsabilidad**	responsibility
No cargo con la responsabilidad.	I accept no responsibility.
orgulloso, **orgullosa**	proud
Estoy **orgulloso de** ti.	I am proud of you.
educado, **educada**	well-bred; polite
Es una chica muy bien educada.	She is a very polite girl.
atento, **atenta**	attentive, polite, courteous
Eres un chico muy atento.	You are a very courteous boy.
la **atención**	attention
Tiene muchas atenciones conmigo.	She is very attentive to me.
cuidadoso, **cuidadosa**	careful
Alberto es muy cuidadoso.	Alberto is very careful.
confiado, **confiada**	trusting; unsuspecting
Rafa es demasiado confiado.	Rafa is too trusting.
realista	realistic
fiel	faithful
Clara es fiel a sus principios.	Clara is faithful to her principles.
desordenado, **desordenada**	disorderly; messy
Eres muy desordenado.	You are very messy.
despistado, **despistada**	absent-minded

activo, **activa**	active, lively

ambicioso, **ambiciosa**	ambitious
severo, **severa**	severe; serious
arrogante	arrogant
insoportable	intolerable
La burocracia es a veces insoportable.	Sometimes bureaucracy is intolerable.
vulgar	vulgar

perezoso, perezosa
En verano me vuelvo muy perezosa
porque no tengo nada que hacer.

Ni corto ni perezoso, se fue de
vacaciones.

lazy
In summer I become very
lazy because I have nothing
to do.
He went on vacation in
a jiffy.

---

vago, vaga
¡Mira que eres vago!
flojo, floja *Am*

lazy; idle; vague
How lazy you are!
lazy

---

abandonado, abandonada
Tiene un aspecto muy abandonado.
La dejaron abandonada a su suerte
en esa isla.

el **abandono**

el **destino**
El destino es incierto.
informal
Me fastidia la gente informal.

careless; sloppy; abandoned
He looks very sloppy.
They abandoned her to
meet her destiny on that
island.
sloppiness; messiness;
abandonment
destiny; future; fate
The future is uncertain
unreliable; informal
Unreliable people annoy
me.

---

bruto, bruta
¡Qué bruto!
furioso, furiosa
Estoy furiosa con los vecinos.

amenazar
El ladrón nos amenazó con un cuchillo.

violento, violenta
Como Mario es un poco violento,
nos dejó en ridículo.

cruel
Fue un asesinato cruel.

gross; crude; unpolished
How crude!
furious
I'm furious with the
neighbors.
to threaten
The thief threatened us
with a knife.
violent; impetuous; desperate
Since Mario is a bit
impetuous, he made us look
ridiculous.
cruel; remorseless
It was a cruel murder.

---

agresivo, agresiva
Muchas personas **se vuelven
agresivas** al volante.
avaro, avara
el, la **sinvergüenza**

¡Mira que eres sinvergüenza!

aggressive; hostile
Many people become
aggressive behind the wheel.
greedy
scoundrel, brazen or shameless
person
What a scoundrel you are!

el **comportamiento**
Su comportamiento es irresponsable.

comportarse
Alfonso se comportó como un verdadero señor.

behavior
Your behavior is irresponsible.
to behave
Alfonso behaved like a real gentleman.

portarse
Antonio **se portó** muy bien **con** nosotros.
prudente
María es una conductora prudente.
valiente
La madre fue muy valiente salvando a su hijo.
el, la **cobarde**
cobarde
¡Qué cobardes son!

to behave; to conduct oneself
Antonio behaved very nicely toward us.
prudent; careful; wise
María is a careful driver.
brave, valiant
The mother was very brave when she rescued her son.
coward
cowardly
What cowards you are!

la **costumbre**
Es una buena costumbre.
acostumbrarse
Nos acostumbramos al ruido.

custom, habit
That is a good habit.
to become accustomed
We got used to the noise.

la **conducta**
El preso **fue puesto en libertad** por buena conducta.
la **reacción**
No entiendo su reacción.

la **fidelidad**

la **moral**
Tenemos que **levantar la moral de** Malena.

conduct, behavior
The inmate was released for good behavior.
reaction; behavior
I don't understand his reaction.
faithfulness; honesty; constancy
morals; morality; morale
We have to raise Malena's morale.

intentar
Ana intenta conseguir trabajo.
la **intención**
Ha sido **sin mala intención**.

to try, to attempt; to intend
Ana is trying to get a job.
intention
There was no ill intention.

la **voluntad**
¿Lo has hecho **por tu propia voluntad**?
el **propósito**
Me he hecho el propósito de estudiar inglés.

will
Did you do it on your own free will?
intention, purpose, aim
I have made up my mind to study English.

realizar	to realize; to carry out
Todavía no han realizado el proyecto de inversiones.	They have not yet carried out the investment project.
conseguir	to attain; to get; to obtain; to succeed in
Conseguimos un vuelo económico.	We got a cheap flight.
Has conseguido ser el mejor de tu curso.	You've managed to become the best in your class.
Conseguí que me devolvieran el dinero.	I got them to refund my money.
esperar	to wait; to hope
Espero que vengas pronto.	I hope you're coming soon.
crear	to create
Dalí creó una obra singular.	Dali created a unique body of work.

fijarse	to notice
¿**Te has fijado en** el sombrero que lleva la señora?	Did you notice the hat on that lady?

interesarse	to be interested; to take an interest
Me interesa la pintura moderna.	I am interested in modern painting.
el **interés**	interest
Si, hay **interés**, pero no hay dinero.	Yes, there is interest, but no money.

interesado, interesada	interested; mercenary; selfish
Luisa **está interesada en** comprar el piso.	Luisa is interested in buying the apartment.
Es un tipo muy interesado. Sólo quiere ganar dinero.	He is a very mercenary type. He only wants to make money.
interesar	to interest

mantener	to maintain; to support
Incluso sus hijos trabajan para mantener a la familia.	Even her children work to support the family.

la **calma**	calm; quiet
Por favor, mantenga la calma.	Please, keep calm.

reaccionar	to react
¿Cómo reaccionaron al oír la noticia?	How did you react when you heard the news?

espontáneo, espontánea	spontaneous

demostrar	to demonstrate; to show; to prove
Demuestras poco interés.	You show little interest.

imitar	to imitate
Roberto sabe imitar el canto de los pájaros.	Roberto can imitate birdcalls.
confundir	to confuse
Casimiro confundió la marcha atrás con la primera.	Casimiro confused reverse with first gear.

el **éxito**	success
La artista tuvo mucho éxito.	The artist had a lot of success.

lograr	to obtain; to succeed
¿Logró hablar por teléfono con su jefe?	Did you succeed in reaching your boss by phone?

respetar	to respect
Respete las reglas del juego.	Respect the rules of the game.
la **atención**	attention
Preste atención a las señales de tráfico.	Pay attention to the traffic signs.
insistir	to insist; to persist
Insista en la llamada, por favor.	Please call back later.

procurar	to try
Procuramos **estar bien con** todo el mundo.	We try to get along well with everybody.
terco, terca	stubborn
Mi padre es muy terco.	My father is very stubborn.
esforzarse	to exert oneself; to try hard
Juan **se esfuerza por** aprender catalán.	Juan is trying hard to learn Catalan.
el **empeño**	earnest desire; effort
empeñarse	to insist
Rosa **se empeña en** que construyamos una piscina.	Rosa insists that we build a swimming pool.
obedecer	to obey; to follow
Obedezcan siempre las leyes del tráfico.	Always obey traffic laws.

ocuparse	to attend to; to be in charge of
preocuparse	to worry; to take care
Nos ocupamos del asunto.	We'll take care of this matter.
¡No se preocupe, ya vendrá!	Don't worry, he'll come yet!

responsable
Usted **se hace responsable de**
lo que pase.

responsible
You are responsible for
what may happen.

indiferente
Me es indiferente si te pones el vestido
rojo o el negro.

indifferent
I don't care whether you
wear the red dress or the
black one.

evitar
Evite discusiones que no conducen
a nada.

to avoid
Avoid discussions that lead
nowhere.

salvar
Los bomberos **salvaron** a la gente
de las llamas.
aprovechar
Tienes que aprovechar mejor estas
oportunidades.
la **oportunidad**

to save, to rescue
The firemen saved the
people from the flames.
to utilize; to make good use of
You have to make better
use of these opportunities.
opportunity

el **defecto**
Los amigos saben comprender los
defectos.
hacer faltas
Cuando hablo deprisa hago faltas.

defect; flaw
Friends can understand
flaws.
to make mistakes
When I talk fast, I make
mistakes.

fracasar
Si preparas bien el examen no fracasarás.

to fail
If you prepare well for the
exam, you won't fail.

estropear
Con tu comentario has estropeado todo.

to damage; to spoil
You've spoiled everything
with your comments.

el **fracaso**
El negocio de tu hermano es un fracaso.

failure; fiasco
Your brother's business is
a failure.

el **pretexto**
Marisa no vino a la boda **con el**
pretexto de estar enferma.

pretext
Marisa did not attend the
wedding on the pretext of
being ill.

ofender
Me siento ofendida.

to offend
I feel offended.

insultar
Perdone, no le he querido insultar.

to insult
Excuse me, I didn't mean
to insult you.

burlar
El ladrón burló la vigilancia.

to deceive; to ridicule
The thief deceived me.

burlarse
¿Te estás **burlando de** mí?

to make fun of
Are you making fun of me?

provocar
Me está provocando con sus palabras.

to provoke; to irritate
You are provoking me with your words.

vengarse
¿**De quién** te vas a vengar?

to take revenge
On whom will you take revenge?

vengativo, vengativa
No hay que ser vengativo.

vengeful; vindictive
One should not be vindictive.

la **venganza**
La venganza será terrible.

revenge, vengeance
The revenge will be terrible.

abusar

El alcalde **abusa de** su autoridad.

to abuse; to take advantage of; to rape
The mayor abuses his authority.

el **abuso**
Se **acusa** al ministro **de** abuso de poder.

abuse; rape
The minister is accused of abuse of authority.

tomar ventaja

to take advantage

aprovecharse

¡No **te aproveches de** los amigos!

to take advantage of; to make the most of
Don't take advantage of your friends!

el **provecho**
El jefe solo piensa en el propio provecho.

advantage; gain, profit
The boss thinks only of his own profit.

irresponsable
Es irresponsable que mueran tantos niños de hambre.

irresponsible
It is irresponsible that so many children die of hunger.

oponerse
Los mineros **se opusieron al** cierre de la mina.

to oppose
The miners opposed the closing of the mine.

la **ofensa**	offense; insult
la **amenaza**	threat
Ya no tememos tus amenazas.	We are not scared of your threats anymore.
la **violencia**	violence

abandonar	to give up; to abandon
el **crimen**	crime
Es un crimen que se abandonen animales cuando ya no se quieren.	It's a crime that animals are abandoned when they are no longer wanted.

el **delito**	crime
el **horror**	horror
El aumento de los crímenes es un horror.	The increase in crime is a horror.

cometer	to commit
El crimen se cometió entre las 7 y las 9 de la mañana.	The crime was committed between 7 and 9 in the morning.
el **ladrón**, la **ladrona**	thief
El ladrón entró por la ventana.	The thief entered through the window.

el, la **delincuente**	criminal, delinquent

el **robo**	theft, robbery
robar	to steal
El verano pasado nos robaron el coche mientras estábamos en la playa.	Last summer our car was stolen while we were at the beach.
asaltar	to assault
el **asalto**	assault; attack
¿Has leído las noticias sobre el asalto a la caja de ahorros?	Did you read the news about the assault on the savings bank?

el **atracador**, la **atracadora**	bank robber; gangster
violar	to rape; to violate
espantoso, espantosa	frightful; awful
¡Qué espantoso!	How frightful!

matar	to kill
Durante la guerra mataron a mucha gente.	During the war many people were killed.

asesinar	to assassinate, to murder, to kill
García Lorca fue asesinado.	García Lorca was murdered.
el **asesino**, la **asesina**	murderer, killer, assassin
El asesino fue el jardinero.	The murderer was the gardener.
el **asesinato**	murder
Ha sido un **robo con asesinato**.	It was murder with robbery.
el **homicidio**	homicide
El conductor cometió un homicidio.	The driver committed homicide.

el **atentado**	criminal assault; assassination
El atentado fracasó.	The assassination attempt failed.

el **contrabando**	contraband
Actualmente se está haciendo mucho contrabando de drogas.	Right now there is a lot of drug smuggling.
el **chantaje**	blackmail
estafar	to swindle
el **estafador**, la **estafadora**	swindler

clandestino, clandestina	clandestine; secret

ilegal	illegal

xenófobo, xenófoba	xenophobic
la **xenofobia**	xenophobia

4.4 Human Abilities and Communication 17

poder	to be able; can; may
¿Puede darnos más informaciones?	Can you give us more information?
¿Puedo llamarle más tarde otra vez?	May I call you again later?

INFO

Poder – Saber

For the difference between **poder** and **saber**, see the information on page 80.

la **competencia**	competence; aptitude; jurisdiction
Este asunto no **es de su competencia**.	This matter is not within her jurisdiction.

competente	competent; able; qualified
Esta profesora no me parece muy competente.	This teacher doesn't seem very competent to me.

inteligente	intelligent
Eres una chica inteligente pero has hecho una tontería enorme.	You're an intelligent girl, but you've done something enormously foolish.

la **inteligencia**	intelligence
No es cuestión de inteligencia.	It's not a question of intelligence.
intelectual	intellectual
El trabajo intelectual cansa tanto como el corporal.	Intellectual work is just as exhausting as physical work.
el **genio**	genius
No sé si Dalí fue un genio.	I don't know whether Dalí was a genius.
sabio, **sabia**	wise; learned

capaz de	capable of; able to
Camila es capaz de nadar dos horas **sin parar**.	Camila is capable of swimming for two hours without stopping.

la **capacidad**	capacity; ability
Jesús **tiene** gran **capacidad para** las lenguas.	Jesús has great talent for languages.
la **facultad**	faculty; power; gift

hábil	skillful; capable; gifted
torpe	clumsy; awkward; dull

la **habilidad**	ability; skill
Pedro **tiene mucha habilidad para** el arte.	Pedro has great artistic ability.
la **paciencia**	patience
Las enfermeras tienen que tener mucha paciencia con algunos enfermos.	Nurses need lots of patience with some patients.
la **impaciencia**	impatience
Tu impaciencia no nos **ayuda a** resolver este problema.	Your impatience isn't helping us solve this problem.

diplomático, diplomática
Hay que ser un poco diplomático con el jefe.

diplomatic
You need to be a little diplomatic with the boss.

culto, culta
Amalia se cree muy sabia y culta.

cultivated; cultured
Amalia considers herself very wise and cultivated.

planear
¿Ya han planeado las vacaciones?

to plan
Have you planned your vacation yet?

el **organizador**, la **organizadora**
¿Quién es el organizador de vuestra gira?
planificar
La urbanización está bastante bien planificada.
la **decisión**
Tenemos que tomar una decisión.

organizer
Who is the organizer of your tour?
to plan; to design
The development is fairly well planned.
decision
We have to make a decision.

imparcial
Los jueces deberían ser objetivos e imparciales.
objetivo, objetiva
generoso, generosa
ordenado, ordenada
dinámico, dinámica
Los agentes de bolsa son muy dinámicos.

impartial
Judges ought to be objective and impartial.
objective
generous
orderly; tidy
dynamic
Stockbrokers are very dynamic.

formal
Carlos es un comerciante formal.

reliable; serious; formal
Carlos is a serious businessman.

razonable
Parece ser un chico razonable.

reasonable; sensible
He seems to be a reasonable boy.

astuto, astuta
Este muchacho es astuto como un zorro.

astute; sly; sneaky; crafty
This boy is as sly as a fox.

distraído, distraída
¿Están muy distraídos hoy, ¿qué les pasa?

distracted; absent-minded
What's wrong with you? You're very absent-minded today.

espléndido, espléndida
Teresa siempre ha sido muy **espléndida conmigo**.

generous; splendid
Teresa has always been very generous to me.

tacaño, tacaña
Su cuñado es muy tacaño a pesar de ser muy rico.

stingy
Your brother-in-law is very stingy, although he's quite rich.

procurar

to endeavor; to try; to procure

impedir
Miguel no pudo impedir que el almacén se quemara.

to prevent
Miguel couldn't keep the warehouse from burning down.

decidirse
Me he decidido a estudiar Medicina.

to decide; to determine
I've decided to study medicine.

decidido, decidida
Marta es una artista muy decidida.

determined
Marta is a very determined artist.

indeciso, indecisa
Cuando tengo que elegir un regalo soy muy indeciso.

indecisive
I'm very indecisive when I have to pick out a gift.

la **ignorancia**
Tu ignorancia es enorme.

ignorance
Your ignorance is enormous.

ignorante
¡Hombre! ¡No seas tan ignorante!

ignorant; dumb
Man! Don't act so dumb!

considerado, considerada

considerate; prudent; thoughtful

Tu comportamiento me parece poco considerado.

Your behavior doesn't seem very prudent to me.

comprensivo, comprensiva
Ayer encontramos un policía comprensivo.

understanding
Yesterday we met an understanding police officer.

atreverse
No **me atrevo a** decirte lo que he oído.

to dare
I don't dare tell you what I've heard.

resistir
Estoy seguro de que Pablo resistirá mientras pueda.

to resist; to bear; to endure
I'm sure that Pablo will bear it as long as he can.

luchador, luchadora
Analisa **se abrirá paso** porque es muy luchadora.

combative
Analisa will get her way because she is very combative.

False Friends

Spanish Word	Thematic Meaning	False Friend	Spanish Equivalent
contestar	**to answer**	to contest	disputar
conviene	**it is advisable**	to convene	convocar
el éxito	**success**	exit	la salida
la gracia	**wit, witticism**	grace	la bendición
recordar	**to remember**	recorder	la grabadora

My Vocabulary

_____

_____

_____

_____

_____

_____

_____

_____

_____

_____

_____

_____

_____

_____

_____

_____

_____

_____

_____

_____

_____

5

Shopping, Eating and Drinking, Clothing

5.1 Shopping 18

ir de compras
  Nos vamos de compras al
  centro comercial.
comprar
  Compro en el supermercado.

to go shopping
  We're going shopping at
  the shopping center.
to buy
  I shop at the supermarket.

la **compra**
  ¿Ya has hecho tus compras?

purchase
  Have you already done your
  shopping?

vender
  ¿Vende pescado?
pagar
  ¿Paga **en efectivo o con tarjeta?**

to sell
  Do you sell fish?
to pay
  Will you pay with cash or a
  credit card?

la **caja**
el **precio**
  Si me hace un buen precio, me llevo
  toda la caja de naranjas.

  Los precios **están por las nubes**.
¿cuánto?
  ¿Cuánto es?
caro, cara
  Para muchos españoles la vida **se
  ha vuelto** muy cara.
barato, barata
  – ¿**A cuánto están** las frutillas?

  – Hoy **están** muy **baratas**.

cash register
price
  If you give me a good price,
  I'll take the whole crate of
  oranges.
  Prices are sky-high.
how much?
  How much is it?
expensive
  For many Spaniards life has
  become very expensive.
cheap, inexpensive
  "How much do the
  strawberries cost?"
  "They're very cheap today."

abierto, abierta
  En España los bancos no están
  abiertos por la tarde en verano.
cerrado, cerrada
  ¿Ya está cerrado?
chapar *Esp pop*
la **tienda**
  En España y Latinoamérica muchas
  tiendas abren de nueve a dos y de
  cinco a ocho de la tarde.

el **mercado**
  Voy al mercado a comprar la verdura.

open
  In Spain, banks are not open
  in the afternoon in summer.
closed
  Is it already closed?
to close; to shut
store, shop
  In Spain and Latin America
  many stores are open from
  9 to 2 o'clock and from 5 to
  8 o'clock.
market
  I'm going to the market to
  buy vegetables.

el **supermercado**	supermarket
Mira, este supermercado también lo han chapado.	Look, this supermarket has been closed as well.
el **hipermercado**	hypermarket (super-sized supermarket)

el **autoservicio**	self-service
el **carrito**	shopping cart
Mi hija **se sube al** carrito.	My daughter climbs into the shopping cart.
el **changuito** *Am*	shopping cart

la **cesta**	basket

la **panadería**	bakery
Las panaderías abren los domingos.	Bakeries are open on Sunday.
la **carnicería**	butcher's shop; meat market
Aquí hay una carnicería muy buena.	There's a very good butcher's shop here.
la **verdulería**	greengrocer; fruit and vegetable market
La verdulería de la esquina es muy económica.	The greengrocer at the corner is very cheap.
la **pescadería**	fish market
Las pescaderías huelen a pescado.	Fish markets have a fishy smell.

el **turno**	turn
– ¿**Le toca el turno** a usted?	"Is it your turn?"
– Sí, es mi turno.	"Yes, I'm next."
la **bodega** *Esp*	wine store, wine shop
En la bodega el vino es más barato.	Wine is cheaper in the wine store.

la **bodega** *Am*	grocery store
Todos los barrios hispanos tienen bodegas.	All Hispanic neighborhoods have bodegas.
la **cigarrería** *Am*	tobacco shop
los **(grandes) almacenes** *Esp*	department store
el **centro comercial**	shopping center

la **sección**	department

la **zapatería**	shoe store
el **escaparate** *Esp*	display window
¿Me enseña los zapatos azules que he visto en el escaparate?	Please show me the blue shoes that I saw in the display window.

la **vitrina** *Am*	display window
la **vidriera** *Am*	display window

la **variedad**	variety
Hay **gran variedad de** vinos de Rioja.	There are many varieties of Rioja wines.

la **botella**	bottle
La botella de tres cuartos es más económica que la **de medio litro**.	The ¾-liter bottle is more economical than the ½-liter bottle.
el **paquete**	box; pack; package
¿Cuánto cuesta el paquete de galletas?	How much is the box of cookies?
la **barra de chocolate**	chocolate bar
la **caja**	box; crate
Luis me dio una caja de chocolates.	Luis gave me a box of chocolates.

la **conserva**	canned food
el **bote**	can; jar
la **lata**	tin can; nuisance; annoyance
– Una lata de café y una lata de atún.	"A can of coffee and a can of tuna fish."
– **No queda atún.**	"We're out of tuna."
– ¡Qué lata!	"What a nuisance!"

desear	to desire, to wish
¿Qué desea usted?	What are you looking for?
el, la **cliente**	customer; client
el **marchante**, la **marchanta** *Am*	customer; patron

costar	to cost
¿Cuánto cuestan estas medias?	How much do these stockings cost?
atender	to wait on; to take care of
¿Ya le atienden?	Are you being helped?

estar a disposición	to be at the disposal of

probarse	to try on
¿Quiere probárselo?	Would you like to try it on?
el **probador**	dressing room
Me he dejado el bolso en el probador.	I left my purse in the dressing room.
quedar bien/mal	to look good/bad on somebody
El vestido rojo te queda bien.	The red dress looks good on you.
ir bien/mal	to be becoming/unbecoming

la **talla**	size
¿Cuál es su talla?	What is your size?
caber	to fit into
No quepo en estos pantalones. Son muy estrechos.	These pants don't fit me. They are too tight.

gustar	to be pleasing
No **me gusta** nada la camisa que llevas.	I don't like the shirt you're wearing at all.

sentar bien/mal	to fit; to become; to suit
La boina roja **te sienta muy bien**.	The red beret suits you very well.

largo, **larga**	long
El pantalón **me está** largo.	The pants are too long for me.
corto, **corta**	short
La falda **te queda** corta.	The skirt is too short for you.
estrecho, **estrecha**	tight; narrow; small
Julián lleva pantalones muy estrechos.	Julián wears very tight pants.
angosto, **angosta** *Am*	tight
ancho, **ancha**	wide; big
bonito, **bonita**	pretty
Ofelia me ha traído un pañuelo muy bonito de Perú.	Ofelia brought me a very pretty handkerchief from Peru.
lindo, **linda** *Am*	pretty

demasiado, **demasiada**	too much
–Has comprado demasiado pan, ¿quién se lo va a comer?	You bought too much bread; who's going to eat it?
demasiado *adv*	too
El pijama de seda es demasiado caro.	The silk pajamas are too expensive.

el **cuello**	collar
¿Qué ancho de cuello tiene?	What is your collar size?
la **manga**	sleeve
En verano no llevo camisas **de manga larga**.	In summer I don't wear long-sleeved shirts.
calzar	to put on/wear (shoes)
Pepito calza el mismo número que José.	Pepito wears the same shoe size as José.

el **calzado** Aquí hay calzado de calidad.	footwear High-quality footwear is available here.
el **tacón** Se me ha roto el tacón otra vez. el **taco** *Am*	heel My heel has broken again. heel

5.2 Eating and Drinking 19

comer ¿Quiere comer algo?	to eat Would you like to eat something?

comer(se) Nancy se comió el bocadillo. **masticar** Tú no masticas, sólo tragas. el **alimento** El pescado tiene **mucho alimento**. **alimentarse** Mucha gente se alimenta mal.	to eat, to eat up Nancy ate the sandwich. to chew You're not chewing, you're only swallowing. food; nourishment Fish has great nutritional value. to eat; to nourish oneself Many people eat an improper diet.

gustar **Me gusta** la tortilla de pimiento. el **hambre** *f* Tengo mucha hambre.	to be pleasing I like omelets with sweet peppers. hunger I'm very hungry.

hambriento, hambrienta Siempre estás hambriento. el **apetito** Clara no tiene apetito.	hungry You're always hungry. appetite Clara has no appetite.

el **desayuno** El desayuno español a veces es sólo un café. **desayunar** Sólo beben **café** de desayuno. **almorzar** ¿A qué hora almuerzas?	breakfast The Spanish breakfast sometimes consists only of coffee. to eat breakfast They drink only coffee for breakfast. to have lunch What time do you eat lunch?

el **almuerzo**
Hoy tenemos un almuerzo en la oficina.

la **comida**
En casa la comida es a las dos.

En América Latina el almuerzo es generalmente más substancial que la cena.

lunch
Today we're having a working lunch at the office.
meal; food; lunch; dinner
At home we eat lunch at 2 o'clock.
In Latin America lunch is often more substantial than dinner.

la **merienda**
Hemos preparado la merienda a los niños.

afternoon snack
We fixed the children's snack.

la **cena**
¿**Te preparo** la cena?
cenar
¿Qué hay para cenar?

dinner, supper, evening meal
Shall I fix supper for you?
to eat dinner, to eat supper
What's for dinner?

el **mantel**
la **servilleta**
El mantel y las servilletas están en el aparador.
el **vaso**
Póngame un vaso de vino, por favor.

tablecloth
napkin
The tablecloth and napkins are in the sideboard.
glass
Give me a glass of wine, please.

la **taza**
¿Quieres el café en vaso o en taza?

cup
Would you like the coffee in a glass or in a cup?

el **plato**
el **plato llano**
el **plato playo** *Am*
el **plato hondo**

plate
shallow plate
shallow plate
deep plate

la **vajilla**

china

el **cubierto**

¡Camarero! Estos cubiertos están sucios.
el **cuchillo**
El cuchillo no corta.
el **tenedor**
Pincha las aceitunas con el tenedor.

la **cuchara**
La paella típica se come con cuchara de madera.
la **cucharilla**
Colecciono cucharillas de plata.

place for one at table; cover; set of knife, fork, and spoon
Waiter! This flatware is dirty.
knife
The knife won't cut.
fork
Pierce the olives with the fork.

spoon
The typical paella is eaten with a wooden spoon.
teaspoon
I collect silver teaspoons.

el **palillo de dientes**	toothpick
beber ¿Qué quieres beber?	to drink What would you like to drink?
tomar(se) En Hispanoamérica se usa *tomar* en vez de *beber*.	to drink; to take In Spanish America, *tomar* rather than *beber* is used.
la **sed** Estoy muerta de sed.	thirst I'm dying of thirst.
sediento, sedienta Si como pizza estoy sediento todo el día.	thirsty If I eat pizza, I'm thirsty all day long.
la **bebida** Las bebidas están en la nevera. el **agua mineral** *f* Tráiganos un agua mineral con gas y otra sin gas. el **zumo** ¿Tiene zumo de naranja natural? el **jugo** *Am*	drink; beverage The drinks are in the refrigerator. mineral water Bring us one carbonated mineral water and one non-carbonated. juice (Spain) Do you have fresh-squeezed orange juice? juice
el **café** Deme un **café con leche**. el **cortado** Póngame un cortado.	coffee Give me a coffee with milk. espresso with milk Make me an espresso with milk.
descafeinado, descafeinada Mi abuela sólo debe tomar café descafeinado. el **carajillo**	decaffeinated My grandmother is supposed to drink only decaffeinated coffee. espresso with spirits (e.g., cognac)
el **té** En España se toma poco té.	tea Little tea is drunk in Spain.
la **infusión** ¿Quieres que te prepare una infusión?	herbal tea Do you want me to make you some herbal tea?

la **leche**
   ¡**A ver si** te tomas la leche de una vez!

milk
   I hope you're finally going to finish your milk!

el **chocolate**
   Me gusta el chocolate.

chocolate
   I like chocolate.

INFO

Chocolate

In addition to its usual meaning of *chocolate*, **chocolate** in colloquial speech can also mean *hashish*; see page 68.

Pedro no come chocolate, pero lo fuma.	*Pedro doesn't eat "chocolate," but he smokes it.*

---

el **refresco**
   ¿Tiene refrescos de limón y piña?

soft drink; refreshment
   Do you have lemon- or pineapple-flavored drinks?

refrescante

refreshing

la **naranjada**

orangeade, orange-flavored soda

   ¿Cuánto cuesta la naranjada?

   How much does the orangeade cost?

la **limonada**

lemonade, lemon-flavored soda

   ¿Tiene azúcar la limonada?

   Does the lemon soda contain sugar?

la **gaseosa**
   La gaseosa con vino tinto es agradable en verano.

soda water; soft drink
   Soda water with red wine is very refreshing in the summer.

la **horchata**

typical drink of Valencia made of nuts, sugar, and water

   La horchata se hace principalmente de chufa.

   Horchata is made mainly from *chufa* (ground almonds).

---

la **copa**
   ¿Vamos de copas?

drink (alcoholic); glass
   Shall we go bar-hopping?

la **cerveza**
   La cerveza española es muy ligera.

beer
   Spanish beer is very light.

---

la **caña** *Esp*
   Una caña, por favor.

glass of beer, draft beer
   A beer, please.

INFO

Feminine and masculine nouns with different meanings

Identical nouns with feminine and masculine endings may have totally different meanings, for example:

la caña   *glass of beer, draft beer*
el caño   *pipe; tube; conduit*

---

la **jarra**   pitcher; jar
   Traiga otra jarra de cerveza.   **Bring another pitcher of beer, please.**

---

el **vino**   wine
   Los vinos chilenos son famosos en   **Chilean wines are famous in**
   todo el mundo.   **the whole world.**

---

la **sangría**   sangria (red wine punch)
   ¿Cómo se prepara una sangría?   **How do you make sangria?**
el **cava**   sparkling wine
   El cava catalán **es económico**.   **Catalonian sparkling wine is inexpensive.**

---

el **jerez**   sherry
suave   mild; mellow
   Los ingleses beben mucho jerez suave. **The English drink a lot of sherry.**

seco, seca   dry
semiseco, semiseca   semidry, demisec
   El cava seco es mejor que el semiseco. **Dry sparkling wine is better than semidry.**

   Este tinto semiseco no es muy bueno. **This semidry red wine is not very good.**

---

el **brandy**   brandy, cognac
   El brandy tiene mucho alcohol.   **Brandy contains a great deal of alcohol.**

el **licor**   liqueur
   – ¿Prefiere usted un licor a un jerez? **"Would you prefer a liqueur to a sherry?"**

   – Me gusta más el licor.   **"I prefer the liqueur."**
el **ron**   rum
   El ron cubano **es riquísimo**.   **Cuban rum is delicious.**
el aguardiente   strong drink; firewater

INFO

Superlative

The highest degree of a property or quality can be expressed in various ways: with **muy** + an adjective or with the ending **-ísimo** (**muy listo**, **listísimo** = *very clever, extremely clever*).

Adjectives that end in **-ble**, **-co**, **-go**, **-guo** undergo orthographic changes: **amabilísimo (amable)**, **riquísimo (rico)**, **amarguísimo (amargo)**, **antiquísimo (antiguo)**.

5.3 Groceries and Cooking 20

el **pan**	bread
Me gusta el pan **recién hecho**.	I like fresh bread.
el **pan de molde**	toast bread
la **barra de pan**	bagette
el **pan integral**	coarse-grained whole-meal bread
Prefiero el pan integral.	I prefer whole-meal bread.
la **harina**	flour
la **harina de trigo**	wheat flour
amasar	to knead
Antes de poner la masa en el horno hay que amasarla bien.	Before putting the dough in the oven one should knead it a lot.
la **mantequilla**	butter
Sólo uso mantequilla para desayunar.	I only eat butter at breakfast.
la **manteca** *Am*	butter; lard
la **mermelada**	jam, marmalade
Me gusta el queso con mermelada.	I like cheese with jam.
el **huevo**	egg
– ¿Quieres un **huevo duro**?	"Would you like a hard-boiled egg?"
– No, lo quiero **pasado por agua**.	"No, I want it soft-boiled."
la **clara**	white (of egg)
la **yema**	yolk
el **queso**	cheese
Uvas con queso **saben a beso**. *refrán*	Grapes and cheese taste delicious.

el **embutido**	sausage
el **jamón**	ham
El **jamón serrano** es muy caro.	Cured ham is very expensive.

la **carne**	meat
– ¿Cómo se prepara la carne de ternera?	"How do you prepare veal?"
– No lo sé.	"I don't know."
el **bistec**	steak
Dos bistecs de ternera, por favor.	Two veal steaks, please.
el bife *Am*	steak

el **filete**	filet
Los filetes de magro son buenos.	The lean filets are good.
el **pollo**	chicken
Quiero medio pollo para hacer caldo.	I'd like half a chicken to make broth.

el **pescado**	fish
Prefiero el pescado **a** la carne.	I prefer fish to meat.
el **atún**	tuna
Deme una lata de atún.	Give me a can of tuna.
la **sardina**	sardine
La sardina fresca **es muy rica**.	Fresh sardines are very tasty.
el **marisco**	seafood
El marisco es carísimo.	Seafood is very expensive.
la **zarzuela de mariscos**	seaman's platter
la **gamba**	large shrimp, prawn
Me gustan las **gambas a la plancha**.	I like grilled shrimp.
fresco, **fresca**	fresh
– ¿Está fresco el pescado?	"Is the fish fresh?"
– ¡Por supuesto!	"Of course."

la **verdura**	vegetables
En casa comemos mucha verdura.	At home we eat a lot of vegetables.
el **tomate**	tomato
¿**Te preparo** una ensalada de tomate?	Shall I make you a tomato salad?
la **ensalada**	salad
Aún no le **he puesto** aceite y vinagre a la ensalada.	I haven't put oil and vinegar on the salad yet.
la **papa** *Am*	potato (Latin America)
la **patata** *Esp*	potato (Spain)
las **papas fritas**	french fries
Elena y Lucas sólo comen papas fritas.	Elena and Lucas eat nothing but french fries.

el **arroz**
Los colombianos comen más arroz
que pan.

rice
Colombians eat more rice
than bread.

el **azúcar**
El **azúcar moreno** se toma **con** el té.

sugar
Brown sugar is good in tea.

la **sacarina**

saccharin

la **sal**
¿Tiene **sal de mar**?
el **aceite**
El aceite de oliva prensado en frío
es sano.

salt
Do you have sea salt?
oil
Cold-pressed olive oil is
healthful.

el **pastel**
Una docena de **pasteles de nata**.

pie; pastry
A dozen cream pastries,
please.

la **canela**
el **bizcocho**
el **bizcocho** *Am*

cinnamon
pastry
cake

el **caramelo**
Le gustan los caramelos de limón.
el **helado**
Déme un helado de chocolate con nata.

candy
She likes lemon candies.
ice cream
Give me some chocolate ice
cream with whipped cream.

la **fruta**
Como poca fruta.
maduro, **madura**
La fruta ya está madura.
verde
Estos plátanos están todavía verdes.

fruit
I don't eat much fruit.
ripe
The fruit is already ripe.
unripe, green
These bananas are still
green.

exprimir
Exprimí tres naranjas para hacerme
un jugo.
el **limón**
El pescado se come con limón.

to squeeze
I squeezed three oranges to
make juice for myself.
lemon
Fish is eaten with lemon.

la **lima**
¿Has traído limas para hacer mojitos?

lime
Did you bring limes for the
mojitos?

la **naranja**
La naranja valenciana es famosa.

orange
Valencia oranges are
famous.

la **manzana**
¿Les gusta el pastel de manzana?

apple
Do you like apple pie?

Groceries and Cooking **111**

pelar
Puedes comerte la manzana **sin pelar**.

to peel
You can eat the apple unpeeled.

la **pera**
La **pera de agua** está muy madura.

pear
The juicy pear is very ripe.

el **durazno** *Am*
Hay que pelar los duraznos.

peach
Peaches have to be peeled.

el **melocotón** *Esp*

peach

---

la **uva**
Me gusta más **la uva blanca** que la **negra**.

grape
I like white grapes better than black ones.

el **melón**
El melón con jamón me encanta.

melon
I am very fond of melon with ham.

el **plátano**
El plátano canario es dulce como el guineo americano.

banana
The Canary Island banana is as sweet as the American Guinean banana.

la **banana** *Am*

banana

---

la **ciruela**

plum

el **damasco** *Am*

apricot

el **albaricoque** *Esp*

apricot

---

la **cereza**

cherry

la **fresa**
A todos les gustan las fresas con helado.

strawberry
Everybody likes strawberries with ice cream.

la **frutilla** *Am*

strawberry

---

la **sandía**
La sandía es refrescante.

watermelon
Watermelons are refreshing.

la **piña**

pineapple

el **ananá(s)** *Am*

pineapple

---

cocinar
Marta cocina fatal.

to cook
Marta is a terrible cook.

echar
Hay que **echar** más aceite en la sartén.

to throw in, to put into, to add
You need to put more oil into the pan.

preparar
¿Preparamos la comida?

to prepare
Shall we prepare dinner?

guisar
Paco guisa muy bien.

to cook
Paco is a very good cook.

freír
Fríe las papas **con** mucho aceite de oliva.

to fry
Fry the potatoes with plenty of olive oil.

frito, **frita**

fried

mezclar
Para hacer la pasta hay que mezclar harina con huevos.

to mix
To make the dough, you have to mix flour and eggs.

cortar
to cut

la **rebanada**
cortar el pan en rebanadas

slice (of bread)
to slice the bread

la **raja**
slice

la **loncha**
La **loncha de jamón** con una **raja de melón** es algo exquisito.

slice (of sausage)
A slice of ham with a slice of melon is something delicious.

probar
Voy a probar la salsa.

to try; to taste
I'm going to taste the sauce.

---

el **fuego**
La salsa de tomate se prepara **a fuego lento**.

fire
Tomato sauce is cooked over low heat.

calentar
Virginia calienta la comida en el horno.

to heat; to warm up
Virginia is warming the food in the oven.

caliente
Oiga, el agua está caliente y el café frío.

warm; hot
Listen, the water is warm and the coffee is cold.

---

la **receta**
La receta de las empanadas se puede variar de muchas maneras.

recipe
The recipe for *empanadas* can be varied in many ways.

la **sopa**
Esto es sopa de sobre.

soup
It's soup from a package.

el **gazpacho**

El gazpacho se toma en verano.

gazpacho (cold vegetable soup)
Gazpacho is eaten in the summer.

la **tortilla**
omelet

típico, **típica**
La tortilla de patata es típica de la cocina española.

typical
The potato omelet is typical of Spanish cuisine.

la **paella**
Esta mañana he encargado una paella para doce personas porque **tarda mucho en** hacerse.

paella
This morning I ordered a paella for 12 people, because it takes a long time to make.

---

el **bocadillo** *Esp*
¿Quieres un bocadillo de queso?

sandwich
Would you like a cheese sandwich?

el **emparedado** *Mex*
sandwich

el **sándwich** *Am*
sandwich

la **mitad** ¿Para hacer un bocadillo corto el pan por la mitad?	half **To make a sandwich, do I cut the bread in half?**

la **mayonesa** La mayonesa de ajo se llama *alioli*.	mayonnaise Mayonnaise with garlic is called *alioli*.
la **ensaladilla rusa** En verano es mejor comerse la ensaladilla rusa que guardarla.	Russian salad (with peas, carrots, hard-boiled eggs, and mayonnaise). In summer it's better to eat all the Russian salad rather than keep the leftovers.
cocer – ¿Hay que cocer las papas? – No, las voy a freír.	to cook; to boil "Do the potatoes have to be boiled?" "No, I'll fry them."
el **ceviche** El ceviche peruano tiene pescado, cebolla en rodajas, ají, y cilantro.	ceviche The Peruvian *ceviche* contains fish, sliced onions, peppers, and coriander.
hervir El agua para el té ya está hirviendo.	to boil The water for the tea is already boiling.
batir **Bate bien** los huevos.	to beat Beat the eggs well.
revolver Mientras revuelvo la sopa, exprime dos limones.	to stir While I stir the soup, you squeeze two lemons.
pegarse Si no pones más aceite, **se pegarán** las papas.	to stick If you don't use more oil, the potatoes will stick to the pan.
quemar **A fuego lento** no **se quemará** la comida.	to burn; to stick On low heat the food will not burn.

el **salchichón** No me gusta el salchichón con mucha grasa.	hard sausage, salami I don't like salami with a lot of fat.
el **salame** *Am*	salami
la **salchicha** En España se come más jamón que salchichas.	frankfurter More hams than frankfurters are eaten in Spain.
la **rodaja**	slice (of sausage)
el **chorizo** Deme **medio kilo de** chorizo.	chorizo, spicy sausage Give me half a kilo of chorizo.

la **carne picada**
Deme **medio kilo de** carne picada.

ground meat
Give me 500 grams of ground meat.

la **chuleta**
Ayer comimos unas chuletas con alioli.

cutlet; chop
Yesterday we ate cutlets with garlic mayonnaise.

asar
El **cochinillo asado** de la Habana es famoso.

to roast
The roasted suckling pig of Havana is famous.

asar a la parrilla
Hoy hay chuletas a la parrilla.

to grill
Today we have grilled chops.

a la plancha
el **asado**

oven-grilled
roast

---

muy hecho, hecha
A Tomás **le gusta** el asado muy hecho.

well done
Tomás likes the roast well done.

poco hecho, hecha
medio hecho, hecha
– ¿Cómo desean los bistecs?

rare
medium well done
"How do you like the steaks?"

– Para mi mujer muy hecho, para la niña medio y el mío lo quiero poco hecho.

"For my wife, well done, for my daughter, medium well done, and for me, rare."

crudo, cruda
Este pollo está todavía crudo.

raw
This chicken is still raw.

tierno, tierna
Este cordero está muy tierno.

tender
This lamb is very tender.

magro, magra
el **caldo**
la **salsa**
Se ha quemado la salsa de la carne.

lean
beef broth
sauce; gravy
The meat gravy burned.

el **horno**
Hace una hora que he metido el pavo en el horno y todavía no está hecho.

oven
I put the turkey in the oven an hour ago, and it's still not done.

---

el **salmón**
¿Tiene salmón?

salmon
Do you carry salmon?

el **lenguado**
En Galicia comimos un lenguado muy bueno.

sole
In Galicia we ate an excellent sole.

el **mejillón**
Los mejillones se cocinan sin agua.

mussel
Mussels are cooked without water.

la **merluza**
A mi tío **le encanta** la merluza.

hake
My uncle is very fond of hake.

el **calamar**
¿Tiene calamares **a la romana**?

squid
Do you have deep-fried squid?

la **cigala**
Estas cigalas están muy frescas.

crawfish
These crawfish are very fresh.

la **langosta**
el **langostino**
Ya no hay muchos langostinos en el Mediterráneo.

lobster
giant prawn (shrimp)
There are no longer many giant prawn in the Mediterranean.

---

la **pimienta**
¡**No eches** tanta pimienta!

pepper
Don't put so much pepper on it!

el **pimentón**
el **vinagre**
¿Le pongo vinagre a la ensalada?

paprika
vinegar
Shall I put vinegar on the salad?

la **mostaza**
Esta mostaza **pica**.

mustard
This mustard is hot.

el **azafrán**
El arroz de la paella se prepara con azafrán.

saffron
The rice for paella is prepared with saffron.

---

soso, sosa
sabroso, sabrosa
La salsa picante es muy sabrosa.

dull; insipid
tasty
The spicy sauce is very tasty.

rico, rica
Las papas asadas con chucrut **están muy ricas**.

delicious
Roasted potatoes with sauerkraut are quite delicious.

exquisito, exquisita
picante
La comida española no es muy picante.

exquisite
spicy, highly seasoned
Spanish cuisine is not very spicy.

---

el **panecillo**
– ¿Tiene panecillos de leche?
– No, pero en la panadería de la plaza hay.

roll
"Do you have French rolls?"
"No, but the bakery on the plaza does."

la **tostada**
duro, dura
El pan ya está duro.

toast
hard; tough
The bread is already hard.

---

los **pasteles**
¿Quiere unos pasteles con el café?

pastry
Would you like pastry with the coffee?

la **miel**
Me gusta la leche con miel.

honey
I like milk with honey.

la **galleta**
    ¿Quieres una galleta?
el **bombón**
    Te hemos traído unos bombones
    de Suiza.
la **avellana**
el **flan**
    De postre voy a tomar un flan.

el **polo** *Esp*
la **nata**
la **crema chantilly**
    A veces tomo el café con crema chantilly.

la **crema** *Am*
la **crema batida** *Am*
el **churro**
    A veces desayunamos chocolate
    con churros.

cookie
    Would you like a cookie?
chocolate candy; bonbon
    We brought you some
    chocolates from Switzerland.
hazelnut
flan, crème caramel
    For dessert I'm going to
    have flan.

ice cream on a stick
cream
whipped cream
    I sometimes drink coffee
    with whipped cream.

cream
whipped cream
pastry fried in oil; fritter
    Sometimes we have hot
    chocolate and *churros* for
    breakfast.

---

las **judías** *pl Esp*
los **frijoles** *Am*
el **haba** *f*
    Las habas fritas están muy ricas.

la alubia
el **guisante** *Esp*
la **arveja** *Am*
el **garbanzo**
    Ella come garbanzos día y noche.

beans
kidney beans
broad bean
    Fried beans are quite
    delicious.

kidney bean
pea
pea
garbanzo, chickpea
    She eats garbanzos day and
    night.

---

las **legumbres** *pl*

vegetables

---

el **maíz**
    La tortilla mexicana se hace con
    harina de maíz.

corn
    Mexican tortillas are made
    with corn flour.

---

transgénico

    Muchas personas rechazan los
    alimentos transgénicos.

genetically modified;
transgenic
    Many people refuse to eat
    foods that have been
    genetically modified.

---

el **espárrago**
    De primero hay sopa de espárragos.

la **zanahoria**
    El jugo de zanahoria es sano.

asparagus
    The first course is asparagus
    soup.
carrot
    Carrot juice is good for your
    health.

el **pimiento** El pimiento frito es mi plato favorito.	pepper (vegetable) Fried peppers are my favorite food.
el **pepino** ¿Tiene **pepinos naturales**?	cucumber Do you have fresh cucumbers?
la **lechuga** Mucha lechuga se cultiva en México.	lettuce A lot of lettuce is grown in Mexico.
la **aceituna** ¿Tiene aceitunas rellenas?	olive (Latin America) Do you have stuffed olives?
la **oliva**	olive (Spain)
la(s) **espinaca(s)** Las espinacas no se deben calentar otra vez después de cocinarlas.	spinach Spinach should not be reheated after it is cooked.
el **ajo** **He puesto** tres dientes de ajo.	garlic I put in three cloves of garlic.
la **cabeza de ajo**	garlic bulb

la **cebolla** Lloro cuando pelo cebollas.	onion I cry whenever I peel onions.
la **col**	cabbage
la **coliflor** Antes de cocinar la coliflor hay que lavarla muy bien.	cauliflower Before cooking cauliflower, you need to wash it well.
la **alcachofa**	artichoke
la **berenjena**	eggplant
el **perejil**	parsley
la **calabaza**	pumpkin

5.4 Eating Out 21

el **restaurante**	restaurant
el **bar** Tomás desayuna todos los días en el bar.	bar, bar-restaurant Tomás eats breakfast at the bar-restaurant every day.
la **cafetería**	cafeteria

el **camarero**, la **camarera**	waiter; waitress
el **mesero**, la **mesera** *Am*	waiter; waitress

el **barman**	barkeeper
la **propina**	tip, gratuity
la **barra**	bar; counter
el **taburete**	stool; barstool
la **banqueta**	stool; barstool

la **carta**	menu
¡Camarero! La carta, por favor.	Waiter, the menu, please.
la **lista de precios**	price list
En la puerta del restaurante está la lista de precios.	The price list is displayed at the door of the restaurant.
¡**Buen provecho!**	Bon appétit!
¡**Que aproveche!** *Esp*	Bon appétit!

servir	to serve
¿Quién sirve esta mesa?	Who is serving this table?

la **bandeja**	tray

tomar	to take; to drink; to eat
¿Qué va a tomar?	What will you have?
pedir	to order
No sé **qué pedir**.	I don't know what to order.
¿Qué te pido?	What shall I order for you?

escoger	to select; to choose
¿Has escogido ya?	Have you made your selection yet?

traer	to bring; to serve
Tráiganos cuatro cervezas y unas aceitunas.	Bring us four beers and some olives.
la **cuenta**	bill, check
La cuenta, por favor.	Check, please.

el **menú**	complete meal; menu
¿Tienen menú del día?	Do you have a daily special?

el **aperitivo**	aperitif
¿Quieren un jerez **de aperitivo**?	Would you like sherry as an aperitif?

el **plato**	dish; course
– ¿Qué desean de **primer plato**?	"What would you like as a first course?"
– Una sopa de verduras.	"A vegetable soup."
la **entrada**	starter; hors d'oeuvre
el plato principal	main dish
el plato del día	daily special

favorito, favorita	favorite
Mi plato favorito es arroz con pollo.	My favorite dish is chicken with rice.
¿**Qué tal el pescado?**	How is the fish?

la **tapa**

Deme una cerveza y una tapa de jamón.

tapa (small snack, appetizer) (Spain)

Give me a beer and a ham appetizer.

la **ración**

Una ración de calamares, por favor.

portion, serving

One serving of squid, please.

el **pincho** *Esp*

En muchos bares de España se pueden comer pinchos muy variados.

snack

One can have a great variety of snacks in many bars of Spain.

el **postre**

Hay fruta **de postre**.

otro, otra

dessert

There is fruit for dessert.

another

INFO

Otro, otra

No indefinite article (un, una) is used before **otro, a**.

¿Quieres otro café?

Would you like another coffee?

¿Me trae otro cuchillo, por favor?

Please bring me another knife.

¿Otro cuchillo? Enseguida, señor.

Another knife? Right away, sir.

incluido, incluida

El servicio está incluido.

included

Service is included.

la **especialidad**

¿Qué especialidad tienen hoy?

specialty

What specialty do you have today?

5.5 Articles of Clothing 22

la **moda**

El verde **está de moda**.

la **ropa**

En rebajas se puede comprar ropa barata de caballero y señora.

fashion

Green is in fashion.

clothing, clothes

You can buy men's and women's clothing cheaply during the sales.

la **calidad**

La ropa de calidad sienta mejor.

quality

High-quality clothing fits better.

llevar
Llevas un traje muy elegante.

to wear
You're wearing a very elegant suit.

ponerse
Te has puesto dos calcetines distintos.

to put on
You've put on two different socks.

vestirse
El niño ya se viste solo.

to dress, to get dressed
The boy can already dress himself.

desnudarse
Cuando estuve en el médico, me tuve que desnudar.

to undress, to get undressed
When I was at the doctor's office, I had to undress.

quitarse

to undress, to get undressed

cambiarse
Normalmente **nos cambiamos de ropa** todos los días.

to change clothes
As a rule we change clothes every day.

---

la **camisa**
Busco una **camisa de manga corta**.

shirt
I'm looking for a short-sleeved shirt.

---

la **corbata**
Siempre lleva **corbatas a flores**.

tie
He always wears flowered ties.

---

la **camiseta**
Los futbolistas intercambiaron las camisetas.

t-shirt; undershirt; sports shirt
The soccer players exchanged shirts.

la **blusa**
Has perdido un botón de la blusa.

blouse
You've lost a button off your blouse.

el **jersey** *Esp*
Tengo dos jerseys nuevos: uno sueco y otro inglés.

pullover, sweater
I have two new sweaters: one is Swedish and the other English.

el **pulóver** *Am*

pullover, sweater

---

el **suéter** *Am*
Este suéter azul es de lana.

pullover, sweater
This blue sweater is made of wool.

---

el/los **pantalón, pantalones**
En verano **vamos en pantalón corto**.

pants
In summer we wear short pants.

el/los **jean/s** *Am*

jeans

el/los **vaquero/s**

jeans

los **tejanos** *Esp*
Los tejanos son cómodos.

jeans
Jeans are comfortable.

la **falda**
Esta falda te queda muy bien.

skirt
This skirt looks good on you.

el **pijama**
Me gusta dormir sin pijama.

pajamas
I like to sleep without pajamas.

el **piyama** *Am*

pajamas

el **camisón**
la **salida de baño**
el **albornoz** *Esp*
Ponte el albornoz cuando salgas del baño para no resfriarte.

nightshirt; nightgown
bathing wrap
bathrobe
Put on the bathrobe when you leave the bathroom, so that you don't catch cold.

el **traje de baño**

bathing suit, swimsuit, swimming trunks

la **malla** *Am*

bathing suit, swimsuit, swimming trunks

el **bañador** *Esp*

bathing suit, swimsuit, swimming trunks

Joaquín usa un bañador muy estrecho.

Joaquín wears a very tight swimsuit.

el/la **biquini** *Am*

bikini

el **vestido**
Margarita lleva un vestido bonito.

dress
Margarita is wearing a pretty dress.

la **chaqueta**
Tengo una **chaqueta de punto**.
el **saco** *Am*
la **americana** *Esp*
el **abrigo**
Fernando se ha comprado un **abrigo de piel**.

jacket
I have a knitted jacket.
jacket
jacket
coat
Fernando has bought himself a fur coat.

el **impermeable**
la **gabardina**
Como está lloviendo me pongo la gabardina.
la **parka**

raincoat
trench coat
Since it's raining, I'm putting on my trench coat.
parka

el **traje**
Te sienta bien el traje.
el **terno** *Am*
los **gemelos**
Tengo gemelos de oro.

suit
This suit looks good on you.
suit
cuff links
I have gold cuff links.

el **uniforme**
Llevas una chaqueta que es parecida a mi uniforme.

uniform
You're wearing a jacket similar to the one for my uniform.

el pañuelo Si estás resfriado, tienes que llevar pañuelos.	handkerchief; scarf If you have a cold, you need to carry some handkerchiefs.
la bufanda **Se ha dejado** la bufanda en el teatro.	scarf He left the scarf in the theater.
el sombrero Poca gente **lleva sombrero** hoy en día.	hat Few people wear hats nowadays.
la gorra El guardia lleva una gorra. **la boina** Mi abuelo llevaba siempre boina. **la chistera**	cap The guard wears a cap. beret My grandfather always wore a beret. top hat
el guante ¿Tiene **guantes de cuero**?	glove Do you carry leather gloves?
el calcetín Llevo calcetines de lana. **la/s media/s** Las medias **no duran** nada. **la media** *Am*	sock; stocking I wear wool socks. stocking Stockings don't last long. sock
el calzoncillo Mi abuelo usaba calzoncillos largos. **la/s braga/s** A Clara le gustan las **bragas de seda**. **el sujetador** *Esp* **el sostén** *Am*	men's undershorts; underwear My grandfather wore long underwear. panties Clara likes silk panties. bra bra
los tirantes	suspenders
el zapato En Brasil hay muchas fábricas de zapatos. **la bota** Estas botas son para montar a caballo. **la zapatilla** Mi suegro usa **zapatillas a cuadros**.	shoe There are many shoe factories in Brazil. boot These boots are for riding. slipper; houseshoe My father-in-law wears checkered slippers.

la **sandalia**	sandal
Las sandalias con calcetines son horribles.	Sandals with socks are horrible.
descalzo, descalza	barefoot
Siempre íbamos descalzos por la playa.	We always go barefoot at the beach.

5.6 Cleaning and Care 23

la **lavandería**	laundry
Voy a llevar la ropa a la lavandería.	I'm going to take the clothes to the laundry.
la **tintorería**	dry cleaner's
El traje lo limpian en la tintorería.	The suit is being cleaned at the dry cleaner's.

teñir	to dye

la **mancha**	spot
Esa mancha **no se quita**.	That spot won't come out.
lavar	to wash
la **lavadora**	washing machine
Se ha salido la lavadora.	The washing machine has overflowed.
Como se ha roto la lavadora tengo que **lavar a mano**.	Since the washing machine broke down, I have to do the wash by hand.

lavable	washable
el **detergente**	detergent
No ponga tanto detergente.	Don't put in so much detergent.
tender	to hang out the laundry (to dry)
colgar	to hang out the laundry (to dry)
Carmela cuelga la ropa en el balcón.	Carmela hangs out the wash to dry on the balcony.
la **secadora**	clothes dryer
la **pinza de la ropa**	clothespin
Cuando cuelgues la ropa, **ponle** pinzas para que no se vuele.	When you hang out the laundry, use clothespins to keep the clothes from blowing away.

planchar	to iron
A Isabel **no le gusta** planchar.	Isabel doesn't like to iron.

la **plancha**	iron
Me he quemado con la plancha.	I burned myself on the iron.
la **percha**	coat hanger
Cuelga el pantalón en la percha para que no lo tenga que planchar otra vez.	Hang the pants on the coat hanger, so I don't have to iron them again.
coser	to sew
la **máquina de coser**	sewing machine
remendar	to darn
– ¿Te remiendo el pantalón?	"Shall I darn your pants?"
– No, no merece la pena.	"No, it's not worth it."
acortar	to shorten
Acórteme el pantalón diez centímetros.	Shorten the pants by 10 centimeters.
el **botón**	button
¿Te coso el botón de la camisa?	Shall I sew on your shirt button?
la **cremallera**	zipper
Necesito una cremallera negra.	I need a black zipper.
el **cierre (zipper)** *Am*	zipper
el **cierre relámpago** *Am*	zipper
el **hilo**	thread
la **aguja**	needle
el **alfiler de gancho** *Am*	safety pin
el **imperdible** *Esp*	safety pin
Cuando viajo llevo hilo, aguja e imperdibles.	When I travel, I carry a needle, thread, and safety pins with me.
el **alfiler**	pin
pincharse	to prick oneself, to pinch oneself
Cuidado, no te pinches **con** los alfileres.	Be careful, don't stick yourself with the pins.
el **dedal**	thimble
el **sastre**, la **sastra**	tailor
Tengo un **traje sastre**.	My suit is tailor-made.
la **sastrería**	tailor's shop
el **modisto**, la **modista**	ladies' tailor
hacer vestidos/ropa	to make clothing/clothes

el **betún**	shoe polish
el **cordón**	shoelace
Necesito betún negro y unos cordones, también negros.	I need black shoe polish and black shoelaces too.
la **suela**	sole (shoe)
Póngame **medias suelas** y tacones.	Put on new soles and heels, please.

5.7 Materials and Properties 24

la **tela**	material, fabric
Compré tela para hacerme una blusa.	I bought some material to make myself a blouse.

el **tejido**	textile, fabric
la **fibra**	fiber

el **algodón**	cotton
la **lana**	wool
la **bufanda de lana**	wool scarf
Me gusta llevar ropa de lana o algodón.	I like to wear clothing made of wool or cotton.
la **seda**	silk
La seda y el terciopelo son muy **difíciles de limpiar**.	Silk and velvet are very difficult to clean.

transparente	transparent
La blusa es fina y casi transparente.	The blouse is thin and almost transparent.
la **franela**	flannel
Me gustan los **trajes de franela.**	I like flannel suits.
la **pana**	corduroy
el **corderoy** *Am*	corduroy
grueso, gruesa	thick; bulky
Este pantalón de pana es demasiado grueso para la temperatura de hoy.	These corduroy pants are too bulky for today's temperature.
el **terciopelo**	velvet
el vestido de terciopelo	velvet dress

auténtico, auténtica	genuine
Marisa tiene una blusa de seda china auténtica.	Marisa has a blouse made of real Chinese silk.
sintético, sintética	synthetic
Esta chaqueta es de **fibra sintética**.	This jacket is made of synthetic fibers.

el **nylon/nilón/nailon®**	nylon
Carmen no puede llevar medias de nailon.	Carmen can't wear nylon stockings.
el **cuero**	leather
Juan se ha comprado una **chaqueta de cuero**.	Juan has bought himself a leather jacket.
la **piel**	fur; leather
Este abrigo no es de piel.	This coat is not made of leather.
el **ante**	suede; buckskin
¿**Tienen** chaquetas de ante negras?	Do you carry black buckskin jackets?
delicado, delicada	delicate
Los zapatos de ante son muy delicados.	Suede shoes are very delicate.
elástico, elástica	elastic
La tela del bañador es elástica.	The fabric of the swimsuit is elastic.
a rayas	striped
Con el **vestido a rayas** pareces más delgada.	You look thinner in the striped dress.
de/a lunares	dotted
a cuadros	checked, checkered
Estoy buscando una camisa a cuadros.	I'm looking for a checked shirt.
liso, lisa	plain; solid-colored
de colores	colored

5.8 Jewelry and Accessories 25

la **cadena**	chain
Para su bautizo le regalamos una cadena de oro.	We gave her a gold chain for her baptism.
el **collar**	necklace
Tu cuñada tiene muchos collares de perlas.	Your sister-in-law has many pearl necklaces.

la **joya** | jewel; gem
¿Dónde deposito las joyas? | Where can I deposit the jewelry?

la **joyería** | jewelry shop
la **relojería** | watchmaker's shop
He llevado el reloj a la relojería porque se paraba. | I took the watch to the watchmaker's shop because it was stopping.

---

el **reloj** | watch, clock
la **pulsera** | bracelet
el reloj de pulsera | wristwatch
valioso, **valiosa** | valuable
La pulsera es valiosa. | The bracelet is valuable.
el **pendiente** | earring
Sólo **llevo** un pendiente. | I wear only one earring.
el **arete** *Am* | earring
el **anillo** | ring
el **anillo de boda** | wedding ring
Siempre **me quito** el anillo de boda cuando trabajo en el taller. | I always take my wedding ring off when I work in the shop.
el **broche** | brooch
Este broche me lo pongo con la blusa de seda. | I wear this brooch with my silk blouse.
precioso, **preciosa** | precious; beautiful
Llevas unos pendientes preciosos. | You wear beautiful earrings.
la **perla** | pearl
¿Son **perlas naturales** o **cultivadas**? | Are those natural pearls or cultivated ones?

---

artificial | artificial
el **diamante** | diamond
El cristal se corta con un diamante. | Glass is cut with a diamond.
la **piedra** | stone; rock
¡No **tires piedras a** los perros! | Don't throw stones at the dogs!

---

la **esmeralda** | emerald
Te he traído una esmeralda de Colombia. | I brought you an emerald from Colombia.

el **brillante** | diamond, brilliant
Este brillante es un diamante de mucho valor. | This brilliant is a very valuable diamond.

el **oro**	gold
la **plata**	silver
He cambiado la cadena de oro **por** una de plata.	I exchanged the gold chain for a silver one.

plateado, plateada	silver-plated
¿Te gusta aquel reloj plateado?	Do you like that silver-plated watch?
dorado, dorada	gilt; golden; gold-plated
el **marfil**	ivory
Se han matado muchos elefantes por causa del marfil.	Many elephants have been killed for ivory.

los **accesorios**	accessories

las **gafas de sol** *Esp*	sunglasses
los **lentes/anteojos de sol** *Am*	sunglasses
el **bolso** *Esp*	handbag; purse
¡Me han robado el bolso!	My purse has been stolen!
la **cartera** *Am*	handbag
el **bolsillo**	purse
la **billetera**	wallet
Tomás no sabe dónde **se dejó** la billetera.	Tomás doesn't know where he left his wallet.
el **monedero**	coin purse
Me parece que me han robado el monedero.	I think my coin purse has been stolen.
el **cinturón**	belt
Quiero un cinturón de cuero.	I want a leather belt.
el **paraguas**	umbrella

el **bastón**	walking stick, cane
Mi tío tiene un bastón **de caña de bambú**.	My uncle has a walking stick made of bamboo.

False Friends

Spanish Word	Thematic Meaning	False Friend	Spanish Equivalent
la braga	**panty**	(to) brag	jactarse
la joya	**jewel, gem**	joy	la alegría
la lana	**wool**	lane	la pista
la percha	**clothes rack**	perch	la perca
el vaso	**glass**	vase	el jarrón, el florero

My Vocabulary

_____

_____

_____

_____

_____

_____

_____

_____

_____

_____

_____

_____

_____

_____

6

Living Arrangements

6.1 Housing and Construction 26

construir	to build; to construct
Están construyendo mucho.	There is a lot of construction.
la construcción	building; construction
Los gastos de construcción suben día a día.	Construction costs continue to rise.
el arquitecto, la **arquitecta**	architect
el **plano**	plan
el **plano de construcción**	blueprint; construction plan
la **arquitectura**	architecture
Mi nieto estudia Arquitectura.	My grandson is studying Architecture.
reformar	to renovate; to improve
El año pasado reformaron el piso.	Last year they renovated the floor.
el **solar**	lot; plot of ground
En este solar **se va a** construir un hospital.	A hospital is going to be built on this lot.
✦ la **manzana**	block (of houses)
Vamos a **dar una vuelta a la manzana**.	We're going to go around the block.
el **edificio**	building
Es un edificio de ocho pisos.	It is an eight-story building.
la **casa**	house; home
¿Está tu prima en casa?	Is your cousin at home?
el **hogar**	home; hearth
Me he criado **en el hogar de** mis padres.	I grew up in my parents' home.
el **chalé**, el **chalet**	vacation house; bungalow
Tenemos un chalé en la playa.	We have a bungalow at the beach.
la **chabola** *Esp*	hut; slum housing
Muchas personas pobres viven, por desgracia, todavía en chabolas.	Unfortunately, lots of poor people still live in slums.
la **planta**	floor
En **la planta baja** se oye mucho ruido.	It's very noisy on the ground floor.

la **finca**	country estate; farmhouse; farm
Esta finca es muy acogedora.	This country house is very welcoming.
la **hacienda**	ranch; estate; farm
Mi padre trabaja en una hacienda.	My father works on a farm.

el **tejado**	roof
la **chimenea**	chimney; fireplace
La chimenea tira bien.	The chimney draws well.
el **pararrayos**	lightning rod

la **entrada**	entrance
En la entrada están los buzones.	The mailboxes are at the entrance.

el **portal**	gate; main entrance; portico
No tengo **llave del portal**.	I don't have a key to the main entrance.

la **salida**	exit
Te espero en la salida.	I'll wait for you at the exit.

la **fachada**	facade
Las fachadas de Gaudí son típicas de Barcelona.	Gaudi's facades are typical of Barcelona.

la **escalera**	staircase; stairs; ladder
el **escalón**	step of a stairway
Hasta mi apartamento hay cincuenta escalones.	It's 50 steps to my apartment.
el **ascensor**	elevator
El ascensor no funciona. Hay que **subir por la escalera**.	The elevator is out of order. You have to climb the stairs.
arriba	up, above; upstairs
Los vecinos de arriba hacen mucho ruido.	The neighbors upstairs make a lot of noise.
abajo	below; downstairs
En el **piso de abajo** vive mi hermano.	My brother lives in the apartment below.
subir	to go up; to climb
bajar	to go down; to descend
Me gusta subir y bajar andando.	I like going up and down on foot.

el **sótano**	basement; cellar
En el sótano tenemos los garajes.	We have our parking spots in the basement.

la **ventana** El marco de la ventana es de madera.	window The window frame is made of wood.
el **vidrio** **El limpiavidrios** viene los miércoles. Hemos cambiado las ventanas por unas de doble vidrio.	glass; crystal The window washer comes on Wednesdays. We have changed the windows for double-glass ones.
el **marco** No **te apoyes en** el marco de la puerta, que está recién pintado.	frame (of window, door, or picture) Don't lean on the doorframe; it's just been painted.
el **balcón** En verano comemos en el balcón.	balcony In summer we eat on the balcony.
la **terraza** Felisa está **tomando el sol** en la terraza.	terrace Felisa is getting some sun on the terrace.
el **patio** El patio andaluz es muy fresco.	yard; patio; courtyard The courtyards of Andalusia are very cool.
el **jardín** En Florida se están haciendo muchos jardines nuevos.	garden Many new gardens are being created in Florida.
la **barandilla** La barandilla está recién pintada. la **baranda** *Am*	balustrade; railing The railing has just been painted. balustrade; railing
el **muro** El muro del jardín se está cayendo. la **valla** Tengo que pintar la valla.	wall The garden wall is falling down. fence I have to paint the fence.
el **garaje** El garaje es colectivo.	garage It's a shared garage.
el **cemento** la **arena** Para construir una casa se necesita, entre otras cosas, cemento, hormigón, arena, grava, mármol y madera.	cement sand To build a house you need, among other things, cement, concrete, sand, gravel, marble, and wood.

el **albañil** 　Pico y pala son herramientas 　importantes para los albañiles.	mason 　Picks and shovels are 　important tools for masons.
enlucido 　El **enlucido con yeso** dura todavía.	plaster(ing); plaster work 　The gypsum plaster is still 　holding.
el **ladrillo** 　Nos hemos hecho una pared de ladrillo.	brick 　We built a brick wall.
la **piedra** 　el muro de piedra	stone 　stone wall
el **hormigón** 　Este hormigón tiene más arena que 　cemento.	concrete 　This concrete has more sand 　than cement in it.
el **concreto** *Am*	concrete

el **yeso** 　**Tape** los agujeros **con yeso**.	gypsum; plaster 　Fill the holes with plaster.
la **grava**	gravel

el **fontanero**, la **fontanera** 　Es difícil conseguir un fontanero.	plumber 　It's hard to get a plumber.
el **plomero**, la **plomera** *Am*	plumber
el **grifo** 　El grifo no cierra bien.	water faucet 　The water faucet is 　dripping.

la **tubería**	piping; pipes
picar 　El fontanero tiene que picar la pared 　para cambiar la tubería.	to break open; to chop 　The plumber has to break 　open the wall to replace 　the pipes.
salirse 　**Se sale** la tubería.	to leak; to overflow 　The pipes leak.
el **tubo** 　El tubo del gas está roto.	pipe 　The gas pipe is broken.

el **clavo** 　Estos clavos no sirven porque son 　demasiado largos.	nail 　These nails won't work 　because they're too long.
el **martillo** 　Deme un martillo pequeño.	hammer 　Give me a small hammer.
el **tornillo**	screw
el **destornillador**	screwdriver
las **tenazas** *pl*	pliers

la **grúa**	crane
la **pala**	shovel; bulldozer
La pala limpia la playa.	The bulldozer is cleaning the beach.
el **carpintero**	carpenter
El carpintero le arregla las persianas.	The carpenter is repairing his shutters.
la **carpintería**	carpenter's shop
la **sierra**	saw
Se ha roto la hoja de la sierra.	The saw blade is broken.
el **corcho**	cork
la **madera**	wood
Juan se ha hecho una casa de madera **al estilo de** las finlandesas.	Juan built a wood house in the style of the Finnish houses.
el, la **electricista**	electrician
¿Puede venir el electricista?	Can the electrician come?
la **electricidad**	electricity
No tenemos electricidad.	We have no electricity.
la **luz**	light; current
Se ha ido la luz.	The lights have gone out.
el **enchufe**	plug (electricity)
Los aparatos eléctricos estadounidenses requieren un transformador y un adaptador para los enchufes de España y América Latina.	U.S. electric appliances require a transformer and a plug adapter for Spain and Latin America.
la **bombilla**	light bulb
la **ampolleta** *Am*	light bulb
el **foco** *Am*	light bulb
fundirse	to burn out
Se han fundido las bombillas.	The bulbs have burned out.
el **cable**	cable; circuit line
la **tensión**	tension
¡Cuidado! ¡Alta tensión!	Caution! High tension!
el **fusible**	fuse
Ha saltado el fusible.	The fuse popped out.
el **cortocircuito**	short circuit
Fue un cortocircuito.	It was a short circuit.
el **interruptor**	light switch
el **botón** *Am*	switch

instalar	to install
El interruptor está mal instalado.	The light switch is improperly installed.
Nos vamos a instalar una calefacción en el chalé.	We're going to install heating in the bungalow.
la **pintura**	paint
Usamos pintura plástica porque dura más.	We use acrylic paint because it lasts longer.
el **pintor**, la **pintora**	painter
Busco un pintor.	I'm looking for a painter.
pintar	to paint
Vamos a pintar la casa.	We're going to paint the house.
pintado, **pintada**	painted
recién	freshly (painted)
El armario está recién pintado.	The armoire is freshly painted.
el **papel pintado**	wallpaper
Pablo ha comprado el papel pintado para el dormitorio.	Pablo bought the wallpaper for the bedroom.
el **pincel**	brush
la **brocha**	wall brush
Quiero un pincel fino y una brocha.	I'd like a narrow brush and a wall brush.
el **aguarrás**	turpentine
¡Quita la pintura con aguarrás!	Remove the paint with turpentine!
la **laca**	lacquer; shellac
La laca y el plástico son productos químicos.	Lacquer and plastic are chemical products.
la **teja**	roof tile
Su casa tiene las tejas rojas.	Your house has red roof tiles.
la **viga**	beam, girder
Esa casa tiene vigas de madera.	This house has wooden beams.
el **pilar**	pillar; column; post
Los pilares son de hormigón.	The posts are made of concrete.
el **arco**	arch
En esta iglesia hay unos arcos románicos.	This church has Romanesque arches.
la **columna**	column; pillar
la **cúpula**	cupola

el **azulejo**	tile
Los azulejos son una herencia árabe.	Tiles are an Arab legacy.
el **mármol**	marble
El baño es de mármol.	The bathroom is made of marble.
recto, recta	straight
Esta pared no está recta.	This wall is not straight.
torcido, torcida	crooked
llano, llana	flat; level

6.2 Buying, Renting, and Inhabitants 27

el **dueño**, la **dueña**	owner; landlord, landlady
Quisiera hablar con el dueño.	I'd like to speak with the owner.
el **propietario**, la **propietaria**	owner
El propietario no aceptó una prolongación del contrato.	The owner did not agree to an extension of the contract.
El propietario no vive aquí.	The owner does not live here.
la **propiedad**	property
Es **de propiedad privada**.	It is private property.
la **vivienda**	dwelling; housing; apartment
la **escritura notarial**	notarized purchase agreement
Sólo es válida la escritura notarial.	Only a notarized purchase agreement is valid.
el **Registro de la Propiedad**	Land Registry Office
Con la escritura notarial vaya al Registro de la Propiedad para inscribirse como propietario.	Go to the Land Registry Office with the notarized purchase agreement to register as the owner of the property.
el **administrador**, la **administradora**	manager
el **corredor**, la **corredora**	broker
El corredor te va a cobrar una buena comisión.	The broker will charge a nice commission.
la **venta**	sale
– ¿Se vende este piso?	"Is this apartment for sale?"
– No, no **está a la venta**.	"No, it's not for sale."
alquilar	to rent
Se alquilan apartamentos.	Apartments for rent.
el **alquiler**	rent
Hoy he firmado el contrato de alquiler.	Today I signed the rental contract.

el **inquilino**, la **inquilina**	tenant; renter; lessee
Somos los inquilinos del chalé.	We are the tenants of the vacation house.
la **fianza**	security deposit
prolongar	to extend; to lengthen
Queremos prolongar el contrato de alquiler.	We want to extend the rental contract.
la **prolongación**	extension

mudarse	to move; to change one's place of residence
Me mudo de casa todos los años.	I move every year.
cambiarse (de casa) *Am*	to change one's place of residence

trasladarse	to move; to transfer
Nos trasladaremos a una ciudad más pequeña.	We're moving to a smaller city.
la **mudanza**	move
Las mudanzas son caras.	Moves are expensive.

el **vecino**, la **vecina**	neighbor
El vecino **de al lado** es muy amable.	The neighbor next door is very friendly.
el **portero**, la **portera**	gatekeeper; superintendent; porter; janitor
El portero es la persona más importante de la casa.	The superintendent is the most important person in the building.
la **portería**	porter's lodge or box; janitor's quarters
privado, privada	private
Por aquí no puede pasar. Es un camino privado.	You can't drive through here. It's a private road.

6.3 Apartments and Furnishings 28

el **piso** *Esp*	apartment (Spain)
Tenemos un **piso en propiedad**.	We own our apartment.
el **apartamento** *Am*	apartment (Latin America)
Esa agencia alquila unos apartamentos en la playa.	That agency rents apartments on the beach.
Este apartamento tiene ratones.	This apartment has mice.
el **departamento** *Am*	apartment

el ático Los áticos tienen casi siempre terraza.	attic Almost always attics have a terrace.
el estudio En España un estudio generalmente solo tiene una habitación.	studio; attic apartment; atelier In Spain, studio apartments usually have only one room.
la puerta	door
el timbre El timbre suena como una campana.	doorbell The doorbell has a ring like a bell.
llamar Llamé a su casa pero no me abrió nadie.	to ring I rang your doorbell, but nobody opened the door.
el cierre Hace falta un cierre de seguridad en la puerta. **la llave** Conviene **cerrar con llave**.	lock We need a safety lock on the door. key It's advisable to lock with a key.
la cerradura **la alarma** Además de la cerradura de seguridad tenemos una alarma.	lock alarm In addition to the safety lock, we have an alarm system.
el pasillo El pasillo es muy largo.	corridor; passage The corridor is very long.
el recibidor El recibidor es muy estrecho.	vestibule; hallway The vestibule is very narrow.
la habitación **la pieza** *Am*	room room
el despacho **el salón**	study living room; parlor
la sala **el cuarto de estar** **el living** *Am* El apartamento tiene tres habitaciones y una sala. La sala es tan grande que **sirve** también **de** comedor y despacho.	living room den living room The apartment has three rooms and a living room. The living room is so big that it also serves as a dining room and a study.

el **comedor** — dining room
el **dormitorio** — bedroom
El dormitorio más grande es el de los niños. — The largest bedroom is the children's.

el **detector de humo(s)** — smoke detector

la **cocina** — kitchen
La cocina tiene unos azulejos muy bonitos. — There are some very pretty tiles in the kitchen.

la **despensa** — pantry

el **refrigerador** *Am* — refrigerator
la **nevera** — refrigerator
Necesitamos una nevera nueva. — We need a new refrigerator.
la **heladera** *Am* — refrigerator

el **gas** — gas
La cocina de gas es a veces mejor para cocinar. — A gas stove is sometimes better for cooking.

el **congelador** — freezer; icemaker
Este congelador hace mucho hielo. — This icemaker makes a lot of ice.

congelar — to freeze
Ayer compramos un pollo congelado. — Yesterday we bought a frozen chicken.

el **lavaplatos** — dishwasher
El lavaplatos ahorra tiempo. — The dishwasher saves time.
enchufar — to plug in; to turn on
Cuando enchufes la plancha apaga la lavadora para que no haya un cortocircuito. — When you turn on the iron, turn off the washing machine, so that there won't be a short circuit.

el **microondas** *sg* — microwave oven
el **ventilador** — fan
el **aire acondicionado** — air conditioner; air conditioning

el **baño** — bathroom; bath; bathtub
¿Dónde está el baño? — Where's the bathroom?
el **lavabo** — sink; washbasin; lavatory; washroom; toilet
¿Puedo pasar al lavabo? — May I use the toilet?
la **ducha** — shower
El baño tiene dos lavabos y una ducha. — There are two sinks and a shower in the bathroom.
Se ha roto la ducha. No sale ni gota de agua. — The shower is broken. Not a drop of water comes out.

el **inodoro**
Este inodoro usa muy poca agua.

toilet
This toilet uses very little water.

la **bañera**
Preferimos la ducha a la bañera.

bathtub
We prefer the shower to the bathtub.

el **techo**
En casa los techos son altos.

ceiling
The ceilings in our home are high.

la **pared**
Las paredes **están recién pintadas**.

wall
The walls are freshly painted.

el **suelo**
Muchas casas españolas tienen el **suelo de piedra**.

floor
Many Spanish houses have stone floors.

la **calefacción**
En España y Latinoamérica muchas casas no tienen calefacción central.

heating system
Many houses in Spain and Latin America have no central heating.

el **radiador**
Cada habitación tiene un radiador.

radiator
Each room has a radiator.

el **mueble**
Busco muebles usados.

furniture
I'm looking for used furniture.

moderno, moderna
La mayoría de los apartamentos modernos son pequeños.

modern
Most modern apartments are small.

antiguo, antigua
Las casas antiguas son casi siempre muy acogedoras.

old; ancient
Old houses are almost always very welcoming.

la **decoración**
He cambiado la decoración.

interior décor; decoration
I've changed the décor.

amueblar
Quiero un piso **sin amueblar**.

to furnish
I want an unfurnished apartment.

amueblado, amueblada
¡**Se alquila** un piso amueblado!

furnished
Furnished apartment for rent!

acogedor, acogedora

welcoming; cozy

el **sillón**
Luisa quiere un **sillón para ver la tele**.

armchair; easy chair
Luisa wants an easy chair for watching TV.

el **sofá**
el **sofá de dos asientos/plazas**

sofa, couch
love seat

cómodo, cómoda

comfortable

la **butaca**
Me he comprado una butaca muy cómoda.

armchair; easy chair
I bought myself a very comfortable armchair.

incómodo, incómoda
Tu sofá es incómodo para **estar** mucho tiempo **sentado**, pero es cómodo para dormir la siesta.

uncomfortable
Your sofa is uncomfortable to sit on for a long time, but it's comfortable for taking a nap.

---

el **florero**
el **jarrón**
Tengo un jarrón de porcelana china.

flower vase
flower vase (large)
I have a Chinese porcelain vase.

la **vela**
Como no había luz, cenamos a la **luz de velas**.

candle
Since there was no electricity, we dined by candlelight.

desplazar

to move; to shift

---

la **silla**
¿Tiene **sillas de comedor**?

chair
Do you have dining room chairs?

la **mesa**
Voy a **poner la mesa**.

table
I'm going to set the table.

---

el **cajón**
Los tenedores están en el primer cajón.

drawer (furniture)
The forks are in the first drawer.

la **estantería**
el **estante**

shelving, shelves
shelf

---

la **cama**
Luego haré la cama.

bed
I'll make the bed later.

---

la **mesilla de noche**
el **despertador**
Pon el despertador a las 7:30, por favor.

bedside table
alarm clock
Please set the alarm for 7:30.

la **cuna**
Cuando nació Milan, **les** regalamos una cuna **a sus padres**.

cradle; child's bed
When Milan was born, we gave his parents a cradle as a present.

el **colchón**
Duermo en un colchón muy cómodo.

mattress
I sleep on a very comfortable mattress.

la **almohada**
Paco duerme sin almohada.

pillow
Paco sleeps without a pillow.

la **sábana**
En verano duermo sólo con una sábana.

sheet
In summer I sleep with only a sheet.

la **manta**
En invierno dormimos con una o dos mantas en la cama.

blanket; bedcover
In winter we sleep with one or two blankets on the bed.

la **cobija** *Am*
la **frazada** *Am*

blanket
blanket

el **armario**
Necesito **perchas de armario**.

armoire; wardrobe
I need coat hangers.

el **aparador**
Luis ha guardado la vajilla en el aparador.

sideboard
Luis put the dishes in the sideboard.

la **cómoda**
Esta cómoda es muy práctica.

chest of drawers; bureau
This chest of drawers is very practical.

la **lámpara**
  la **lámpara de pie**
la **cortina**
  correr las cortinas
el **espejo**
  ¿Tiene **espejos para baño**?

lamp
  floor lamp
curtain
  to close the curtains
mirror
  Do you have bathroom mirrors?

el **perchero**

¿Dónde pongo el perchero?

clothes rack, clothes tree; wardrobe
  Where shall I put the wardrobe?

la **alfombra**
  Teníamos una alfombra china.
la **moqueta**
el **parquet**, el **parqué**
la **persiana**
  bajar/subir la persiana
el **mosquitero**, la **mosquitera**

carpet; rug
  We had a Chinese carpet.
wall-to-wall carpet
parquet
shutter; blind
  to lower/raise the blind
mosquito netting

la **hamaca**
la **sombrilla**
  ¡Abre la sombrilla!
el **toldo**

hammock
parasol, sunshade
  Open the parasol!
awning

6.4 Household and Housework 29

el **ama de casa**, el **amo de casa** Las amas de casa trabajan de la mañana a la noche.	housewife; househusband Housewives work from morning to night.

el **trabajo doméstico** El trabajo doméstico nunca se acaba.	housework Housework never ends.
el **criado**, la **criada** Pocas familias españolas tienen una criada.	domestic servant, servant Few Spanish homes have a domestic servant.
el, la **baby-sitter**	babysitter
el, la **canguro** *Esp pop* Ayer **hice de canguro** de Elena y Lucas.	babysitter Yesterday I babysat for Elena and Lucas.
la **niñera**	nursemaid

arreglar	to clean up; to arrange; to adjust
Voy a arreglar la casa.	I'm going to straighten up the house.
limpiar	to clean
Limpio la casa los jueves.	I clean house on Thursdays.
especial	special
Este producto especial es para limpiar plata.	This is a special product for cleaning silver.

el **polvo** Los muebles están **llenos de polvo**.	dust The furniture is covered with dust.
la **escoba**	broom
barrer Antes de irte a la playa, barre la casa.	to sweep Before you go to the beach, sweep the house.
el **aspirador**, la **aspiradora** Ayer no **pasé la aspiradora**.	vacuum cleaner I didn't vacuum yesterday.
fregar Anoche fregué los platos.	to wash; to scrub Last night I washed the dishes.

el **trapo** Seca los platos con el trapo de cocina.	cloth Dry the dishes with the dishcloth.
la **bayeta** *Esp* **Pasa la bayeta** por el suelo.	floor cloth Go over the floor with the floor cloth.
la **estropajo**	mop
el **fregadero**	kitchen sink

atascado, atascada	stopped up, plugged
El fregadero está atascado.	The kitchen sink is stopped up.
tapado, tapada *Am*	stopped up, plugged

limpiar	to clean

la **limpieza**	cleaning
La **mujer de la limpieza** ayuda al ama de casa.	The cleaning woman helps the housewife.
el **limpiavidrios** *sg*	window cleaner
¿Cuándo viene el limpiavidrios?	When does the window cleaner come?

la **suciedad**	dirt
la **basura**	garbage, trash
En España recogen la basura por la noche.	In Spain trash is picked up at night.

el **cubo**	pail; bucket
En el cubo grande caben diez litros.	The big bucket holds ten liters.
el **balde** *Am*	pail; bucket

el **cubo de la basura**	garbage can
Cierre bien el cubo de la basura para que los perros no la saquen.	Close the garbage can tightly, so that the dogs don't take the garbage out of it.
el **bidón de basura** *Am*	garbage can
la **papelera**	wastepaper basket
Tira la carta a la papelera y no al suelo.	Throw the letter in the wastepaper basket and not on the floor.

el **abrelatas** *sg*	can opener
el **abrebotellas** *sg*	bottle opener
– ¿Abres la botella de vino?	"Will you open the wine bottle, please?"
– Lo siento, con un abrebotellas no puedo abrirla. Necesito un sacacorchos.	"I'm sorry, I can't open it with a bottle opener. I need a corkscrew."
el **sacacorchos** *sg*	corkscrew
las **tijeras** *pl*	scissors
Estas tijeras no cortan.	These scissors won't cut

la **sartén**
En esta sartén **se pega y se quema** todo.

pan, frying pan, skillet
In this pan everything sticks and burns.

la **cazuela**
El **conejo a la cazuela** es muy sabroso.

casserole
Rabbit prepared in a clay casserole is very tasty.

el **puchero**
El puchero es para cocina eléctrica.

pot
This pot is only for electric stoves.

la **olla exprés**
Con la olla exprés se ahorra tiempo y energía.

pressure cooker
With a pressure cooker you save time and energy.

la **batidora**
En la batidora se hace el gazpacho.

blender
Gazpacho is prepared in the blender.

ordenar
¡Ordena tus cosas!

to arrange; to put in order
Put your things in order!

el **desorden**
Hay un desorden total en el despacho.

disorder, mess
The study is a complete mess.

False Friends

Spanish Word	Thematic Meaning	False Friend	Spanish Equivalent
la **arena**	**sand**	(bullfight) arena	la plaza de toros
el **balde**	**bucket**	bald	calvo
la **grava**	**gravel**	grave	la tumba

My Vocabulary

7

Private Life, Social Relations

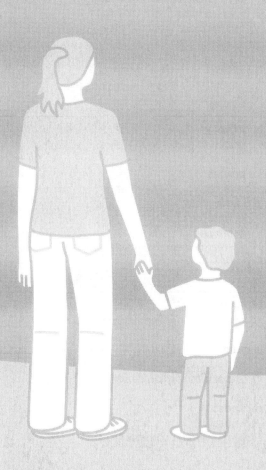

7.1 Individuals, Families 30

la **familia** Casi todos los domingos se reúne la familia a comer.	family Almost every Sunday, the whole family gets together for a meal.

familiar las **relaciones familiares**	family; familial family relations

el **abuelo**, la **abuela** Su abuela sabía preparar unas empanadas muy buenas.	grandfather; grandmother His grandmother knew how to make very good empanadas.
los **abuelos** Nuestros abuelos viven en Guatemala.	grandparents Our grandparents live in Guatemala.

el **nieto**, la **nieta** Sus padres están muy felices con su primera nieta.	grandson; granddaughter Her parents are very happy with their first granddaughter.
los **nietos** La abuela tiene más nietos que hijos.	grandchildren The grandmother has more grandchildren than children.

el **padre** Rubén es padre de tres hijos.	father Rubén is father of three children.
los **padres**	parents
el **papá** *pop*	dad
la **madre**	mother
la **madre soltera**	single mother
la **mamá** *pop* Mi mamá me mima mucho. *loc*	mom Mom spoils me a lot.

mimar	to spoil (with kindness)

el **marido** Ignacio es un marido muy atento.	husband Ignacio is a very attentive husband.
la **mujer** En España las mujeres casadas no pierden su apellido de solteras.	wife; woman In Spain, married women do not lose their maiden names.
el **esposo** *Am*	husband
la **esposa** *Am*	wife
el **compañero**, la **compañera**	friend; companion

la **pareja** — boyfriend; girlfriend; couple
Con mi pareja viajamos todos los veranos a Córcega. — My (boy)girlfriend and I go to Corsica every summer.
soltero, soltera — single

casarse — to marry, to get married
Mis padres se casaron hace treinta años. — My parents got married 30 years ago.
juntarse *pop* — to get together; to live together

la **boda** — wedding
las **bodas de plata/de oro** — silver/golden wedding
el/la **cónyuge** — spouse

el **matrimonio** — marriage, wedlock, matrimony; married couple
El matrimonio de mis nietos es muy feliz. — My grandchildren are very happily married.
El matrimonio Vallés celebró sus bodas de plata hace diez días. — Mr. and Mrs. Vallés celebrated their silver wedding anniversary ten days ago.

la **unión de hecho,** la **unión civil** — civil marriage
el **novio,** la **novia** — bridegroom, fiancé, boyfriend; bride, fiancée, girlfriend
Francisco tiene novia pero no quiere casarse. — Francisco has a girlfriend, but he doesn't want to get married.
los **novios** — bridal couple
el **pololo,** la **polola** *Am* — boyfriend; girlfriend

prometerse — to get engaged
Carmela y Roberto se han prometido. — Carmela and Roberto have gotten engaged.

separarse — to separate
Mayte y Daniel se separaron hace un año. — Mayte and Daniel separated a year ago.

divorciarse — to divorce
Antes no se podía divorciar nadie en países hispanos. — Previously nobody in Hispanic countries could get a divorce.

el **divorcio** — divorce
Mi marido ha pedido el divorcio. — My husband has filed for divorce.

el **hijo,** la **hija** — son; daughter
¿Tu hija ya va a la escuela? — Does your daughter go to school yet?

los **hijos**
  Julieta tuvo su primer hijo cuando era muy joven.

children; sons
  Julieta had her first child when she was very young.

el, la **mayor**
oldest

el, la **menor**
youngest

el **hermano**, la **hermana**
brother; sister

los **hermanos**
siblings; brothers
  Isabel es la mayor y Manuel es el menor de mis hermanos.
  Isabel is the oldest and Manuel is the youngest of my siblings.

  – ¿Eres hijo único?
  – No, tengo dos hermanas y un hermano.
  "Are you an only child?"
  "No, I have two sisters and a brother."

  Mi padre no tiene hermanos. Es hijo único.
  My father has no siblings. He's an only child.

el **tío**
uncle
  Nuestro tío es pintor y profesor de arte.
  Our uncle is a painter and an art teacher.

la **tía**
aunt
  Su tía siempre **me ha caído bien**.
  I have always liked his aunt.

los **tíos**
uncle and aunt; uncles
  Todos tus tíos van a venir a la boda.
  All your uncles and aunts will come to the wedding.

---

el **sobrino**, la **sobrina**
nephew; niece
  ¿Cómo se llamará vuestro sobrino?
  What will your nephew be named?

  los **sobrinos**
  nephews and nieces

el **primo**, la **prima**
cousin
  Cuando veas a tu prima **dale recuerdos de mi parte**.
  When you see your cousin, give her my regards.

  los **primos**
  cousins

---

el **suegro**, la **suegra**
father-in-law; mother-in-law

  los **suegros**
  parents-in-law

el **yerno**
son-in-law
  Voy a ser el padrino del primer hijo de mi yerno.
  I'm going to be the godfather of my son-in-law's first child.

la **nuera**
daughter-in-law
  Mi nuera no se entiende con mi mujer.
  My daughter-in-law doesn't get along with my wife.

---

el **padrino**
godfather

  los **padrinos**
  godparents

la **madrina**
godmother

el **cuñado**, la **cuñada**
brother-in-law; sister-in-law
  Tienes una cuñada muy simpática.
  You have a nice sister-in-law.

  los **cuñados**
  brothers-in-law; sisters-in-law

---

los **gemelos** Antonio y Vicente no son gemelos aunque se parecen mucho.	twins Antonio and Vicente are not twins, although they look very much alike.
el **huérfano**, la **huérfana**	orphan
el, la **pariente**	relative
– ¿Cuántos parientes tienes en Bilbao?	"How many relatives do you have in Bilbao?"
– Solo mis tíos viven allí.	"Only my aunt and uncle live there."
cercano, cercana	near; close
lejano, lejana	distant; far
Paco es un pariente lejano.	Paco is a distant relative.
la **generación**	generation
¿Cuántas generaciones viven en tu casa?	How many generations live in your house?

el **tipo de familia**	type of family
la **planificación familiar**	family planning
fundar una familia	to start a family
familia nuclear	nuclear family
familia extendida	extended family
familia monoparental	single-parent family
familia homoparental	same-sex-parent family
familia adoptiva	adoptive family
familia reconstruida	patchwork family

7.2 Saying Hello and Good-bye 31

saludar Discúlpenme, voy a saludar a esos señores.	to greet Excuse me, please, I'd like to say hello to those gentlemen.
¡Hola!	Hello!
– ¡Hola! ¿Qué tal?	"Hello, how are you?"
– Bien, ¿y tú?	"Fine, and you?"
¡Buenos días!	Good morning!, Good day!
– Buenos días, ¿cómo está usted?	"Good morning, how are you?"
– Muy bien, gracias, ¿y usted?	"Fine, thank you, and you?"
¡Buenas tardes!	Good afternoon!
– Buenas tardes, vengo a recoger a los niños.	"Good afternoon, I've come to pick up the children."

¡Buenas noches!
  – Buenas noches, ¿qué tal el día?

  – Bien, pero como ya **es de noche tan pronto,** no he podido hacer muchas cosas en el jardín.
  Buenas noches y que descanses.

¡Adiós!
  Adiós, hasta mañana.

¡Hasta luego!
¡Hasta pronto!
¡Nos vemos!

Good evening!, Good night!
  "Good evening, how was your day?"

  "Fine, but since night arrives so early, I wasn't able to do much in the garden."
  Good night, and sleep well.

Good-bye!
  Good-bye, see you tomorrow.

So long!; See you later!
See you soon!
See you!

---

despedirse
  Bueno, me despido de ustedes. Hasta pronto.
la despedida
  Anoche dimos una fiesta de despedida para Juan Carlos.

hacer señas

to take leave, to say good-bye
  Well, I'll say good-bye to you all. See you soon.
farewell; leave-taking
  Last night we gave a farewell party to Juan Carlos.

to wave

¡Adelante!
  ¡Adelante! ¡Pase y tome asiento!

el, la siguiente
  ¡Que pase el siguiente!

conocer
  Me alegro de haberte conocido.
  ¿Conoces a la novia de José?
presentar
dar la bienvenida
  Queremos darle la bienvenida en nuestra casa.
encantado, encantada
  – Le presento a la señora Marco.

  – Mucho gusto.
  – Encantada.

Come in!
  Come in! Come on in and have a seat!

next
  Let the next person come in!

to know; to meet
  I'm glad to have met you.
  Do you know José's fiancée?
to present, to introduce
to welcome
  We want to welcome you to our home.
delighted; pleased to meet you
  "I would like to introduce Mrs. Marco to you."
  "It's a pleasure."
  "Delighted."

---

tutear(se)
tratar(se) de usted
¡Oye!
  ¡Oye, niño! ¡No toques eso!

¡Oiga!
  ¡Oiga! Por favor, tráiganos dos cafés.

to use the familiar *tú*
to use the polite *usted*
Look here!, Now listen!
  Now listen boy! Don't touch that!

Hey!, Look here!
  Hello! Bring us two cups of coffee, please.

---

estimado, estimada	Dear (formal opening of letter)
Estimado señor Valenti:	Dear Mr. Valenti,
Estimados señores:	Dear Ladies and Gentlemen,
querido, querida	Dear (familiar opening of letter)
Querida Gabriela:	Dear Gabriela,
Queridos amigos:	Dear Friends,

Estimado señor: Estimada señora:	Dear Sir:; Dear Madam:; Ladies and Gentlemen
Damas y Caballeros	
excelentísimo, excelentísima	Excellence; Most excellent
distinguido, distinguida	Dear (formal opening of letter); honored
atentamente	yours faithfully; sincerely yours (closing of letter)
En espera de sus noticias, les saludamos atentamente.	Looking forward to your news, we remain yours faithfully.

los **recuerdos**	greetings, regards
Recuerdos a tus padres.	Regards to your parents.
un abrazo	embrace, hug warmly
Un fuerte abrazo de tu amigo.	Warmest regards from your friend.
abrazar	to embrace
el **saludo**	greetings
un cordial saludo	With best regards (closing of letter)
cordialmente	cordially (closing of letter)

de parte de	on behalf of; in the name of; from
– ¿Está Ema?	"Is Ema there?"
– ¿**De parte de quién**?	"Who's calling, please?"
– De Carlos.	"This is Carlos."

cariño *m*	love; dear
Charo, cariño mío, ¿me dejas tu coche?	Charo, my dear, will you lend me your car?
mi amor	darling; my love
Rubén, mi amor, ¿me haces un favor?	Ruben, darling, will you do me a favor?
cielo *m*	darling; angel
¡Eres un cielo! ¡Me has hecho un gran favor!	You're an angel! You've done me a big favor.
guapo, guapa	good-looking or handsome; honey; sweetheart
¡Anda, guapo, ¿por qué no vas a jugar al jardín?	Sweetheart, why don't you go play in the garden?

majo, **maja** *sp* | sweet, nice
¡Qué maja eres! Siempre tan atenta. | Aren't you sweet! You're always so thoughtful.

tesoro | honey; darling; sweetheart
¡Oye, tesoro! Hoy es nuestro aniversario. | Darling! Today is our wedding anniversary.
mono, **mona** | cute
una chica mona | a cute girl

7.3 Youth Scene, Young People 32

el **chaval**, la **chavala** *Esp pop* | dude, guy, boy; girl (Spain)

el **pijo**, la **pija** *Esp pop* | yuppie (Spain)
Marta se ha vuelto una pija total. | Marta has became a full yuppie.

el, la **pasota** *Esp pop* | uninvolved youth, youth with a what-do-I-care attitude (Spain)

la **generación pasota** | what-do-I-care generation (Spain)

el **pasotismo** *Esp pop* | what-do-I-care attitude, youthful attitude of indifference (Spain)

la **movida** *Esp pop* | scene
En los años 80 la movida madrileña fue conocida en toda España. | In the 80s, the Madrid scene was well known all over Spain.

el **momio**, la **momia** | conservative person
Esos momios están en contra del aborto. | Those fogies are against abortion.

fuerte *pop* | awesome; cool
Aprobó todo **con sobresaliente**. | She passed with straight As.
¡Qué fuerte! | Awesome!

la **pijada** *Esp pop* | nonsense
¡Eso son pijadas! | That's total nonsense!
el **rollo** | exhausting babble; boring nonsense

Arturo suelta siempre el mismo rollo. | Arturo always spews the same garbage.

hortera *Esp pop* | terrible, horrible (Spain)
la **chupa** *Esp pop* | jacket (Spain)
¡Llevas una chupa hortera! | You're wearing a horrible jacket!

el, la **gilipolla(s)** *Esp vulg*	idiot, ass, fool (Spain)
¡Venga, no seas gilipolla y ve a currar!	Come on, don't be an ass, and go to work!
joder *vulg*	to annoy; to pester
¡No me jodas!	Don't give me that crap!
chingar *Am vulg*	to fuck; to annoy, to pester
¡Deje de chingar!	Stop fucking around!

la **hostia** *Esp vulg*	slap; punch

guay *Esp pop*	awesome, terrific, great (Spain)
– ¿No está guay ese tío?	"Isn't that guy awesome?"
– ¡Sí, claro! ¡Está chachipiruli!	"Yeah, he's totally hot!"
demasié *Esp pop*	too much (Spain)
– ¡Mira que **es chunga** esa serie de la caja tonta!	"Man, that TV series sucks!"
– Sí, es demasié.	"Yeah, totally!"
enrollarse *Esp pop*	to turn on; to move (Spain)
Esta música me enrolla muchísimo.	This music really turns me on.
Tía, ¡te enrollas como una persiana!	Girl, you move nonstop!
vacilar	to hit on (Spain)
¡No me vaciles, tío!	Don't hit on me, dude!
aifonear *pop*	to call on the i-Phone; to call

estar pira(d)o *pop*	to be crazy (Spain)
¡No le hagas caso, que **está pirao**!	Don't pay attention to him, he's completely nuts.
quedarse con *pop*	to fool; to hoodwink (Spain)
¿Te estás quedando conmigo?	Are you putting me on?
ser un/una carroza *Esp pop*	to be outmoded (Spain)
El padre de Ana es **un carroza de cuidado**.	Ana's father is still living in the Stone Age.
ser una maruja *Esp pop*	to be a nagging housewife (Spain)
estar al loro *Esp pop*	to watch out; to be alert

currar *Esp pop*	to work (Spain)
el **curro** *Esp pop*	work, job (Spain)
chungo, chunga *Esp pop*	difficult; bad (Spain)
montárselo *Esp pop*	to manage something or someone (Spain)
Juanjo ya **está** otra vez **sin curro**. Pues, **qué mal se lo monta**.	"Juanjo has lost his job again." "Things went wrong for him."

el **chollo** *Esp pop*
　Encontré un curro que da una pasta
　gansa. ¡Menudo chollo!

good luck (Spain)
　I found a job that pays a lot
　of dough. What luck!

(la) **potra** *Esp pop*
　¡Qué potra tienes, tío!

good luck (Spain)
　Hey, dude, you've got all
　the luck!

(la) **chorra** *Esp pop*
　En el examen no me pillaron la
　chuleta **de chorra**.

chance; luck (Spain)
　I lucked out on the test;
　they didn't find my cheat
　sheet.

hacer de canguro *Esp pop*
la **pasta** *Esp pop*
　Esta noche voy a hacer de canguro
　de mis sobrinos. A ver si saco algo
　de pasta.

to babysit (Spain)
dough, money (Spain)
　Tonight I'm going to babysit
　for my nephews and nieces.
　Let's see if I get some dough
　for it.

la **pasma** *Esp pop*
　¡Estate al loro para que no me
　multe la pasma!
el, la **guiri** *Esp pey*
　Mallorca está llena de guiris.
el/la **pinchadiscos**
la **caja tonta** *pop*

police, cops, "pigs" (Spain)
　Be on the lookout, don't let
　the cops give me a ticket!
tourist (Spain)
　Majorca is full of tourists.
disc jockey, DJ (Spain)
TV, boob tube

el **sámbuche**
jalar *Esp coloq*
el **cubata** *pop*
　Rafa se pasa el día jalando sámbuches
　y tragando cubatas.

sandwich
to eat (Spain)
Rum and Coke (Spain)
　All day long Rafa stuffs
　himself with sandwiches
　and rum and Coke.

la **litrona** *Esp pop*
　Compra litronas para el botellón.

1-liter bottle of beer (Spain)
　Buy 1-liter beer bottles for
　the street party.

engancharse *Esp pop*

　Los chavales se engancharon con
　unas litronas en la fiesta.

to get drunk; to get high
(Spain)
　The guys got drunk on
　1-liter bottles at the party.

7.4 Social Ties, Social Groups 33

el **amigo**, la **amiga**
friend

Jorge tiene pocos pero buenos amigos.
Jorge has few friends, but good ones.

la **amistad**
friendship

No me gustan tus amistades.
I don't like your friends.

He tenido amistad con Tomás desde nuestra infancia.
I've been friends with Tomás since we were children.

el, la **amante**
lover

el **compañero**, la **compañera**
fellow student; colleague; companion; pal

Anoche fuimos con los compañeros de clase a cenar.
Last night we went to dinner with our classmates.

ligar *pop*
to feel attracted to; to wish to establish amorous ties with

Me parece que quieres ligar con Clara.
It seems to me that you're trying to hook up with Clara.

---

dar calabazas a alguien
to turn a suitor down

Yolanda siempre me da calabazas. Ya no sé qué decirle.
Yolanda always turns me down. I don't know what to tell her anymore.

la **pareja**
couple; live-in boyfriend/girlfriend

Ana y Carmelo **hacen una buena pareja**.
Ana and Carmelo make a good couple.

Mi pareja es médico.
My boyfriend is a doctor.

la **intimidad**
intimacy

Parece simpático pero en la intimidad es insoportable.
He seems nice, but in a close relationship he's unbearable.

---

el, la **colega**
colleague

Me entiendo muy bien con mis colegas.
I get along very well with my colleagues.

el **conocido**, la **conocida**
acquaintance

Cuando estuve en Quito, me encontré a varios conocidos.
When I was in Quito I ran into several acquaintances.

común
common; joint

Daniel y tu prima tienen muchos amigos comunes.
Daniel and your cousin have many friends in common.

el **tío** *Esp pop*
guy; dude; fellow (Spain)

la **tía** *Esp pop*
gal; girl; chick (Spain)

el **tipo** *pop*
guy

Ese tipo se parece a un tío que va a mi curso.
That guy looks like a dude who's in my course.

el **chulo**, la **chula** *Esp pop*	pimp
la **prostitución**	prostitution
La prostitución es hoy día una práctica ilegal en muchos países.	Today prostitution is an illegal practice in many countries.

la **cita**	date; appointment
A las diez **tengo una cita con** mi dentista.	At ten o'clock I have an appointment with my dentist.

citarse	to make an appointment
Me he citado con el jefe a las cuatro.	I've made an appointment with the boss for 4 o'clock.

quedar	to agree on; to make an arrangement
Julián **ha quedado con** Ana para ir al cine.	Julián made a date with Ana to go to the movies.
Hemos quedado con los colegas **en** no trabajar mañana.	We agreed with our colleagues that we won't work tomorrow.
visitar	to visit
Esta noche visitaremos a los señores Ramírez.	This evening we'll visit the Ramírezes.

la **compañía**	company
Nuestro amigo nos **hace** mucha **compañía**.	Our friend accompanies us often.
la **visita**	visit
Voy a tener visita de mis compañeros.	I'm going to be visited by my colleagues.

el **contacto**	(getting in) touch; contact
Marta **se ha puesto en contacto con** la señora Sánchez para comprar el coche.	Marta got in touch with Mrs. Sánchez to buy the car.
el **contacto**	contact
Rafael econtró trabajo **por tu contacto**.	Rafael found a job, thanks to your contacts.
Su marido **tiene un buen contacto**.	Her husband has good contacts.
estar relacionado, relacionada	to be connected
Estoy muy bien relacionada.	I am very well connected.

el **grupo**	group
Todos los martes hacemos una **excursión en grupo**.	Every Tuesday we make a group excursion.
la **gente**	people

la **humanidad**	mankind; humanity
colectivo, colectiva	collective; joint
En México hay **taxis colectivos**.	In Mexico there are collective taxis.

la **comunidad**	community
La **comunidad** estaba preocupada por el problema de las drogas.	The community was worried about the drug problem.
la **sociedad**	society
la **iniciativa ciudadana**	citizen's initiative
el **individuo**	individual
El señor López es un individuo raro.	Mr. López is a strange individual.

encontrar	to meet
Esta tarde hemos encontrado a Manuel y sus amigos.	This afternoon we met Manuel and his friends.
el **encuentro**	meeting
Vamos al encuentro de Julio.	We're going to meet Julio.

la **reunión**	meeting
Ayer se celebró una **reunión de vecinos** en el ayuntamiento.	Yesterday there was a civic meeting in town hall.

el **club**	club
el **socio**, la **socia**	member
Mis nietos son **socios de un club** de golf.	My grandchildren are members of a golf club.
el **miembro**	member
Los miembros del Parlamento visitarán los países vecinos.	The members of Parliament will visit the neighboring countries.

la **fiesta**	party
invitar	to invite
Roberto nos invitó a su fiesta.	Roberto invited us to his party.
el **invitado**, la **invitada**	guest
Como alcalde serás nuestro invitado de honor.	As mayor you will be our guest of honor.
la **invitación**	invitation
la **recepción**	reception
El cónsul de Guatemala nos ha enviado una invitación para la recepción.	The Guatemalan consul has sent us an invitation to the reception.
la **presencia**	presence

reunirse	to get together; to gather; to meet
El domingo se reúne toda la familia para celebrar el santo de la madre.	On Sunday the whole family is getting together to celebrate the mother's name day.

social	social
la **relación**	relation

la **reputación**	reputation
La empresa tiene una reputación excelente.	The firm has an excellent reputation.
el **honor**	honor
Te doy mi **palabra de honor**.	I give you my word of honor.
honrar	to honor
La presidenta nos honra con su presencia.	The President honors us with her presence.
honorar	to honor

el **machismo**	machismo
El machismo es la hegemonía masculina sobre las mujeres.	Machismo is male hegemony over females.
el **machista**	macho man
la **emancipación**	emancipation; liberation
Con la democracia llegó la emancipación, y no sólo de las mujeres a España.	With democracy, liberation—and not only of women—came to Spain.
emancipado, **emancipada**	emancipated; liberated
el/la **feminista**	feminist
Julia es una chica emancipada pero no es feminista.	Julia is a liberated young woman, but she's no feminist.

la **igualdad**	equality
la **desigualdad**	inequality
La desigualdad entre las personas es un problema.	Inequality among people is a problem.
discriminar	to discriminate
la **discriminación**	discrimination
la **homofobia**	homophobia
(el) **homofóbico**, (la) **homofóbica**	homophobe
la **misoginia**	misogyny
(el) **misógino**, (la) **misógina**	misogynist

(el) **extranjero**, (la) **extranjera**	foreigner
la **emigración**	emigration

la **patera** *Esp*	small wooden boat
Algunos emigrantes sin papeles se arriesgan a venir a España en patera o cayuco.	Some undocumented emigrants dare to come to Spain in small wooden boats.
el **cayuco**	small wooden boat

la **integración**	integration
La emigración a otro país causa a veces problemas de integración.	Emigration to another country sometimes causes problems of integration.
integrar	to integrate
Muchos extranjeros están integrados en la sociedad chilena.	Many foreigners are integrated into Chilean society.

la **soledad**	solitude; loneliness
aislado, aislada	isolated
vivir aislado	to live in isolation
los **marginados (sociales)**	social marginal groups
el **mendigo**, la **mendiga**	beggar; panhandler
Los marginados, como por ejemplo los mendigos, son un auténtico problema social en muchas ciudades.	Marginal groups such as beggars are a real social problem in many cities.
mendigar	to beg
los **sin techo**	the homeless
la **persona sin hogar**	homeless person

7.5 Social Behavior 34

entenderse	to get along
Don José no se entiende con su primo.	Don José does not get along with his cousin.
creer	to believe; to think
No creo que podamos ayudarles en este asunto.	I don't think we can help you in this matter.
pensar	to think
Roberto pensó que **le iban a suspender** en el examen.	Roberto thought he would not pass the exam.
la **opinión**	opinion; view
– **En mi opinión**, se deberían legalizar las drogas.	"In my opinion, drugs should be legalized."
– No **soy de tu opinión**.	"I don't share your view."
opinar	to opine, to be of the opinion

el **prejuicio** tener prejuicios ante una persona	prejudice to be prejudiced against a person

probable
 – ¿Qué opina usted?
 – Es probable que no tenga razón.
criticar
 En Hispanoamérica se critica mucho
 la corrupción de los políticos.

crítico, crítica
 Su tío está en una situación muy crítica.

probable
 "What is your opinion?"
 "She probably is wrong."
to criticize
 In Spanish America the
 corruption of the politicians
 is heavily criticized.
critical
 His uncle is in a critical
 situation.

opuesto, opuesta
 Estos criterios **son opuestos a**
 nuestro concepto.
 Sobre la película hay opiniones opuestas.

enfrentarse
 El autor se va a enfrentar al juicio de
 los críticos.
el **juicio**
 A nuestro juicio, esta película es
 muy buena.
la **conclusión**
 Vicente llegó a la conclusión de que
 este proyecto no valía la pena.

opposed; opposing
 These criteria are opposed
 to our thinking.
 There are opposing opinions
 about the film.
to face; to confront
 The author is going to face
 the judgment of the critics.
judgment; thinking
 In our judgment, this film is
 very good.
conclusion
 Vicente came to the
 conclusion that this project
 was not worthwhile.

estar seguro, segura
 Estoy segura de que tu marido te es fiel.

parecer
 ¿**Qué le parece** a usted este estudio?

to be sure; to be certain
 I'm sure that your husband
 is faithful to you.
to seem; to appear
 What do you think of this
 study?

el **parecer**
 A su parecer, la literatura moderna no
 aporta nada nuevo.

opinion; thinking
 According to his opinion,
 modern literature is not
 contributing anything new.

considerar
 Considero a Goya un verdadero maestro.

to consider
 I consider Goya a true
 master.

INFO

Subjuntivo (IV)

If you *prohibit* or *allow* something or give someone *advice*, the verb in the subordinate clause is in the *subjunctive*.

Le parece mal que no hayas contestado todavía.	*He doesn't think it is good that you haven't answered him yet.*
A mí me parece muy bien que tengas un gato.	*I think that it's good for you to have a cat.*

el **concepto**	concept, thought; judgment, opinion
el **criterio**	criterion; judgment
la **influencia**	influence
Don Ramiro tiene mucha influencia política en este pueblo.	Don Ramiro has great political influence in this village.
meterse	to interfere
Se está metiendo usted en asuntos que no le importan.	You're interfering in things that don't concern you.
exagerar	to exaggerate
¡No exageres! Tan mal no lo has hecho.	Don't exaggerate! You didn't do such a bad job.
valer la pena	to be worthwhile
¿Vale la pena ver la obra de teatro?	Is it worthwhile to see the play?
preferir	to prefer
– ¿Prefieres ir al cine en lugar de ir a la ópera?	"Would you prefer to go to the movies rather than the opera?"
– Como quieras.	"Whatever you want."
preferible	preferable
Será preferible terminar este asunto hoy.	It will be preferable to conclude this matter today.
preferido, preferida	favorite; preferred
¿Cuál es tu **plato preferido**?	What is your favorite dish?
conveniente	useful; advantageous; suitable; convenient
Sería conveniente que discutiéramos este problema.	It would be useful to discuss this problem.

relativo, relativa	relative
corresponder	to correspond
El sueldo no corresponde a su rendimiento.	The pay does not correspond to his output.

agradecer	to thank; to be grateful
Agradecemos que estén dispuestos a ayudarnos.	We're grateful that you're ready to help us.
dar las gracias	to thank; to say thank you
¿Le **has dado las gracias a** tu primo **por** el regalo?	Did you thank your cousin for the gift?
con mucho gusto	gladly; with pleasure
– ¿Me puede prestar el bolígrafo un momento?	"Can you lend me the ballpoint pen for a moment?"
– Con mucho gusto.	"Gladly."

cortés	courteous; polite
Jacinto es un chico muy cortés.	Jacinto is a very polite boy.

ayudar	to help
Nadie quiso ayudarme.	Nobody wanted to help me.
la **ayuda**	help
ser una gran ayuda	to be a great help
contar con	to count on, to rely on
Si tienen algún problema, pueden contar conmigo.	If you have any problem, you can count on me.

estar dispuesto, dispuesta (a)	to be ready
Paco está dispuesto a cuidar de los niños.	Paco is ready to take care of the children.
esencial	essential
Lo esencial no es la cantidad, sino la calidad.	The essential thing is not the quantity, but the quality.

dirigirse a	to turn to; to go to; to speak to
Si tienen alguna pregunta, diríjanse a nuestra secretaria.	If you have any questions, please speak to our secretary.
en cuanto a	as for, as regards
En cuanto a su pedido, le enviamos las muestras a vuelta de correo.	As regards your order, we are sending you the samples by return mail.
acompañar	to accompany

presentarse

Marta, no me has presentado a
tus amigas.

Al día siguiente de tocarle la lotería
no se presentó en la oficina.

to be introduced; to appear;
to show up
Marta, you haven't
introduced me to your
friends.
The day after he won the
lottery, he didn't appear at
the office.

necesario, necesaria
– Si quieres, te acompaño al teatro.

– No es necesario.

necessary
"If you like, I'll accompany
you to the theater."
"It's not necessary."

INFO

Subjuntivo (V)

After a main clause that contains an *impersonal expression*, the verb of the
subordinate clause beginning with **que** is in the *subjunctive*.

Es importante que regresemos
antes de las 12.

*It's important that we return
before 12.*

The subordinate clause must have its own subject; otherwise the infinitive
follows.

Es importante regresar antes de las 12. *It's important to return before 12.*

deber

must; ought; should

el **deber**
Pablo **cumple muy bien con** todos
sus deberes.
la **obligación**
Hombre, no es una obligación, lo haré
con mucho gusto.
obligar
No se sienta obligado a ayudarnos.

el **compromiso**
Lo siento, el jueves no podré asistir a
la reunión porque tengo un compromiso.

el **servicio**
Me has hecho un gran servicio
trayéndome estos libros.

duty
Pablo fulfills his duties very
well.
obligation; duty
Man, it's not an obligation,
but I'll be glad to do it.
to obligate; to force
Don't feel obligated to
help us.

engagement; commitment
I'm sorry, I won't be able
to attend the meeting on
Thursday because I have an
engagement.
service
You've done me a great
service by bringing me these
books.

la **promesa**	promise
prometer	to promise
¡Prométeme que no lo volverás a olvidar!	Promise me that you'll not forget it again!

cumplir	to fulfill; to carry out; to perform one's duty
Deberías **cumplir tu promesa**.	You ought to fulfill your promise.
Por hoy **hemos cumplido** y nos podemos ir a casa.	We've done our duty for today and we can go home.
el **favor**	favor
¿Me puedes **hacer el favor de** ir a correos?	Would you do me the favor of going to the post office?
devolver un favor	to return a favor
seguro, **segura**	sure, certain
Es seguro que no nos pagarán el trabajo.	It's certain that they won't pay us for the work.
Carola está segura de que te llamó el viernes.	Carola is certain that she called you on Friday.

excusar	to excuse
Nos tienen que excusar esta tarde.	You'll have to excuse us this afternoon.

regalar	to give as a present
¿Qué te han regalado para tu cumpleaños?	What did they give you for your birthday?
el **regalo**	gift, present
En muchas familias españolas se **dan los regalos** el día de Reyes.	In many Spanish families, gifts are given on Epiphany.
sorprender	surprise
Nos sorprendió su comportamiento durante el examen.	His behavior during the exam surprised us.
la **sorpresa**	surprise
Carmelo les **dio una gran sorpresa**.	Carmelo gave them a big surprise.
sorprendente	surprising

corriente

En España es corriente que los jóvenes tuteen a los adultos.

ordinary; common; regular; standard

In Spain it is common for young people to address adults with the familiar pronoun *tú*.

útil

Estos mapas te van a ser muy útiles para el viaje.

useful

These maps are going to be very useful to you for the trip.

inútil

Es inútil que la llames porque no está en casa.

useless; senseless

It's useless to call her, because she's not home.

práctico, **práctica**

practical

---

servir

¿En qué puedo servirle?

to serve; to be helpful

How can I help you?

cuidar de

to take care of

ocuparse de

No se preocupe. Me ocuparé en seguida de su problema.

to attend to; to busy oneself with

Don't worry. I'll attend to your problem right away.

hacer falta

Hace falta mejor ayuda social para que nadie tenga que mendigar.

to be necessary

Better social assistance is necessary, so that no one has to beg.

la **necesidad**

No veo la necesidad de explicárselo todo dos veces.

necessity

I see no need to explain everything twice to you.

---

misterioso, **misteriosa**

mysterious

verdadero, **verdadera**

Te has portado como un verdadero caballero.

true; genuine

You behaved like a true gentleman.

---

el **hecho**

fact

posible

Es posible que eso **tenga** una explicación sencilla.

possible

It's possible that there's a simple explanation.

la **posibilidad**

¿Qué posibilidades hay para que haya paz?

possibility

What are the chances that there will be peace?

---

la **dificultad**	difficulty
la **probabilidad**	probability
la **ventaja**	advantage
Es una ventaja **saber tantas lenguas**.	It's an advantage to know so many languages.
la **desventaja**	disadvantage
La desventaja de este trabajo es que está mal pagado.	The disadvantage of this job is that it pays poorly.
el **error**	error, mistake
Laura ya no comete tantos errores escribiendo.	Laura no longer makes so many errors in writing.
Disculpe, hay un error en su pedido.	Excuse me, there's a mistake in your order.
falso, falsa	false, untrue; incorrect
Los falsos amigos son más peligrosos que los enemigos.	False friends are more dangerous than enemies.
negativo, negativa	negative
Siempre estás pensando en los aspectos negativos.	You always think on the negative aspects.
fatal	fatal; disastrous
– ¿Qué tal las vacaciones?	"How was the vacation?"
– Fatal.	"Disastrous."

la **culpa**	fault; guilt; blame
Por tu culpa se ha roto el jarrón.	It's your fault the vase broke.
engañar	to cheat; to deceive; to fool
Los han engañado con este coche.	They cheated you on this car.

mentir	to lie
¡No me mientas!	Don't lie to me!
la **mentira**	lie
¡Eso es mentira!	That's a lie!

molestarse	to bother; to put oneself out
¡No se moleste usted!	Don't go to any trouble!
Pepe **se ha molestado** porque no le llamé.	Pepe is annoyed because I didn't call him.

molestar	to bother; to annoy; to disturb
Espero que no les moleste.	I hope I'm not disturbing you.

la **molestia**	trouble; annoyance; bother
pegar	to hit; to strike
el **golpe**	blow; hit

pelearse	to scuffle; to quarrel; to come to blows
Carmelo y Antonia se pelean todos los días.	Carmelo and Antonia come to blows every day.
el **conflicto**	conflict
No quiero **entrar en conflicto con** su empresa.	I don't want to enter into conflict with your company.
peligroso, peligrosa	dangerous
¡Cuidado con ese tipo! Parece peligroso.	Watch out with that guy! He looks dangerous.

el **respeto**	respect
No **te mereces** nuestro respeto.	You don't deserve our respect.

el **valor**	valor; courage
Atahualpa es famoso por su valor.	Atahualpa is famous for his courage.

apreciar	to appreciate
Clara no supo apreciar el regalo de sus padres.	Clara didn't know how to appreciate her parents' gift.
apreciable	appreciable; valuable; excellent
Su actitud es muy apreciable.	His attitude is very praiseworthy.
estimar	to esteem; to appreciate

merecer	to deserve
el **mérito**	merit; excellence
Mereces que reconozcan tus méritos.	You deserve to have your merits recognized.
el **premio**	prize; award

agradable	agreeable; pleasant
Conchita es una mujer muy agradable.	Conchita is a very pleasant woman.
desagradable	unpleasant; disagreeable
un tipo desagradable	an unpleasant sort
tolerante	tolerant
No todos tus amigos son tan tolerantes como yo.	Not all your friends are as tolerant as I.
intolerante	intolerant
Mucha gente es **intolerante con** las minorías.	Many people are intolerant of minorities.

tener suerte	to be lucky
bien *adv*	well
Me parece muy bien que te tomes vacaciones.	I think it's good that you're taking a vacation.

mejor *adj*
  Como tienes fiebre, será mejor que
  te vayas a la cama.
bueno, buena; buen *adj*
  – ¿Me puedes recomendar un buen
  diccionario?
  – En una librería te recomendarán alguno.

mejor *adv*
  Ana habla bien inglés, pero habla
  mejor alemán.
el, la mejor
  Por favor, denos las mejores plazas
  que tengan.

better (adj)
  Since you have fever, it will
  be better if you go to bed.
good
  "Can you recommend a
  good dictionary to me?"
  "They'll recommend one to
  you at a bookstore."

better (adv)
  Ana speaks English well, but
  she speaks German better.
best
  Please give us the best seats
  you have.

positivo, positiva
  El resultado positivo del análisis fue
  sorprendente para todos.

positive
  The positive result of the
  analysis was surprising for
  everyone.

la suerte

luck

tener mala suerte

to have bad luck

la desgracia
  Pablo **no** ha tenido **más que desgracias**.

bad luck; misfortune
  Pablo has had nothing but
  misfortunes.

mal *adv*
  Esta casa está mal hecha.
peor *adv*
  Bartolo escribe peor que lee.

poorly, badly
  This house is poorly built.
worse
  Bartolo writes worse than
  he reads.

malo, mala *adj*
  Lo malo es que …
peor *adj*
  Antes del examen son los peores
  momentos.
el, la peor
  En el peor de los casos me ponen una multa.

bad
  The bad thing is that …
worse, worst
  The worst moments are
  those before the exam.
worst
  At worst, they'll give me a
  fine.

pésimo, pésima
  El programa de la tele es pésimo.

extremely bad; very bad
  The TV program is
  extremely bad.

monótono, monótona
  Los trabajos monótonos son poco
  atractivos.

monotonous
  Monotonous jobs are not
  very appealing.

reclamar — to claim; to demand; to complain about

Llamamos a la fábrica para reclamar unas piezas. — We called the factory to complain about some parts.

Me han reclamado el pago de la factura. — I was sent a reminder to pay the bill.

la **reclamación** — complaint; claim

Aquí hay un error. Mandaré una reclamación al responsable. — There's a mistake here. I will send a complaint to the person in charge.

la **queja** — complaint; grumbling

Estoy harto de oír quejas. — I've had enough of hearing complaints.

---

excelente — excellent
perfecto, perfecta — perfect

Tomás es un amigo excelente y un caballero perfecto. — Tomás is an excellent friend and a perfect gentleman.

---

ideal — ideal

Patricio, eres un marido ideal. — Patricio, you're an ideal husband.

extraordinario, extraordinaria — extraordinary

Don Quijote vivió aventuras extraordinarias. — Don Quijote experienced extraordinary adventures.

---

singular — singular; unique; unusual

Para mí, Buenos Aires es una ciudad singular. — For me, Buenos Aires is a unique city.

---

fantástico, fantástica — fantastic

El otro día vi una película fantástica de Almodóvar. — Recently I saw a fantastic film by Almodóvar.

estupendo, estupenda — great; wonderful

Tuvieron la ocasión de ver un partido de fútbol estupendo. — They had the opportunity to see a wonderful soccer game.

maravilloso, maravillosa — marvelous; wonderful

Bolivia tiene paisajes maravillosos. — Bolivia has marvelous landscapes.

---

la **maravilla** — marvel; wonder; miracle

Es una maravilla bañarse en el Mediterráneo. — It's wonderful to swim in the Mediterranean.

---

hermoso, hermosa — pretty; beautiful; nice
magnífico, magnífica — magnificent; splendid

Ayer pasamos un día magnífico en Acapulco. — Yesterday we spent a magnificent day in Acapulco.

formidable	tremendous; great
Tienen un yate formidable.	You have a great yacht.
chévere *Am*	terrific; great

alabar	to praise
Marisa alaba los tamales que hizo su marido.	Marisa praises the tamales that her husband made.

idiota	idiot
Eres idiota sin remedio.	You're a hopeless idiot.
terrible	terrible
Jaimito es un niño terrible.	Jaimito is a terrible child.
horrible	horrible
Llevas una corbata horrible.	You're wearing a horrible tie.

odioso, odiosa	hateful, odious
antipático, antipática	disagreeable, uncongenial
Oye, ¡eres una tía antipática!	Now listen, you're one disagreeable chick!
la **antipatía**	antipathy
tener antipatía a alguien	to feel antipathy for someone
imbécil	imbecile; idiot

incomprensible	incomprehensible
A Pablo le pareció incomprensible el motivo del suicidio.	The motive of the suicide seemed incomprehensible to Pablo.
confuso, confusa	confused
Su explicación fue tan confusa que no la entendí.	Her explanation was so confused that I didn't understand it.

ridículo, ridícula	ridiculous; laughable
Nos dieron una tortilla ridícula.	They gave us a ridiculously small omelet.

pesado, pesada	annoying, bothersome
Su madre es muy pesada. Siempre **está quejándose**.	Her mother is very annoying. She is always complaining.
raro, rara	odd; peculiar
Tu cuñado es una persona bastante rara.	Your brother-in-law is a rather odd person.

extraño, extraña	strange
En esta casa se oyen ruidos extraños.	Strange noises are heard in this house.

harto, harta	full, complete; sufficient
Estoy harto de que llegues tarde.	I've had it up to here with your late arrivals.
despreciar	to despise; to scorn

famoso, famosa	famous
Guernica es un pueblo vasco y el título del famoso cuadro de Picasso.	Guernica is a Basque village and the title of the famous painting by Picasso.
interesante	interesting
Este libro es muy interesante.	This book is very interesting.
No **te hagas el interesante**.	Don't be so self-important.
importante	important
la **importancia**	importance; significance

indispensable	indispensable; vital
Es indispensable que vengas mañana.	It's vital that you come tomorrow.

increíble	incredible; unbelievable
¡Es increíble! ¿Cómo has podido permitir que hagan tal cosa?	It's unbelievable! How could you have let them do such a thing?
absurdo, absurda	absurd
¡Por Dios!	For God's sake!, My God!
¡Por Dios! ¿Cómo has podido comprarte ese abrigo?	For God's sake! How could you buy that coat?
incorrecto, incorrecta	wrong; impolite
Antes era incorrecto que entraran en un local los hombres antes que las mujeres.	It used to be impolite for men to enter a place before women.

inmoral	immoral
tremendo, tremenda	tremendous; excessive
Está haciendo un calor tremendo.	It's tremendously hot.
arbitrario, arbitraria	arbitrary
No toleramos decisiones arbitrarias.	We don't tolerate arbitrary decisions.

7.6 **Relationships of Possession** 35

tener	to have; to possess
Ahora no tengo tiempo.	I don't have time now.
propio, propia	own
Estos apartamentos tienen una piscina propia.	These apartments have their own swimming pool.

la **fortuna**
Nos ha costado una fortuna arreglar el coche.

fortune
It cost us a fortune to repair the car.

rico, **rica**

rich

pobre
Al final de mes siempre **estoy muy pobre**.
Juan **es** un chico pobre porque no tiene nada.

poor
I'm always very poor at the end of the month.
Juan is a poor boy because he has nothing.

---

la **pobreza**
En Latinoamérica hay mucha pobreza.

poverty
In Latin America there is much poverty.

la **miseria**
Todavía hay mucha gente que vive en la más absoluta miseria.

misery
There still are people who live in the greatest poverty.

poseer
Don Camilo posee muchas tierras.

to possess, to own
Don Camilo owns a lot of land.

disponer

to dispose; to have at one's disposal

Disponemos de muchas posibilidades para resolver su asunto.

We have at our disposal many possibilities for clearing up your matter.

ser de
– ¿De quién es el libro?
– Es mío y la libreta también **es mía**.

to belong to
"Whose book is it?"
"It's mine, and the notebook is mine too."

pertenecer
¿A quién pertenecen estas tierras?

to belong
To whom do these lands belong?

la **posesión**
La posesión de drogas duras está prohibida en todo el mundo.

possession
The possession of hard drugs is prohibited everywhere in the world.

---

particular
Miguel tiene una secretaria particular.

private
Miguel has a private secretary.

la **riqueza**
En este mundo las riquezas están mal repartidas.

riches
In this world, the riches are unequally distributed.

el **lujo**

luxury

---

lujoso, lujosa

luxurious

---

la **prosperidad**
En algunas ciudades se ve la prosperidad de sus habitantes.

prosperity
In some cities, one can see the prosperity of their inhabitants.

el **bienestar**

El bienestar económico de la población es un tema frecuente en la política.

well-being; welfare; comfort

The economic well-being of the population is a common subject in politics.

---

el **testamento**

heredar

Ha heredado una casa de campo.

will

to inherit

I have inherited a country house.

el **heredero**, la **heredera**

Se desconocen los herederos.

la **herencia**

discusiones **por las herencias**

heir, heiress

The heirs are unknown.

inheritance; legacy; heritage

squabbling over the inheritance

False Friends

Spanish Word	Thematic Meaning	False Friend	Spanish Equivalent
el **juicio**	**judgment**	juice	jugo
molestar	**to bother**	to molest	abusar sexualmente
los parientes	**relatives**	parents	padres
raro, rara	**strange**	rare	a medio asar

My Vocabulary

8

Education, School, University

8.1 Education 36

la **educación**	education, training
Ministerio de Educación y Ciencia (MEC)	Ministry of Education and Science
la **guardería**	daycare center; nursery
Lucas ya va al jardín de infancia donde aprende jugando.	Lucas already goes to kindergarten, where he learns by playing.
el **jardín de infancia**	kindergarten

aprender	to learn
aprender a leer y **a** escribir	to learn to read and write
enseñar	to teach
Mi sobrina me enseñará latín.	My niece will teach me Latin.
la **enseñanza**	education; school system; teaching
En España hay **Enseñanza Primaria y Secundaria Obligatoria (E.S.O.)**.	Spain has obligatory primary and secondary education.
gratuito, **gratuita**	gratis, free

significar	to mean
¿Qué significa esta palabra?	What does this word mean?
de memoria	by memory
aprender de memoria	to learn by memory, to memorize
contar	to count; to tell
¡A ver! ¿Quién nos cuenta un cuento?	Let's see! Who can tell us a story?
el **analfabetismo**	illiteracy
En Cuba no hay prácticamente analfabetismo.	In Cuba there's virtually no illiteracy.

la **estadística**	statistic

la **solución**	solution
¿Hay una solución científica para este problema?	Is there a scientific solution for this problem?
científico, **científica**	scientific
investigar	to research; to investigate

sencillo, **sencilla**	simple; easy
Este problema matemático es muy sencillo.	This math problem is very easy.
el **método**	method

el **ejercicio**	exercise
Para mañana tenemos que preparar estos ejercicios.	For tomorrow we have to do these exercises.
el **problema**	problem

Nouns ending in -ma

Nouns that end in **-ma** and are of *Greek* origin are *masculine* as a rule:

el tema, el programa, el problema

la **lección**	lesson
didáctico, **didáctica**	didactic
el **léxico**	lexicon; dictionary

el **ejemplo**	example
México tiene grandes autores, **por ejemplo** Juan Rulfo y Carlos Fuentes.	Mexico has great writers, for example, Juan Rulfo and Carlos Fuentes.
¿Me puedes **dar otro ejemplo**?	Could you give me another example?
la **falta**	mistake, error
el **tema**	topic; subject; theme

el **ensayo**	essay
¿Qué tema has escogido para el ensayo?	What subject have you chosen for the essay?

8.2 Classroom Instruction, School 37

el **colegio**	school
En España los niños van a los cuatro años al colegio.	In Spain children go to school at the age of four.
la **escuela (de enseñanza primaria)**	primary school
¿A qué escuela va tu hija?	What school does your daughter go to?
el **maestro**, la **maestra**	teacher (elementary school)
la **clase**	class; classroom; instruction
Esta tarde tenemos **clase de historia**.	This afternoon we have history class.
¿Dónde está tu clase?	Where is your classroom?
Mi clase aprende deprisa.	My class learns quickly.
dar clase	to teach; to give a class

asistir	to attend; to be present
Ayer no **asistió a clase** porque estaba enferma.	I didn't attend classes yesterday because I was sick.
el **horario**	schedule
¡Mira en tu horario cuándo tienes clase de español!	Look at your schedule to see when you have Spanish class!
el **recreo**	recess (school)

escolar	school; scholastic
llevar uniforme escolar	to wear a school uniform
el **alumno**, la **alumna**	student; pupil
¿Cuántos alumnos hay en vuestra clase?	How many pupils are in your class?
obligatorio, obligatoria	obligatory, compulsory
Es obligatorio en España **ir a la escuela** hasta los dieciséis años.	In Spain, school is compulsory until the age of 16.
el **instituto**	institute
el **liceo** *Am*	high school; secondary school; (Mex.) primary school
la **asignatura**	subject
¿Qué asignatura enseña usted?	What subject do you teach?
(las) **ciencias**	natural sciences (and mathematics)
En **clase de ciencias** siempre me duermo.	In science class I always fall asleep.

la **biología**	biology
Marta es profesora de biología.	Marta is a biology teacher.
las **matemáticas**	mathematics
Don Jorge **da clases de** matemáticas.	Don Jorge gives classes in mathematics.
matemático, matemática	mathematical

el **problema de aritmética**	arithmetic problem

la **química**	chemistry
No soy bueno en química.	I'm not good in chemistry.

la **fórmula**	formula
el **laboratorio**	laboratory

la **física**	physics
la **geografía**	geography
– ¿Qué asignaturas tienes hoy?	"What subjects do you have today?"
– Tengo matemáticas, física, geografía y filosofía.	"I have math, physics, geography, and philosophy."
la **historia**	history

el **dibujo**	drawing
la **clase de dibujo**	drawing class
la **gimnasia**	gymnastics
La gimnasia es la **asignatura preferida** de Clara.	Gymnastics is Clara's favorite subject.

la **lengua**	language; language class
He aprobado el examen de lengua española.	I passed the Spanish exam.
el **dictado**	dictation
dictar	to dictate
la **gramática**	grammar
el **latín**	Latin
el **griego**	Greek
el **inglés**	English
el **francés**	French
el **alemán**	German
el **italiano**	Italian
el **diccionario (de bolsillo)**	dictionary (pocket)

traducir	to translate
En clase hemos traducido del inglés al español.	In class we translated from English into Spanish.
la **traducción**	translation

el **bachillerato**	baccalaureate; school-leaving exam
Después del bachillerato español hay que hacer el examen de selectividad para empezar una carrera universitaria.	After the Spanish *bachillerato*, it is required to take the selectivity examination in order to start a career-oriented set of university courses.
la **selectividad**	selectivity
la **admisión**	admission
el **curso**	course
Quiero hacer un curso de español para extranjeros en España.	I'd like to take a Spanish course for foreigners in Spain.
la **evaluación**	test
El año pasado saqué malas notas en las evaluaciones de matemáticas.	Last year I got bad grades on the math tests.
la **nota**	grade
En España la mejor nota es 10 y la peor 0.	In Spain the best grade is 10 and the worst is 0.

el **certificado**	certificate
Necesito un certificado académico.	I need an academic certificate.

repasar Como no te sabes el tema, tienes que repasar la lección.	to review; to go over Since you don't know the subject, you must review it again.

el **cuaderno** Esta noche tengo que corregir estos cuadernos.	notebook Tonight I have to correct these notebooks.
corregir	to correct
las **tareas**	homework
la **pizarra** Carmela, escribe en **la pizarra blanca** con este **rotulador borrable** lo que te dicte Antonio.	blackboard; whiteboard Carmela, write on the whiteboard with this erasable marker what Antonio dictates to you.
la **tiza**	chalk
la **esponja**	sponge
el **recreo** Durante el recreo **jugábamos al** fútbol.	recess (school) During recess we played soccer.

el **examen** Al final de cada curso hay que **presentarse a exámenes**.	exam At the end of every course you have to take exams.
la **prueba**	test
examinarse	to be examined; to take an exam
fácil Las traducciones al inglés me parecen muy fáciles.	easy I think translations into English are very easy.
difícil	difficult

aprobar Mi nieto aprobó todo el curso con matrícula de honor.	to pass My grandson passed the whole school year with honors.
el **aprobado** He sacado un aprobado en matemáticas.	minimum passing grade; lowest mark to pass an examination I got an *aprobado* in math.
suspender	to fail
el **suspenso**	failing mark

el **desconocimiento** **El candidato suspendió el examen por** desconocimiento del tema.	lack of knowledge; ignorance The candidate failed the exam because of his ignorance of the subject.
escrito, escrita	written

oral
  – ¿Cuándo es su examen oral?
  – El día dos será el primer examen
escrito y el cinco el oral.

oral
  "When is your oral exam?"
  "The written exam will be
on the second, and the oral
on the fifth."

8.3 University, Studies 38

la **universidad**
universitario, **universitaria**
  La **carrera universitaria** dura cinco
años en España, excepto Medicina.

university
university (adj)
  In Spain, university studies
last five years, except
Medicine.

el **aula** f
el **comedor universitario**
la **asamblea**
  Los estudiantes se reunieron en una
asamblea para organizar su protesta.

lecture room, lecture hall
university dining room
assembly; meeting
  The students had a meeting
to organize their protest.

la **biblioteca**
la **carrera**
  Tomás ya ha acabado la carrera.

library
career; studies; profession
  Tomás has already finished
his studies.

el, la **estudiante**
  Los estudiantes se tienen que matricular
para el próximo año.

  Octavio es estudiante de Medicina.
estudiar
  El próximo año estudiaré en la
Universidad de Salamanca.
  Enrique empieza a estudiar en enero
para los exámenes de junio.

student; pupil
  The students have to
register for the next school
year.
  Octavio is a medical student.
to study
  Next year I'll study at the
University of Salamanca.
  In January Enrique is
starting to study for the
exams in June.

los **estudios**
 Mi padre se tuvo que pagar sus estudios dando clases particulares.

apuntar
los **apuntes**
 Los estudiantes **toman apuntes** en clase.

matricularse

la **matrícula**

 La matrícula de los colegios privados y de las universidades es muy cara.

la **beca**
 Voy a solicitar una beca para Estados Unidos.

el **crédito**
 Los créditos académicos son reconocidos en la mayoría de las universidades europeas.

studies
 My father financed his studies by giving private lessons.

to make notes; to write down
notes
 The students take notes during class.

to register; to matriculate; to enroll

registration; matriculation; enrollment
 The registration fee for private schools and universities is quite expensive.

scholarship; fellowship
 I'm going to apply for a fellowship to study in the United States.

credit
 Academic credits are recognized in most European universities.

---

la **ciencia**
 A Maruja **le entusiasma** la ciencia.

 Lo que han hecho **no tiene ciencia**.

la **investigación**

science
 Maruja is enthusiastic about science.

 What you did is not difficult.

research; investigation

---

la **academia**
 Don Eulogio da clase de español en una academia.
 Pocos egresados de las academias de arte encuentran trabajo.
la **especialidad**
el **director**, la **directora**
el **profesor**, la **profesora**
 Me ha dicho tu profesor que no hiciste las tareas.

 – Todos los que enseñan son profesores.

 – ¿También en una autoescuela?
 – Sí, también.

academy; private school
 Don Eulogio teaches Spanish at a private school.
 Few graduates from art academies ever find work.
major (field of studies)
principal; director
teacher; instructor; professor
 Your teacher told me that you didn't do your homework.
 "Everyone who teaches is called a professor."
 "Even in a driving school?"
 "Yes, there too."

INFO

Title

In Spanish, the position of the words combined to form academic and other professional titles determines the choice of definite article (*el, la, los,* or *las*).

el director del colegio	*the (male) school principal*
la directora del colegio	*the (female) school principal*
el secretario general	*the (male) general secretary*
la secretaria general	*the (female) general secretary*
los corresponsales	*the (male or male/female) correspondents*

la **computadora escolar**
  Una computadora escolar por cada alummo es la meta.
school computer
  One school computer per student is the target.

el **requisito**
  Hay que cumplir todos los requisitos establecidos.
requirement
  It is necessary to fulfill all the established requirements.

el **catedrático**, la **catedrática**
  Luis es **catedrático de instituto** y Ana es **catedrática de universidad**.
professor; senior instructor
  Luis is a senior instructor at a secondary school, and Ana is a university professor.

la **cátedra**
  – ¿**Te has presentado a** las oposiciones a la cátedra de matemáticas?
  – No, todavía no.
chair (professorial); professorship
  "Have you applied for the mathematics chair?"
  "No, not yet."

el **lector**, la **lectora**
  Nuestra lectora de español es muy competente.
teacher; instructor
  Our Spanish instructor is very competent.

el, la **docente**
university lecturer; assistant professor

el **académico**, la **académica**
member of an academy

el **licenciado**, la **licenciada**
  Juana María **es licenciada en** filología.
university graduate
  Juana María has a degree in philology.

el **título**	diploma; degree
Cuando termines la carrera, ¿qué título recibirás?	What degree will you receive when you finish your studies?
el **doctor**, la **doctora**	doctor
el **doctorado**	doctorate
doctorarse	to obtain a doctorate
el **reconocimiento**	recognition
El mutuo reconocimiento de títulos universitarios en Europa sigue siendo difícil.	The mutual recognition of university degrees is still difficult in Europe.

la **arqueología**	archeology
las **letras**	liberal arts; humanities
el **filósofo**, la **filósofa**	philosopher
Ortega y Gasset fue un filósofo español muy conocido.	Ortega y Gasset was a very well-known Spanish philosopher.
la **filosofía**	philosophy
la **filología**	philology
la **pedagogía**	pedagogy, education
la **psicología**	psychology
la **facultad**	faculty; school
La **facultad de filosofía y letras** incluía todas las Humanidades.	The Faculty of Philosophy and Letters used to include all the humanities.
el **derecho**	law
Irene estudió derecho internacional y ahora trabaja para las Naciones Unidas.	Irene studied international law and now works for the United Nations.
la **teología**	theology
las **bellas artes**	art; the fine arts
Alfonso ha estudiado pintura en **bellas artes**.	Alfonso studied painting at the Academy of Fine Arts.

False Friends

Spanish Word	Thematic Meaning	False Friend	Spanish Equivalent
el académico, la académica	**academic member**	academic	el licenciado, la licenciada
la asignatura	**subject**	signature	la firma
la cátedra	**professorial chair, professorship**	cathedral	la catedral
el docente	**university lecturer**	decent	decente

My Vocabulary

_____

_____

_____

_____

_____

_____

_____

_____

_____

_____

_____

_____

_____

_____

_____

_____

_____

_____

_____

_____

_____

_____

_____

9

Occupations and the Job World

9.1 Professional Tools 39

el **aparato**	device; appliance; machine
El ventilador es un aparato muy práctico en verano.	The fan is a very practical appliance in summer.
funcionar	to function; to work; to run
la **máquina**	machine
En esta fábrica las máquinas hacen el trabajo pesado.	In this factory, machines do the heavy work.
técnico, **técnica**	technical
No es necesario ser un **especialista técnico** para arreglar la bicicleta.	It's not necessary to be a technical expert to repair the bicycle.

improvisar	to improvise
Ahora no podemos arreglar el coche, tenemos que improvisar algo.	The car can't be fixed now; we must improvise something.

la **pila**	battery
Necesito una pila nueva para mi linterna.	I need a new battery for my flashlight.
la **batería**	car battery
He comprado una **batería para el coche**.	I bought a battery for the car.
la **linterna**	flashlight; lantern

la **herramienta**	tool
la **llave**	wrench; key
Esta llave no sirve para montar el aparato.	You can't assemble the device with this wrench.

la **llave inglesa**	monkey wrench

el **destornillador**	screwdriver
las **tenazas** *pl*	pliers
¿Tienes unas tenazas para cortar cables?	Do you have pliers for cutting cables?
los **alicates** *pl*	pincers
el **martillo**	hammer
el **cincel**	chisel
el **pico**	pick; pickaxe
la **pala**	shovel
En las minas ya no se trabaja con pico y pala.	In the mines, they no longer work with pick and shovel.
el **rastrillo**	rake
la **laya**	spade

el **machete**	cane knife, machete
la **navaja**	pocket knife

el **clavo**	nail
el **tornillo**	screw
la **tuerca**	nut
Cambié las tuercas por unas de seguridad para no perderlas.	I exchanged the nuts for self-locking ones so that I wouldn't lose them.
Los fiscales les aprietan las tuercas a los acusados.	The prosecutors put the pressure on the defendants.

la **ferretería**	hardware; hardware store
la **cola**	glue
pegar	to glue
La madera se pega con cola.	Wood is bonded with glue.
lijar	to sand; to smooth, to rub
el **papel de lija**	sandpaper
Antes de pintar las puertas tienes que lijarlas con papel de lija.	Before painting the doors, you have to sand them with sandpaper.
la **cuerda**	rope; cord; string
Hay que atar este paquete con una cuerda para que no se abra.	The package has to be tied with string, so that it doesn't come open.
la **piola** *Am*	cord; string

el **saco**	sack; bag
Nos trajeron el carbón en sacos **de cincuenta kilos**.	They brought us the coal in 50-kilo bags.
la **red**	net
El pescador no puede ir a pescar porque tiene que coser la red.	The fisherman can't go out to fish because he has to mend the net.

9.2 Office Items 40

⚓ el **escritorio**	writing desk; study; office
⚓ la **carpeta** *Am*	folder; desk pad; portfolio
la **computadora** *Am*	computer
¿Conoces a alguien que entienda de computadoras?	Do you know anybody who understands computers?
el **ordenador** *Esp*	computer
La palabra "computadora" proviene de "computer" mientras que "ordenador" viene de "ordinateur."	The word "computadora" comes from "computer," whereas "ordenador" comes from "ordinateur."

el **programa**
   ¿Me puede recomendar un buen
   programa de texto para mi
   computadora?
la **fotocopiadora**

program; software
   Can you recommend a good
   word processing program
   for my computer?
photocopier

---

la **fotocopia**
copiar
la **copia**
el **fax**
   Como no funciona el fax, no he
   recibido tu fax.

la **calculadora**
la **máquina de escribir**

photocopy
to copy
copy
fax
   Since the fax machine is out
   of order, I didn't get your
   fax.

calculator
typewriter

---

el **tóner**
   No podemos hacer fotocopias
   porque se ha acabado el tóner.
el **número de copias**
el **cartucho de tinta**
   el **cartucho de tinta de colores**

toner
   We can't make photocopies
   because we're out of toner.
number of copies
ink cartridge
   color cartridge

---

la **papelería**
   Ya **no quedan** ni sobres ni papel de
   cartas. Tendré que ir a la papelería.

el **papel**
la **hoja (de papel)**
   ¿Me das una hoja de tu bloc?

stationery store
   There are neither envelopes
   nor writing paper left. I'll
   have to go to the stationery
   store.

paper
sheet of paper
   Will you give me a sheet
   from your pad?

---

la **carpeta**

filing cabinet; file; binder

---

la **agenda**

   Remedios se apunta todo en la agenda
   para no olvidarse de nada.

el **bloc**
el **sobre**
borrar
la **goma de borrar**
el **compás**
   El capitán del barco usa brújula
   y compás.

appointment book;
memo(randum) book
   Remedios writes down
   everything in the memo
   book to keep from
   forgetting anything.
block (of paper); pad
envelope
to erase; to remove
eraser
pair of compasses
   The ship's captain uses a
   magnetic compass and
   a pair of compasses.

el **lápiz**	pencil
el **bolígrafo**, el **boli**	ballpoint pen
Isabel tiene un **bolígrafo** de cuatro colores.	Isabel has a four-color ballpoint pen.
el **rotulador** *Esp*	felt-tipped pen; highlighter
la **pluma**	fountain pen
firmar con pluma	to sign with a fountain pen
la **tinta**	ink
la **cinta adhesiva**	adhesive tape, Scotch® tape
el **celo** *Esp*	adhesive tape, Scotch® tape

la **almohadilla**	stamp pad; ink pad
la **tampón** *Esp*	stamp pad; ink pad
el **sello**	stamp; seal; impression
Como no hay tinta en el tampón, no te puedo **poner un sello**.	Since there's no ink in the stamp pad, I can't stamp anything for you.
el **archivador**	filing cabinet; file; binder
el **archivo**	filing room
Juan ha estado todo el día en el archivo pero no ha encontrado ni la carpeta ni el archivador que se dejó allí.	Juan was in the filing room all day, but he found neither the folder nor the file that he had left there.

9.3 Career Training and Careers 41

la **formación**	training
En España, después de terminar la ESO (Educación Secundaria Obligatoria), se puede empezar la **formación profesional** o hacer el bachillerato.	In Spain, after completing the obligatory secondary education program, one may start vocational training or go for the baccalaureate.
el **aprendiz**, la **aprendiza**	apprentice; trainee
la **escuela de formación profesional**	vocational training school

el **aprendizaje**	apprenticeship; vocational training
el **especialista**	specialist
el **maestro**, la **maestra**	master
Joaquín es maestro de mecánica.	Joaquín is a master mechanic.

la **experiencia**	experience
la **solicitud**	application
Adjunto a la solicitud toda la documentación requerida.	I attach to the application all the required documentation.

adjuntar	to attach
la **práctica**	practice
teórico, teórica	theoretical
La formación teórica es parte de la formación profesional de las 26 familias profesionales.	Theoretical training is part of the professional training of the 26 career groups (Spain).

la **teoría**	theory
Las **clases de teoría** son bastante aburridas.	The classes in theory are rather boring.
las **prácticas** *pl*	practical training
Arturo está haciendo unas **prácticas de óptico**.	Arturo is doing practical training as an optician.
la **pasantía** *Am*	practical training
el, la **practicante**	trainee; apprentice
el **conocimiento**	knowledge
los conocimientos de medicina	medical knowledge
profesional	professional
Charo es una **peluquera profesional**.	Charo is a professional hairdresser.
dedicarse	to devote oneself to; to do professionally
¿**A qué te vas a dedicar** cuando termines el aprendizaje?	What will you do careerwise when you finish your apprenticeship?
especializarse	to specialize
Rafael **se especializó en** la arquitectura de mezquitas.	Rafael specialized in the architecture of mosques.
especializado, especializada	specialized

el **perfil**	profile
Este candidato tiene un perfil profesional muy interesante.	This candidate has a very interesting professional profile.

el **oficio**	occupation; vocation; work; employment
¿Qué oficio les gustaría aprender?	What occupation would you like to learn?
el **trabajador**, la **trabajadora**	worker
el **obrero**, la **obrera**	worker, workman, laborer
el **obrero especializado**	skilled worker, trained worker, specialist
Muchos obreros españoles emigraron en los años 60.	Many Spanish workers emigrated in the sixties.
el **empleado**, la **empleada**	employee

el **funcionario**, la **funcionaria**
  Tomás es funcionario porque le gusta
  trabajar en un ambiente tranquilo.

public official
  Tomás is a public official
  because he likes working in
  a tranquil environment.

el, la **agente**
  el **agente de seguros**
el **secretario**, la **secretaria**
  Mi secretaria **sabe** muy bien **español**.

agent; representative
  insurance agent
secretary
  My secretary knows Spanish
  very well.

---

el, la **asistente**
el **inspector**, la **inspectora**
  el **inspector**, la **inspectora de Hacienda**
el **notario**, la **notaria**
  El notario nos entregó la escritura.

assistant
inspector
  tax inspector
notary public
  The notary handed us
  the deed.

el **juez**, la **jueza**
  El juez condenó al ladrón.

judge
  The judge sentenced
  the thief.

---

el **abogado**, la **abogada**
el **ingeniero**, la **ingeniera**
  Los ingenieros no saben por qué
  se rompió el **muro del pantano**.

lawyer
engineer
  The engineers don't know
  why the swamp levee broke.

---

el **traductor**, la **traductora**
  Los traductores se tienen que
  defender contra muchos ignorantes.

translator
  Translators have to defend
  themselves against many
  ignorant people.

el, la **intérprete**
  Mi hermana fue intérprete del presidente.

interpreter
  My sister was the president's
  interpreter.

el **bibliotecario**, la **bibliotecaria**

librarian

---

el **médico**, la **médica**
  el **médico de cabecera**
  el **médico de medicina general**
el, la **dentista**
el **farmacéutico**, la **farmacéutica**
  El farmacéutico me dio unas pastillas
  contra el dolor de cabeza.

physician, doctor
  family doctor
  general practitioner
dentist
pharmacist
  The pharmacist gave
  me some tablets for my
  headache.

---

el, la **internista**
el **médico naturista**
el **médico de urgencia**
el **médico rural**
el **médico del seguro** (de enfermedad)

internist
naturopath
emergency room physician
country doctor
doctor participating in a
health-insurance plan

---

el, la **pediatra**	pediatrician
el **otorrino** (**otorrinolaringólogo**),	otorhinolaryngologist,
la **otorrino** (**otorrinolaringóloga**)	ear-nose-throat specialist
el, la **oculista**	oculist, eye doctor
el **cirujano**, la **cirujana**	surgeon
el **enfermero**, la **enfermera**	nurse
el **ginecólogo**, la **ginecóloga**	gynecologist
¿Conoces una buena ginecóloga?	Do you know a good gynecologist?
el **psicólogo**, la **psicóla**	psychologist
Muchos psicólogos argentinos vinieron a España.	Many Argentine psychologists came to Spain.

el **veterinario**, la **veterinaria**	veterinarian
el **labrador**, la **labradora**	farmer
Los labradores no están contentos con la cosecha.	The farmers are not happy with the harvest.
el **pastor**, la **pastora**	shepherd; herdsman
El pastor cuida el rebaño con ayuda de su perro.	The shepherd looks after the herd with the help of his dog.

el **panadero**, la **panadera**	baker
el **pastelero**, la **pastelera**	pastry cook
Los panaderos y los pasteleros venden también los domingos **pan del día**.	Bakers and pastry cooks sell hot bread even on Sundays.
el **carnicero**, la **carnicera**	butcher
el **cocinero**, la **cocinera**	cook
el **vendedor**, la **vendedora**	salesperson
el **dependiente**, la **dependienta** *Esp*	salesperson; clerk
el **peluquero**, la **peluquera**	hairdresser
el **jardinero**, la **jardinera**	gardener
El jardinero está regando las flores.	The gardener is watering the flowers.
el, la **vigilante**	watchman
Todos los bancos tienen vigilantes.	All banks have watchmen.

el, la **detective**	detective
Pepe Carvalho es un detective privado de Brasil.	Pepe Carvalho is a private detective from Brazil.
el **chófer**, **chofer**	driver; chauffeur

el **zapatero**, la **zapatera**	cobbler; shoemaker
El zapatero tendrá las botas para el martes.	The shoemaker will have the boots ready by Tuesday.
el, la **limpiabotas** *pl*	bootblack
En Bogotá muchos niños son limpiabotas.	In Bogota, many children are bootblacks.
el **vendedor ambulante**, la **vendedora ambulante**	street vendor

el **fontanero**, la **fontanera**	plumber
el **plomero**, la **plomera** *Am*	plumber
el **mecánico**, la **mecánica**	mechanic
El mecánico arregló el camión en un momento.	The mechanic repaired the truck very quickly.
el, la **electricista**	electrician

el **joyero**, la **joyera**	jeweler
Ayer asaltaron al joyero de la esquina.	Yesterday the jeweler on the corner was attacked.
el **relojero**, la **relojera**	watchmaker, clockmaker
el **óptico**, la **óptica**	optician
el **fotógrafo**, la **fotógrafa**	photographer
el **fotógrafo de publicidad**	commercial photographer
el **locutor**, la **locutora**	radio announcer or speaker
La **locutora de las noticias** se equivoca mucho.	The news announcer makes mistakes often.

9.4 Work, Working Conditions 42

el **trabajo**	work; job
el **puesto de trabajo**	workplace
trabajar	to work
fijo, fija	fixed; permanent
¿Cuántos empleados fijos hay en la fábrica?	How many permanent employees are there in the factory?

manual El trabajo manual puede ser muy caro.	manual Manual labor can be very expensive.
automático, automática la **jornada** En verano **hacemos jornada intensiva** de 7 a 2 de la tarde.	automatic working day; workday In summer we have a continuous workday from 7 a.m. until 2 p.m.
laborable los **días laborables** **laboral** El abogado **se especializó en** derecho laboral.	workable; working working days labor The lawyer specialized in labor law.
el **turno** El **turno de noche** me es más agradable que el **turno de mañana**.	shift I prefer the night shift to the early shift.
el **trabajo temporero**	seasonal work; temporary work
el **temporero**, la **temporera**	seasonal worker; temporary worker

ganar Trabajamos mucho pero ganamos poco.	to earn We work a lot, but we earn little.
el **jornal** el **salario** Los precios suben más que los salarios.	daily wage salary, wages Prices are rising more than wages.
el **sueldo** ¿Cuánto **cobras de sueldo**?	pay, salary What is your salary?

el **pago** **pendiente** El patrono no ha realizado los **pagos pendientes**.	payment pending; unresolved; unpaid The pending payments have not been paid by the employer.
el **porvenir** Esta actriz tiene un gran porvenir.	(professional) future This actress has a great future.

la **oficina** El trabajo de oficina puede ser muy aburrido.	office Office work can be very boring.
el **personal** Todo el personal de esta empresa está asegurado.	personnel All the personnel in this firm are insured.

el **patrón**, el **patrono** , la **patrona**	boss, employer
el **empleador**, la **empleadora**	employer
el **empleado**, la **empleada**	employee
el **empleo**	employment, job
Estamos buscando empleo desde hace dos años.	We've been looking for a job for two years.
el **(trabajador) autónomo**, la **(trabajadora) autónoma**	self-employed person
el **trabajador**, la **trabajadora por cuenta propia**	self-employed person

el **cargo**	post; position; duty; responsibility
¿Desde cuándo **tiene** usted **este cargo**?	How long have you had this position?
nombrar	to name; to appoint
Nicolás ha sido nombrado Secretario General del Ministerio.	Nicolás has been named Secretary General at the Ministry.
el, la **especialista**	specialist; expert
Los especialistas siguen investigando el origen del virus.	The experts are continuing to research the cause of the virus.
electrónico, **electrónica**	electronic
el **campo**	field
En el campo de la informática hay muchas posibilidades de trabajo.	In the field of information technology, there are many job opportunities.
la **tecnología**	technology
la **instalación**	installation
la **cadena de montaje, de fabricación**	assembly line
El trabajo en cadena es muy monótono.	Working on an assembly line is very monotonous.

jubilado, **jubilada**	retired; on a pension
José tiene sesenta y cinco años y está jubilado.	José is 65 years old and is retired.
la **pensión**	pension
despedir	to fire; to dismiss; to let go; to lay off
¿Por qué los han despedido?	Why were you let go?
el **despido**	dismissal; layoff
El despido puede significar la ruina de una familia.	Job loss can mean the ruin of a family.
el **desempleo**	unemployment

el **paro** *Esp*	unemployment
El **paro juvenil** es un problema actual.	Unemployment among young people is a current problem.
el **parado**, la **parada** *Esp*	unemployed person

el, la **mileurista**	young person making around 1,000 euros a month. (Spain)
el **subsidio de/por desempleo**	unemployment benefits
el **subsidio de paro** *Esp*	unemployment benefits
En España los parados sólo reciben seis meses el subsidio de desempleo.	In Spain, the unemployed receive unemployment benefits for six months only.
la **Oficina de Empleo**	unemployment office
el **seguro de desempleo**	unemployment insurance

la **Seguridad Social**	social security
La Seguridad Social incluye el seguro de enfermedad.	Social security includes health insurance.
solicitar	to apply for; to request
Ana ha solicitado un aumento de sueldo.	Ana has requested a raise.
He solicitado trabajo en la Seat.	I have applied for work at Seat.
la **solidaridad**	solidarity
la **huelga**	strike
explotar	to exploit
la **explotación**	exploitation
el **comité de empresa**	works council
la **comisión interna**	works council
el **sindicato**	union
organizar	to organize
Los sindicatos han organizado para mañana una **huelga general**.	The unions have organized a general strike for tomorrow.

False Friends

Spanish Word	Thematic Meaning	False Friend	Spanish Equivalent
el **cargo**	**post; position**	cargo	la carga
la **carpeta**	**folder; desk pad**	carpet	la alfombra
el **compás**	**pair of compasses**	compass	la brújula
el **jornal**	**daily wage**	journal	la revista
el **turno**	**work shift**	to turn	volver; voltear; torcer

10
Leisure Time, Recreation, Sports, Games

10.1 Leisure Time, Hobbies, and Games 43

divertirse	to have fun, to amuse oneself, to have a good time
¡Que te diviertas!	Have fun!
Raúl no se sabe divertir sin los amigos.	Raúl can't have a good time without his friends.
la **diversión**	entertainment; amusement; fun
divertido, **divertida**	funny; entertaining; amusing
– ¿Cómo fue la fiesta?	"How was the party?"
– Muy divertida.	"Lots of fun."
la **broma**	prank; joke
Es una diversión hacer bromas.	It is fun to make jokes.
Clara hoy **no está para bromas**.	Clara is not in a joking mood today.
el **chiste**	joke
entretenerse	to amuse oneself
Me entretengo navegando por Internet.	I amuse myself by surfing the net.
la **distracción**	pastime; distraction
La mejor distracción para ti es salir con los amigos.	The best pastime for you is to go out with friends.

el **tiempo libre**	free time
¿Qué hace en su tiempo libre?	What do you do in your free time?
el **ocio**	leisure; spare time; pastime
el **crucigrama**	crossword puzzle
En muchas revistas y periódicos hay unas páginas de ocio con crucigramas, sudokus, etc.	In many newspapers and magazines there are some pages with pastimes such as crossword puzzles, sudokus, etc.
distraerse	to amuse oneself
Muchos niños se distraen **viendo la tele**.	Many children amuse themselves by watching TV.

las **vacaciones** *pl*	vacation
la **feria**	fair; trade fair
En las vacaciones del colegio fuimos a la **feria del libro**.	During school vacation we went to the book fair.
La feria de abril de Sevilla es famosa.	The April fair in Seville is famous.

la **verbena** *Esp*	evening party
el **parque de atracciones**	amusement park
Cerca de Tarragona hay un parque de atracciones enorme.	Near Tarragona there is an enormous amusement park.
el **circo**	circus
el **payaso**, la **payasa**	clown
la **corrida de toros**	bullfight
Hoy en día a algunos españoles no les gustan las corridas de toros.	These days some Spaniards dislike bullfights.

salir	to leave; to go out
la **discoteca**	disco(theque)
Hace tiempo que salimos con los amigos a una discoteca.	It's a long time since we went with friends to a disco.

animado, animada	lively, animated
La discoteca **está muy animada** esta noche.	The disco is very lively this evening.
el **pub**	pub
¿Te vienes al pub a tomar una copa?	Will you come to the pub for a drink?

bailar	to dance
¿Quieres bailar?	Would you like to dance?
el **baile**	dance
Durante las fiestas **habrá** todas las noches **baile** en la plaza del pueblo.	During the holidays there will be dances every night in the village square.

la **danza**	(folk) dance
Esta noche vamos a ver **danzas populares**.	This evening we're going to see folk dances.

pasear	to go for a walk; to stroll
Como hace buen tiempo **hemos venido paseando**.	Since the weather is good, we came on foot.
pasearse	to take a walk
En verano mucha gente **se pasea por** la playa.	In summer many people walk on the beach.
el **paseo**	walk
¿Vamos a **dar un paseo**?	Shall we take a walk?
la **vuelta**	walk; stroll; turn
Fui a dar una vuelta por el centro y me encontré a Julieta.	I went for a stroll through the center of town and ran into Julieta.

la **afición**	hobby
el **aficionado**, la **aficionada**	fan; amateur
La próxima semana habrá un concurso para aficionados.	Next week there will be a competition for amateurs.
el **juego**	game

la **muñeca**	doll
Para Navidad ellos quieren muchos juguetes y muñecas.	For Christmas, they want a lot of toys and dolls.
jugar	to play
– ¿ A qué vamos a **jugar**?	"What are we going to play?"
– Pues, **al ajedrez**, ¿no?	"How about chess, all right?"
la **carta**	(playing) card
¿Conocéis un **juego de cartas** divertido?	Do you know an entertaining card game?

la **partida**	round; match
el **ajedrez**	chess
el **dominó**	dominoes
¿Jugamos una **partida de dominó**?	Shall we play a game of dominoes?
la **rayuela**	hopscotch
la **lotería**	lottery
el **sorteo**	raffle
sortear	to raffle
el **casino**	casino (gambling)
Nunca gano nada, ni **jugando a la lotería** ni cuando voy al casino.	I never win anything, either playing the lottery or when I go to the casino.
apostar	to bet
Mucha gente **juega a las cartas** apostando mucho dinero.	Many people bet a lot of money when playing cards.
la **apuesta**	bet; wager
¡Has perdido la apuesta!	You've lost the bet!
la **trampa**	cheating; trick, deceit
¡**No vale hacer trampas**!	Cheating doesn't count!
el **juguete**	toy
el **dado**	die
Ya los romanos **jugaban a los dados**.	Even the Romans used to play dice.

la **fotografía**	photography
la **foto**	photo, picture
La gran afición de mi madre es la fotografía, especialmente **sacarles fotos** a los gatos.	My mother's great hobby is photography, especially photographing cats.

la **cámara (fotográfica)**	camera
¡Me robaron la cámara y la tarjeta de memoria tenía cientos de fotos!	They stole my camera and the memory card had hundreds of photos!
la **cámara digital**	digital camera
la **cámara de cine**	movie camera, camcorder

la **pantalla**	screen
el **zoom**	zoom
el **lente**	lens
la **diapositiva**	slide
la **tarjeta de memoria**	memory card
el **flash**	flash
la **copia**	copy
En cuanto podamos te mandaremos las copias que nos pediste.	As soon as we can, we'll send you the copies you asked for.

la **colección**	collection
Mi abuela tiene una colección de joyas muy valiosas.	My grandmother has a very valuable collection of jewels.
coleccionar	to collect
¿Qué colecciona usted?	What do you collect?
el, la **coleccionista**	collector
Mi cuñado es un coleccionista profesional de sellos.	My brother-in-law is a professional stamp collector.
hacer labores	to do handwork
hacer trabajos manuales	to do (handi)crafts

10.2 Sports 44

el, la **deportista**	athlete, sportsman, sportswoman
deportivo, deportiva	athletic; relating to sport
Durante mis vacaciones **me dedico a actividades deportivas**.	During my vacations I engage in athletic activities.
el **deporte**	sports
– ¿Practicas algún deporte?	"Do you go in for sports?"
– Sí, **juego al tenis**, corro y nado.	"Yes, I play tennis, run, and swim."
practicar	to practice; to go in for
entrenarse	to train
Muchos deportistas se entrenan casi todos los días.	Many athletes train almost daily.
el **entrenamiento**	training

el **entrenador**, la **entrenadora**	trainer; coach
la **disciplina**	discipline

ganar	to win
perder	to lose
Si no hubiesen perdido este partido hubieran ganado la copa.	If we hadn't lost this game, we would have won the cup.
vencer	to defeat
El entrenador no se explica cómo pudieron vencer a su equipo.	The trainer can't understand how they were able to defeat his team.

correr	to run; to race
el **footing**	jogging
Carlos corre muy deprisa cuando **hace footing**.	Carlos runs very fast when he jogs.
la **carrera**	race
Un corredor de 80 años ha ganado la carrera.	An 80-year-old runner won the race.
la **meta**	goal; finish line
Pablo no **estaba en forma** y por eso no llegó a la meta.	Pablo was not in shape and therefore did not reach the finish line.
saltar	to jump
Jamás creí que pudieras saltar tal altura.	I never would have believed that you could jump so high.
el **salto de longitud**	broad jump
el **salto de altura**	high jump
lanzar	to throw

el, la **atleta**	athlete
Los atletas no deberían fumar.	Athletes should not smoke.
el **atletismo**	track-and-field events, athletics
olímpico, olímpica	Olympic
En 1992 los Juegos Olímpicos fueron en Barcelona.	In 1992 the Olympic Games were in Barcelona.
la **Olimpiada**	Olympics
la **gimnasia**	gymnastics
el **gimnasio**	gymnasium
Mi mujer va todas las semanas a **hacer gimnasia** a un gimnasio.	My wife goes to a gym every week to do gymnastics.

boxear	to box
Para boxear se necesitan unos guantes especiales.	To box you need special gloves.
el **boxeador**, la **boxeadora**	boxer

esquiar	to ski
En Sierra Nevada se puede esquiar todo el año.	In the Sierra Nevada you can ski all year long.
la **pista**	course; trail; track; run(way)
En julio se llenan las pistas de esquí en los Andes chilenos y argentinos.	In July the ski runs in the Chilean and Argentinean Andes are full.
el **telesquí**	ski lift
el **esquí**	ski
Antes de irnos a la montaña tienes que comprarte unos esquíes.	Before we go to the mountains, you have to buy skis.
patinar	to skate
los **patines en línea**	inline skates
montar	to ride (horseback)
¿Sabes dónde se puede **montar a caballo** por aquí?	Do you know where one can ride horseback around here?
la **equitación**	riding (horseback); horsemanship
La equitación tiene mucha tradición en Argentina.	Riding has a long tradition in Argentina.
la **caza**	hunting
A veces **vamos de caza** o de pesca para distraernos.	Sometimes we go hunting or fishing for recreation.
En las **reservas naturales** está prohibida la caza.	Hunting is prohibited in the nature reserves.
el **cazador**, la **cazadora**	hunter
cazar	to hunt; to catch
Roberto ha cazado una mosca.	Roberto has caught a fly.
el **coto de caza**	hunting preserve
Este verano los cazadores cazan en el coto de caza de Ciudad Real.	This summer the hunters are hunting in the Ciudad Real hunting preserve.
la **piscina**	swimming pool
la **natación**	swimming
nadar	to swim
El médico me ha recomendado que vaya a la piscina y **practique la natación**.	The doctor recommended that I go to the pool and practice swimming.

el **nadador**, la **nadadora**	swimmer
En los próximos campeonatos van a participar muchos nadadores uruguayos.	In the next championships, many Uruguayan swimmers are going to participate.
bucear	to dive
el **buceador**, la **buceadora**	diver
el **buzo**	diver

participar	to participate, to take part
Miguel no **participa en** el entrenamiento porque se ha dejado el equipo.	Miguel isn't participating in the training because he forgot his sports equipment.
remar	to row
navegar a vela	to sail
el **velero**	sailboat
En verano navegamos a vela en el velero de mi hermano.	In summer we sail on my brother's sailboat.
el **surf**	surfboard; surfing
Ángel tiene un surf desde hace dos años pero todavía no sabe pararse en él.	Ángel has had a surfboard for two years, but he still doesn't know how to stand on it.

el **jugador**, la **jugadora**	player
el **equipo**	team
Nuestro equipo no ganó el partido por culpa del árbitro:	Our team didn't win the game on account of the referee.

el **balonmano**	handball
el **hockey**	hockey
el **baloncesto**	basketball
el **balonvolea**, el **voleibol**	volleyball
el **golf**	golf
En España se juega mucho al golf.	Golf is played a lot in Spain.

el **fútbol**	soccer
el **balompié**	soccer
el **partido**	game
un **partido de fútbol**	soccer game
el, la **hincha**	fan
el **balón**	ball
la **pelota**	ball; Basque game of *pelota*

el, la **futbolista**	soccer player
el **arquero**, la **arquera**	goalkeeper
el **portero**, la **portera**	goalkeeper
el **árbitro**	referee

marcar	to score
el **gol**	goal (in soccer, handball)
¿Cuántos goles metieron?	How many goals have they scored?
la **portería**	goal (box)
el **arco**	goal (box)

empatar	to tie
El Alianza Lima y el Universitario de Deportes **empataron** 2 a 2.	Alianza Lima and Universitario de Deportes played to a 2:2 tie.

el **estadio**	stadium
El público llenó el estadio de Jalisco en Guadalajara.	The public filled the Jalisco Stadium in Guadalajara.

el **campo (deportivo)**	playing field
la **cancha**	playing field

la **pelota**	ball; Basque game of *pelota*
La pelota se juega principalmente en el País Vasco.	*Pelota* is played primarily in the Basque Country.
– ¿Llevas una pelota de tenis?	"Would you have a tennis ball?"
el **tenis**	tennis
la **raqueta**	racquet; paddle

INFO

La raqueta

Raqueta means *racquet* (tennis) and *paddle* (ping-pong), but also (in Spain) *traffic circle*, *traffic rotary*.

Ana rompió la raqueta de tenis jugando.	*Ana broke the tennis racquet while playing.*
En la próxima raqueta podemos dar la vuelta.	*We can turn around at the next traffic circle.*

el **ciclismo**	cycling
La **carrera de ciclismo** española más importante es la Vuelta a España.	The most important Spanish bike race is the Vuelta a España.
el, la **ciclista**	cyclist

la **competición**	competition; race
Las **competiciones de motos** se celebran en Jerez de la Frontera.	Motorcycle races are held in Jerez de la Frontera.

el **campeonato** ¿Cuándo son los próximos campeonatos de atletismo?	championship When are the next track-and-field championships?
el **campeón**, la **campeona** ¿Quién es el actual campeón del mundo de baloncesto?	champion Who is the current champion in basketball?
el **récord** El nuevo campeón del mundo **ha batido el récord** por dos segundos.	record The new champion broke the record by two seconds.

10.3 Theater, Film 45

el **programa** ¿Tiene el programa de teatro y ópera del mes que viene?	program Do you have the theater and opera program for next month?
el **teatro** Pedí ayer las entradas del teatro para no **hacer cola** después.	theater I ordered the theater tickets yesterday to avoid having to stand in line later.
hacer teatro la **obra de teatro**	to go on the stage play (stage); drama
la **compañía (de teatro)** la **representación**	ensemble, theater troupe presentation
el **espectáculo** ¿**A qué hora** empieza el espectáculo?	show; performance; play When does the performance begin?
la **pieza** A Mercedes le encantó la representación de esta pieza.	play (stage) Mercedes was enthusiastic about the staging of this play.
el **escenario** La decoración del escenario era sorprendente.	stage; (theater) scenery The set decoration was amazing.
la **escenografía**	scenography
el **telón** sube el telón	drop curtain The curtain rises.
el **entreacto** En el entreacto me tomo un vaso de vino.	intermission I drink a glass of wine during the intermission.
el **papel**	role

el **ensayo** Como los actores **están de vacaciones** no habrá ensayos hasta septiembre.	rehearsal Since the actors are on vacation, there will be no rehearsals until September.
el **acto**	act

el **público** **aplaudir** El público aplaudió mucho en el estreno.	audience to applaud The audience applauded the premiere with enthusiasm.
el **aplauso** Al final del tercer acto hubo muchos aplausos para la compañía.	applause At the end of the third act there was great applause for the cast.
silbar	to hiss; to boo

la **comedia** Lope de Vega escribió muchísimas comedias.	comedy Lope de Vega wrote a great many comedies.
la **tragedia**	tragedy
trágico, trágica	tragic
cómico, cómica A Tomás le encantan las películas cómicas de los hermanos Marx.	comic; funny Tomás likes the comic films of the Marx Brothers.
la **zarzuela** La zarzuela es un género de teatro musical típico de España.	zarzuela (Spanish musical comedy) The zarzuela is a typical Spanish form of musical comedy.

el **cine** ¿Qué película **ponen en el cine**?	movie theater; movie; moving picture What's playing at the movie theater?
el **productor**, la **productora**	producer
el **director**, la **directora** No nos gustó la interpretación de la obra que ofreció el director.	director We didn't like the interpretation of the work offered by the director.
la **película** Antes nos gustaban mucho las **películas de vaqueros**.	film (movie, TV) We used to like Westerns a lot.
la **escena** La última escena de la película fue muy emocionante.	scene The last scene of the film was very thrilling.
el **actor**, la **actriz** ¿Cuál es tu actor preferido?	actor, actress Who is your favorite actor?

actuar
¿Te acuerdas del chico que actuó de malo en la película?

to play
Do you remember the kid who played the bad guy in the movie?

---

la **estrella**
¿Conoces alguna estrella del cine español?

star
Do you know any Spanish movie star?

representar
¿Quién representa el papel de Don Juan Tenorio?

to play; to portray
Who plays the role of Don Juan Tenorio?

interpretar

to interpret

---

el **festival**
En Buenos Aires se celebra el Festival Internacional de Cine Independiente (BAFICI).

festival
The International Independent Film Festival is held in Buenos Aires.

la **fama**
La fama es para quien la gana. *refrán*

fame
Fame is for those who earn it.

el **moderador**, la **moderadora**

moderator

el **concurso**
El teatro está en quiebra y no habrá concurso de actores.
Los candidatos no participaron en el concurso.

casting; contest
The theater is bankrupt and there will be no casting.
The candidates did not participate in the contest.

el **serial**

serial

el **episodio**

episode

la **telenovela**
Los seriales y las telenovelas tienen muchos episodios.

soap opera
Serials and soap operas have many episodes.

---

la **cola**
Tuve que hacer cola para sacar las entradas.

line (waiting)
I had to stand on line to get the tickets.

la **entrada**
¿Ya **has sacado las entradas**?

admission ticket
Have you bought the tickets yet?

el **boleto** *Am*

ticket of admission

agotado, agotada

sold out

la **taquilla**
Tenemos que **estar a tiempo** en el cine porque habrá cola en la taquilla.

box office (movie, theater)
We have to be at the movie theater on time, because there'll be a line at the box office.

---

la **butaca**
Deme dos butacas.

orchestra seat
Give me two orchestra seats.

la **fila**

row

el **palco**

box (theater), loge

---

la **pantalla**	screen
Años atrás usaban a veces paredes blancas como pantallas.	Years ago they sometimes would use white walls as screens.
la **sesión**	showing (movie)
En los cines de barrio hay **sesión continua**.	Neighborhood movie theaters have continuous showings.

la **cartelera**	entertainment listing
el **estreno**	premiere
la **función**	presentation (theater, film)
Esta tarde habrá una **función para niños**.	This afternoon there'll be a children's show.
el **descanso**	break, pause; intermission
En el descanso te compraré caramelos.	During the intermission I'll buy you candy.
la **pausa**	pause; interval

10.4 Parties and Celebrations 46

la **fiesta**	party; festivity; holiday
Esta noche nos vamos de fiesta.	Tonight we'll go partying.
celebrar	to celebrate
¿Cuándo celebramos tu éxito?	When will we celebrate your hit?
Lo celebro mucho por ti.	I'm very happy for you.
la **costumbre**	custom
la **tradición**	tradition
tradicional	traditional
el **Patrono**, la **Patrona**	patron saint
Muchas fiestas españolas se celebran el **día del Patrono** de la ciudad o del pueblo.	Many Spanish holidays are celebrated on the day of the patron saint of the town or village.

el **santo**	name day
el **cumpleaños**	birthday
¡Feliz cumpleaños!	Happy Birthday!
En España se celebra más el santo que el cumpleaños.	In Spain, the name day is celebrated more than the birthday.
el **aniversario**	anniversary
¿Dónde celebraron su **aniversario de boda**?	Where did you celebrate your wedding anniversary?

la **Navidad**

¡Feliz Navidad!, ¡Felices Navidades!

(la) **Nochebuena**

El pino decorado se ha convertido
en un símbolo universal de la Navidad.

los **Reyes Magos**

En algunos países hispanohablantes
el día de Reyes se dan los regalos.

Año Nuevo

¡Feliz Año Nuevo!

(la) **Nochevieja**

Cuando **suenan las doce** de la noche
en Nochevieja los españoles toman doce
uvas para tener suerte en el Año Nuevo.

(la) **Semana Santa**

la **procesión**

Las procesiones de Semana Santa
en Sevilla son famosas.

(la) **Pascua**

Pentecostés

– ¿Cuándo es Pentecostés?
– No tengo ni idea, pero es después
de Pascua, ¿no?

---

el **carnaval**

San Juan

Inti Raymi

Inti Raymi, la fiesta del Sol, se celebra
en la ciudad peruana de Cuzco.

El Día de Muertos

El Día de Muertos es la fiesta popular
más importante de México.

---

el **torero**, la **torera**

la **corrida de toros**

¿Ya ha estado usted alguna vez en
una corrida?

el **matador**

popular

Muchas corridas de toros se hacen
durante las fiestas populares de cada
ciudad o región.

Christmas

Merry Christmas!

Christmas Eve

The decorated pine tree has
become a universal symbol
of Christmas.

Epiphany; Three Wise Men

In some Spanish-speaking
countries, gifts are given at
Epiphany.

New Year

Happy New Year!

New Year's Eve

When it strikes 12 on New
Year's Eve, Spaniards eat
12 grapes in order to have
good luck in the new year.

Holy Week

procession

The Holy Week processions
in Seville are famous.

Easter

Pentecost

"When is Pentecost?"
"I have no idea, but I think
it's after Easter, isn't it?"

---

carnival; Mardi Gras season

St. John; Midsummer Day

Inti Raymi

Inti Raymi, the Feast of the
Sun, is celebrated in the
Peruvian city of Cuzco.

The Day of the Dead

The Day of the Dead is
Mexico's most important
popular holiday.

---

bullfighter

bullfight

Have you ever been to a
bullfight?

bullfighter; matador

popular

Many bullfights are held
during the public festivals
of each city or region.

False Friends

Spanish Word	Thematic Meaning	False Friend	Spanish Equivalent
el balón	**(soccer) ball**	balloon	el globo
el fútbol	**soccer**	football	el fútbol americano
el salto	**jump**	salt	la sal
la trampa	**cheating**	tramp	el vagabundo

My Vocabulary

_____

_____

_____

_____

_____

_____

_____

_____

_____

_____

_____

_____

_____

_____

_____

_____

_____

_____

_____

_____

_____

_____

_____

11

Travel and Tourism

11.1 Travel and Making Travel Preparations 47

el **viaje**	trip; travel; journey; voyage
¿Adónde **nos vamos de viaje** este verano?	Where shall we take a trip this summer?
¡Buen viaje!	Have a good trip!; Bon Voyage!
el **pasaje** *Am*	fare; ticket
viajar	to travel
Beatriz ha viajado para ver distintas culturas.	Beatriz has traveled in order to see different cultures.
el **viajero**, la **viajera**	traveler; passenger
Señores viajeros del **vuelo con destino** a Cartagena, diríjanse a la puerta B.	Passengers on the flight to Cartagena, please go to Gate B.

la **agencia de viajes**	travel agency
Mientras **haces las maletas** voy a imprimir los billetes.	While you pack the bags, I'm going to print the tickets.
el **prospecto**	brochure
¿Tienen nuevos prospectos sobre viajes a la Isla Margarita?	Do you have new brochures on trips to Margarita Island?

el **folleto**	brochure
En este folleto se anuncian viajes muy económicos.	Very economical trips are offered in this brochure.

reservar	to reserve, to book
Quisiéramos reservar dos habitaciones individuales.	We'd like to reserve two single rooms.

anular	to cancel
He anulado el viaje a Quito.	I've canceled the trip to Quito.
el **preparativo**	preparation
Todavía no **hemos hecho los preparativos** para el viaje.	We haven't made preparations for our trip yet.

las **vacaciones**	vacation
¿Adónde **te vas en vacaciones**?	Where are you going on vacation?

la **temporada**	season
La última **temporada turística** ha sido fatal.	The last season was miserable.

la **temporada alta**	high season
la **temporada baja**	off season

el **equipaje**	baggage, luggage
Cuando vamos de vacaciones siempre llevamos demasiado equipaje.	When we go on vacation, we always take too much luggage.
la **maleta**	suitcase
la **valija** *Am*	suitcase
el **bolso**	handbag

la **mochila**	backpack
Paco viaja sólo con una mochila.	Paco travels with only a backpack.
el **mochilero**, la **mochilera**	backpacker
En este pueblo no hay hostales para mochileros.	There are no guesthouses for backpackers in this town.
la **aventura**	adventure
Nuestro viaje a Cuba fue realmente una aventura.	Our trip to Cuba was really an adventure.

la **salida**	departure
la **llegada**	arrival
¿A qué hora esperan la llegada del vuelo de Vigo?	What time do you expect the arrival of the flight from Vigo?
el **retraso**	delay
El tren llegó con dos horas de retraso.	The train arrived two hours late.
visitar	to visit
Me gustaría visitar Panamá.	I would like to visit Panama.

partir	to leave; to depart
Antes de partir, no se olviden de despedirse.	Before you leave, don't forget to say good-bye.
el **regreso**	return
Al regreso de Cuba me encontré a Ricardo en el aeropuerto.	When returning from Cuba, I ran into Ricardo at the airport.
contemplar	to look at; to view
Contemplé el volcán Popocatépetl en México.	I looked at the Popocatépetl Volcano in Mexico.
el **panorama**	panorama
exótico, **exótica**	exotic
un panorama exótico	an exotic panorama
recorrer	to travel (in or over)
Este año voy a recorrer Ecuador y Perú.	This year I'm going to travel in Ecuador and Peru.

disfrutar (de)	to enjoy
Los señores Cornello disfrutaron de sus vacaciones.	The Cornellos enjoyed their vacation.
el, la **guía**	(tour, tourist) guide
En el Prado una guía nos explicó los cuadros de Velázquez.	In the Prado, the guide explained Velázquez's paintings to us.
la **guía**	travel guide(book)
En esta guía no se dice nada sobre el origen de Machu Picchu.	In this guidebook, nothing is said about the origin of Machu Picchu.
ocupado, ocupada	occupied
El guía **está muy ocupado con** los preparativos para la excursión.	The guide is very occupied with the preparations for the excursion.
el **plano**	map
Los museos están indicados en el plano.	The museums are marked on the map.
perderse	to lose one's way, to get lost
Doña Carlota se perdió por las calles de Caracas porque no llevaba un plano.	Doña Carlota got lost in the streets of Caracas because she didn't carry a map.
guiarse	to follow
Te puedes guiar por las indicaciones y llegarás muy rápido.	You can follow the directions and you'll get there very quickly.
el **mapa**	map
¿Nos puede indicar en el mapa si vamos bien para Potosí?	Can you show us on the map whether we are on the right road to Potosi?
la **ruta**	route, way
el **autostop**	hitchhiking
Viajar en autostop puede ser peligroso.	Hitchhiking can be dangerous.
el **área de servicio** f	service area; rest stop
el **servicio**	toilet; restroom
¿Dónde está el **servicio de señoras**?	Where is the women's restroom?
la **excursión**	excursion, outing
impresionante	impressive
satisfecho, satisfecha	satisfied, pleased
Estamos muy satisfechos con el servicio.	We're very satisfied with the service.

el **recuerdo**
Miguel nos trajo un recuerdo de Guatemala.

souvenir, memento
Miguel brought us a souvenir from Guatemala.

---

la **oficina de turismo**
En las oficinas de turismo se puede informar sobre excursiones, hoteles y precios.

tourist (information) office
In the tourist offices you can get information about excursions, hotels, and prices.

---

el, la **turista**
Hay turistas que no saben comportarse en el extranjero.

tourist
There are tourists who don't know how to behave abroad.

turístico, turística
Puerto Rico es un **centro turístico** muy importante.

touristic
Puerto Rico is a very important tourist center.

el **turismo**
El turismo ha creado muchos problemas en España.

tourism
Tourism has created many problems in Spain.

el **agroturismo**

vacation on a farm

---

el **Documento Nacional de Identidad (DNI)**
el **pasaporte**
En viajes a Hispanoamérica se recomienda llevar el pasaporte con los visados necesarios.

National Identification
passport
On trips to Spanish America, it's recommended to carry a passport with all the required visas.

el **visado**
Para algunos países es necesario tener un visado.

visa
For some countries it's necessary to have a visa.

la **visa** Am

visa

---

la **aduana**
declarar
¿Tiene algo que declarar?

custom house, customs
to declare
Do you have anything to declare?

el **aduanero**, la **aduanera**
El aduanero registró las maletas.

customs official
The customs official inspected the bags.

la **frontera**

border, frontier

---

controlar
el **control**
En el control de seguridad **controlaron si llevábamos armas**.

to check; to control
check; control; inspection
During the security check they checked to see if we were carrying weapons.

la **ficha**
Rellene la ficha indicando sus datos personales.

form
Fill out the form with your personal data.

forastero, forastera

foreign; foreigner

11.2 Accommodations 48

el **hotel**	hotel

la **estrella**	star
¿Cuántas estrellas tiene este hotel?	How many stars does this hotel have?
el **confort**	comfort; convenience
el **ascensor**	elevator
¿Hay ascensor en el hotel?	Is there an elevator in this hotel?

encontrar	to find
Al final encontramos un hotel magnífico.	Finally we found a wonderful hotel.
Como soy forastera no encuentro el camino al hotel.	Since I'm a stranger here, I can't find the way to the hotel.

el **alojamiento**	accommodation; lodging
alojar	to accommodate
alojarse	to stay; to be accommodated
¿En qué hotel se aloja usted?	What hotel are you staying in?
la **estancia**	stay
¿Cuánto tiempo va a durar su estancia aquí?	How long will you be staying here?
la **estadía** *Am*	stay

la **pensión**	pension, small private hotel; boardinghouse
el **hostal**	inn; moderately priced hotel (Spain)
Las pensiones son más baratas que los hoteles y los hostales.	Small private hotels are cheaper than hotels and inns.

la **fonda**	inn; modest hotel
el **albergue juvenil**	youth hostel
¿Sabes dónde hay un albergue juvenil aquí?	Do you know where there's a youth hostel near here?
el **parador nacional**	state-run Spanish hotel

la **recepción**	reception desk

el, la **recepcionista**	receptionist
despertar	to wake
¿A qué hora desean que les despierte?	What time do you want to be wakened?
el **huésped**	guest
el **mozo**	hotel page; porter
Le he dado una propina al mozo por haberme subido el equipaje a la habitación.	I tipped the page for having brought the baggage to the room.

la **habitación**	room
Su habitación está en el tercer piso.	Your room is on the third floor.
individual	single
Quisiera una **habitación individual** con ducha o baño.	I would like a single room with shower or bath.
doble	double
Quisiera una **habitación doble**.	I would like a double room.
completo, completa	full
La receptionista nos dijo que el hotel estaba completo.	The receptionist told us that the hotel was full.
media pensión	half board
pensión completa	full board
¿Cuánto cuesta una habitación doble con pensión completa?	What is the price of a double room with full board?
libre	vacant
ocupado, ocupada	occupied
– ¿Tienen ustedes una habitación libre?	"Do you have a vacant room?"
– No, todas las habitaciones están ocupadas.	"No, all the rooms are occupied."

la **reserva**	reservation (hotel)
¿Los señores tienen reserva?	Do you have a reservation?

reservado, reservada	reserved; booked
Lo sentimos mucho pero todos los apartamentos están reservados.	I'm sorry, but all the apartments are booked.

el **formulario**	form
rellenar	to fill out
Por favor, rellene el formulario.	Please fill out the form.
deletrear	to spell
¿Cómo se escribe su nombre? ¿Puede deletreármelo?	How is your name spelled? Can you spell it for me?

acampar	to go camping, to camp out
Todas las primaveras acampamos un fin de semana en la costa.	Every spring we go camping on the coast one weekend.
el **camping**	camping; campground
la **tienda de campaña**	tent
¿Se pueden alquilar tiendas de campaña en este camping?	Can you rent tents in this campground?
la **carpa** *Am*	tent
la **caravana** *Esp*	camper, camping van
la **casa rodante**	camper, camping van
el **saco de dormir**	sleeping bag

11.3 Sights of Interest 49

situado, situada	situated, located
Caracas **está situada en** la costa caribeña.	Caracas is located on the Caribbean coast.
el **centro**	center of town
En el centro de Santiago está el ayuntamiento.	The town hall is in the center of Santiago.
el **monumento**	monument
El barrio histórico de Toledo es un monumento.	The old quarter of Toledo is a historical monument.
el **museo**	museum
En Madrid debes visitar los museos y palacios.	You ought to visit the museums and palaces in Madrid.
la **catedral**	cathedral
La catedral Metropolitana de México es la más grande de Latinoamerica.	The Metropolitan Cathedral of Mexico is the biggest church in Latin America.
la **mezquita**	mosque
La mezquita de Córdoba y la Alhambra de Granada son monumentos importantes de la cultura árabe.	The Mosque of Cordoba and the Alhambra in Granada are important monuments of Arab culture.
el **(parque/jardín) zoológico**	zoo

el **estanque**	pond
El estanque del Retiro es muy bonito.	The pond in Retiro Park is very pretty.
la **glorieta**	arbor, summerhouse; circular flower bed
En Valencia hay glorietas con fuentes muy interesantes.	In Valencia there are circular flower beds with very interesting fountains.
el **palacio**	palace
¿En qué palacio viven los Reyes ahora?	In which palace do the kings live now?
la **fuente**	fountain
La Plaza del Congreso en Buenos Aires tiene una fuente muy grande.	The Plaza del Congreso in Buenos Aires has a very large fountain.
el **castillo**	castle
Castilla significa "tierra de castillos".	*Castilla* (Castile) means land of castles.
el **alcázar**	fortress
El Alcázar de Toledo fue destruido durante la Guerra Civil.	The Fortress of Toledo was destroyed during the civil war.
la **muralla**	fortress walls; city walls
En Ávila se conservan las murallas de la ciudad.	In Avila the city walls have been preserved.
el **molino de viento**	windmill
En Castilla se pueden visitar molinos de viento.	In Castile you can visit windmills.
la **ruina**	ruin
habitado, habitada	inhabited
Estas ruinas fueron habitadas por los aztecas.	These ruins were inhabited by the Aztecs.
el **acueducto**	aqueduct
El acueducto de Segovia fue construido por los romanos.	The Aqueduct of Segovia was built by the Romans.
el, la **visitante**	visitor
la **visita**	visit
recomendable	recommended
Una visita al museo de Dalí en Figueras es recomendable.	A visit to the Dalí Museum in Figueras is recommended.

False Friends

Spanish Word	Thematic Meaning	False Friend	Spanish Equivalent
la maleta	**suitcase**	mallet	el mazo
el servicio	**toilet**	service (customer)	la asistencia técnica

My Vocabulary

_____

_____

_____

_____

_____

_____

_____

_____

_____

_____

_____

_____

_____

_____

_____

12

Visual Arts, Music, Literature

12.1 Visual Arts 50

el **arte**	art

estético, estética	aesthetic
abstracto, abstracta	abstract
realista	realistic
figurativo, figurativa	figurative

la **exposición**	exhibition
En el Centro Reina Sofía de Madrid se organizan exposiciones de arte.	Art exhibitions are held in Madrid's Reina Sofía Center.

contemporáneo, contemporánea	contemporary
El Instituto de Arte Moderno (IVAM) en Valencia tiene como objetivo investigar arte del siglo XX.	The Modern Art Institute in Valencia aims to research the art of the twentieth century.

exponer	to exhibit
¿Ya has expuesto tus últimos cuadros?	Have you exhibited your latest paintings yet?
la **galería**	gallery
¿Me acompañas a la exposición de mi tío en la galería?	Will you come with me to my uncle's exhibition at the gallery?

restaurar	to restore

el, la **artista**	artist
Mi abuelo era artista desconocido.	My grandfather was an unknown artist.
el **crítico**, la **crítica**	critic
A veces los críticos no saben lo que están criticando.	Sometimes the critics don't know what they are criticizing.

el **pintor**, la **pintora**	painter
pintar	to paint

INFO

Pintar

Pintar is used both for painting pictures and for painting walls of houses.

Nuestro tío es pintor, pero no pinta casas.	*Our uncle is a painter, but he doesn't paint houses.*

dibujar	to draw
Paco dibuja panoramas de ciudades.	Paco draws views of the city.
el, la **dibujante**	draftsman; drafter
Los dibujantes trabajan con lápiz y carbón.	Drafters work with pencil and charcoal.
el **diseño**	design; sketch; outline
diseñar	to design
Paco diseña trajes de baño.	Paco designs bathing suits.
la **gráfica**	artwork; print; layout
Esta gráfica está hecha con la computadora.	This print was made with the computer.
el **cartel**	poster
¡Carteles, no!	Post no bills!
En el dormitorio tengo un **cartel de toros**.	In my bedroom I have a bullfight poster.
el **cuadro**	painting; picture
Colgaré un cuadro de Frida Kahlo en la sala.	I'll hang a painting by Frida Kahlo in the living room.
el **retrato**	portrait
¿Han visto el retrato de mi primo?	Have you seen my cousin's portrait?
el **autorretrato**	self-portrait
la **acuarela**	watercolor
el **óleo**	oil painting
Me parece más difícil pintar óleos que acuarelas.	It seems more difficult to me to do oils than watercolors.
la **pintada**	(political) graffiti
He visto unas pintadas antiamericanas.	I have seen some anti-American graffiti.
el **original**	original
En El Escorial hay varios originales de El Greco.	In El Escorial there are several originals by El Greco.
la **reproducción**	reproduction
Luisa se ha comprado una reproducción de un cuadro de Velázquez.	Luisa has bought a reproduction of a painting by Velázquez.
el **modelo**	model
Gala fue la mujer y modelo de Dalí.	Gala was Dalí's wife and model.
la **inspiración**	inspiration

el **escultor**, la **escultora**	sculptor, sculptress
la **escultura**	sculpture
En Colombia pueden verse algunas esculturas de Botero.	In Colombia you can see some sculptures by Botero.
la **estatua**	statue
En la Avenida de los Insurgentes está la estatua de Cuauhtémoc.	The statue of Cuauhtémoc is at the Avenida de los Insurgentes.

mudéjar	Mudejar
Los musulmanes en territorio cristiano, mudéjares, crearon el arte mudéjar.	The *mudéjares*, Muslims who lived in Christian territory, created Mudejar art.
románico, románica	Romanesque
En Barcelona hay una capilla románica en la plaza del Padró.	In Barcelona there is a Romanesque chapel at the Plaza del Padró.
el **Renacimiento**	Renaissance
barroco, barroca	Baroque
impresionista	impressionist
el **impresionismo**	Impressionism
expresionista	expressionist
el **expresionismo**	Expressionism
cubista	cubist
el **cubismo**	Cubism
surrealista	surrealist
el **surrealismo**	Surrealism

12.2 Music and Dance 51

la **música**	music
el **músico**, la **música**	musician
El gran músico Manuel de Falla nació en Cádiz.	The great musician Manuel de Falla was born in Cadiz.

la **música pop**	pop music
el **pop**	pop
el **jazz**	jazz
el **rock**	rock
el **rap**	rap
el **hip-hop**	hip-hop

la **banda** (de música)	band (musical)

la **orquesta** Antes todos los domingos tocaba una orquesta en el parque.	orchestra At one time, an orchestra played at the park every Sunday.
popular A mis padres les encanta la música popular.	popular; folk Folk music fascinates my parents.
el **conjunto** ¿Sabes qué conjunto toca esta noche?	group (dance); group (music) Do you know which group is dancing tonight?

tocar ¿Tocas en la banda de música de tu pueblo?	to play, to make music Do you play in your village band?
el **instrumento**	instrument (musical)
la **guitarra**	guitar
la **batería**	drums; percussion instruments
el **tambor**	drum
el **cajón**	drum (made out of a box)

INFO

Contemporary music

Nueva canción (New Song) is a Latin American music genre that emphasizes social progressive themes and social commentary along influences of the troubadour tradition and singer-songwriter confessionalism.

Música tejana (Tejano music) can be categorized as a blend of country music, rock, and R&B born in Texas and performed in both Spanish and English with a variety of cultural influences.

Reggaetón (Reggaeton) blends Jamaican musical influences of reggae and Latin American music, such as Puerto Rican *bomba* and *plena*, as well as American hip hop and rap.

el **piano**	piano
el **piano de cola**	grand piano
el **órgano**	organ
el **saxofón**	saxophone

la **trompeta**	trumpet
el **siku, sicu**	Andean panpipes
la **quena**	reed flute
la **flauta**	flute
el **violín**	violin
el **violonchelo**	(violin) cello
el **contrabajo**	bass fiddle
el **arpa** *f*	harp

el **sonido**	sound
Tu guitarra tiene buen sonido.	Your guitar has a good sound.
el **tono**	tone; tune; key
Siempre que toco el violín **me equivoco de tono**.	Whenever I play the violin, I get the key wrong.
la **nota**	note (musical)
el **compositor**, la **compositora**	composer
la **composición**	composition
componer	to compose
Granados compuso muchos conciertos para piano.	Granados composed many piano concerts.
la **melodía**	melody
Esa melodía es muy bonita.	This melody is very pretty.
el, la **cantante**	singer
¿Han oído a la cantante Julieta Venegas?	Have you heard the singer Julieta Venegas?
la **canción**	song
Muchas canciones indígenas son muy tristes.	Many aboriginal songs are very sad.
cantar	to sing
En clase no cantamos nunca canciones bonitas.	We never sing beautiful songs in class.
el **canto**	singing
A mi padre le gusta el canto de coros.	My father enjoys choral singing.
el **coro**	choir
la **nana**	lullaby
el **concierto**	concert
El verano pasado fuimos a un concierto de música clásica.	Last summer we went to a concert of classical music.
clásico, clásica	classical
moderno, moderna	modern
el **director de orquesta**, la **directora de orquesta**	orchestra director
Muchos directores son también compositores.	Many directors are also composers.
la **gira**	tour
El útimo año **estuvimos de gira** por todo el mundo con el grupo.	Last year we were on a world tour with the band.

el **deuvedé** *Esp*	DVD
el **devedé** *Am*	DVD
el **CD**, el **compact disc**	CD, compact disc
Este tocadiscos sólo toca CDs, no toca devedés.	This CD player plays CDs only; it does not play DVDs.
el **empetrés**	MP3
el **tocadiscos** *sg*	CD player
el **casetero**	cassette player
Este casetero ya es histórico.	This cassette player is already historical.
el/la **casete**	cassette
la **cinta**	tape; cassette
el **magnetófono**	tape recorder
Jorge cambió su magnetófono por un tocadiscos compacto.	Jorge exchanged his tape recorder for a CD player.
grabar	to record
Como no tenía ningún **CD virgen** no te pude grabar el álbum.	Since I didn't have a blank CD, I couldn't record the album.
la **grabación**	recording

el **micrófono**	microphone

el **bailarín**, la **bailarina**	dancer (ballet), ballerina
el **bailaor**, la **bailaora** *Esp*	flamenco dancer
el **flamenco**	flamenco (music, dancing, singing)
Antonio **está enamorado de** una **bailaora de flamenco**.	Antonio is in love with a flamenco dancer.
El flamenco puede ser tanto triste como alegre.	Flamenco can be both sad and happy.

las **castañuelas**	castanets
– ¿Tocas algún instrumento?	"Do you play an instrument?"
– Sí, **toco la guitarra**, el piano, la flauta, el violín, la batería y las castañuelas.	"Yes, I play the guitar, piano, flute, violin, drums, and castanets."

el **tango**	tango
la **salsa**	salsa
el **ritmo**	rhythm

la **ópera**
  Nunca fui a la ópera.
	opera
	  I've never been to the
	  opera.

la **opereta**	operetta

la **zarzuela**
  La zarzuela es un género de teatro
  musical típico de España.
	zarzuela
	  The *zarzuela* is a typically
	  Spanish form of musical
	  comedy.

el **musical**	musical
la **cueca**	cueca (Chilean folk dance)

12.3 Literature   52

la **cultura**
  La cultura latinoamericana tiene
  orígenes hispanos.
cultural
  En Barcelona hay actividades culturales
  muy importantes.
	culture
	  Latin American culture has
	  Hispanic origins.
	cultural
	  In Barcelona there are very
	  important cultural activities.

el **patrimonio**
  El patrimonio literario catalán es muy rico.
	heritage
	  The literary heritage of
	  Catalonia is very rich.

la **literatura**
  La literatura española empieza en el
  siglo XII con *El Cantar de Mío Cid*.
	literature
	  Spanish literature begins in
	  the twelfth century with
	  El Cantar del Mío Cid.

literario, literaria
  El Quijote es la obra literaria española
  más conocida.
	literary
	  Don Quijote is the best-
	  known work of Spanish
	  literature.

el **autor**, la **autora**
  – ¿Cómo se llama la autora de este
  poema?
  – Es la famosa poetisa Gabriela Mistral.
	author; writer
	  "What is the name of the
	  author of that book?"
	  "She's the famous poetess
	  Gabriela Mistral."

el **escritor**, la **escritora**	writer
el, la **novelista**	novelist

el **poeta**, la **poetisa**
  Rubén Darío fue un gran poeta
  nicaragüense.
	poet, poetess
	  Rubén Darío was a great
	  Nicaraguan poet.

escribir	to write
– ¿Quién escribió *La casa verde*?	"Who wrote *The Green House*?"
– Mario Vargas Llosa.	"Mario Vargas Llosa."
la **crítica**	critics
La crítica apreció esta obra.	The critics praised this work.

célebre	celebrated; famous
Borges fue un escritor célebre.	Borges was a celebrated writer.

el **género**	genre
la **prosa**	prose

la **novela**	novel
¿**Por qué capítulo vas** de esa novela?	What chapter of the novel are you on now?
la **novela de aventuras**	adventure novel
la **novela policíaca**	crime novel
Me encantan las **novelas de detectives** y **las policíacas**.	I'm fascinated by crime and detective novels.
la **novela de ciencia-ficción**	science fiction novel
la **novela histórica**	historical novel
el **cuento**	story; take; novella
Cuéntame un **cuento de hadas**.	Tell me a fairy tale.

el **relato**	tale; story
la **leyenda**	tale; legend
Existen muchas leyendas sobre La Malinche.	There are many legends about La Malinche.
el **poema**	poem
la **poesía**	poetry
el **verso**	verse
la **estrofa**	strophe
la **rima**	rhyme
Los versos que habéis escrito no **tienen rima**.	The verses you wrote don't rhyme.

la **comedia**	comedy
la **tragedia**	tragedy

el **dramaturgo**, la **dramaturga** Valle-Inclán y García Lorca son dramaturgos muy famosos.	playwright Valle-Inclán and García Lorca are very famous playwrights.
la **obra de teatro**	stage play
la **interpretación**	interpretation
el **acto**	act
la **escena**	scene
la **indicación del director**	stage direction, producer's direction
la **acotación**	stage direction

el **título**	title
el **comienzo**	beginning
el **final** Esta novela tiene un **final feliz**.	ending This novel has a happy ending.

el **argumento** Creo que no has entendido el argumento de la novela.	plot I think you didn't understand the plot of the novel.

el **personaje** A Juan le gustó mucho el personaje del detective.	figure, character, personage Juan liked the character of the detective a great deal.
el, la **protagonista**	protagonist

el **actor secundario**	secondary figure
el **diálogo** Franco prefiere cuentos con poco diálogo.	dialogue Franco prefers stories with little dialogue.
el **monólogo**	monologue

el **texto**	text

la **estructura** En el examen tuvimos que analizar la estructura de un cuento.	structure On the exam we had to analyze the structure of a story.
la **introducción** Aún tenemos que escribir la introducción de este libro.	introduction We still have to write the introduction to this book.
la **frase** Mañana tengo que entregar el resumen de este libro y todavía no he escrito ni una frase.	sentence, phrase Tomorrow I must submit the summary of this book and I still haven't written a single sentence.

el **párrafo**
    ¿Puedes traducir el primer párrafo
    de este texto?
el **capítulo**
la **cita**
    En este ensayo no has marcado las citas.

el **resumen**
resumir
la **sinopsis**
la **reseña**
el **esquema**

paragraph
    Can you translate the first
    paragraph of this text?
chapter
quotation
    In this essay, you didn't
    mark the quotations.

summary
to summarize
synopsis
outline; sketch
plan; outline

---

el **estilo**
    Cervantes tiene un estilo muy claro.

style
    Cervantes has a very clear
    style.

---

el **romanticismo**
    Esteban Echeverría es un autor del
    romanticismo argentino.

el **romancero**

    El romancero es un género literario
    de tradición popular.

romanticism
    Esteban Echeverría is an
    author of Argentinean
    romanticism.
romance; collection of
romances or ballads
    The romance is a literary
    genre from folk tradition.

False Friends

Spanish Word	Thematic Meaning	False Friend	Spanish Equivalent
la cita	**quotation**	city	ciudad
el coro	**choir**	core	centro, núcleo
el relato	**tale, story**	to relate	relatar, referir

My Vocabulary

13

History, Religion

13.1 History 53

la **historia** La *Historia de España* del historiador Vicens Vives es muy importante.	history *The History of Spain* by the historian Vicens Vives is very important.
histórico, **histórica**	historical
el **historiador**, la **historiadora** El historiador Américo Castro escribió las obras más importantes sobre los judíos en España.	historian The historian Américo Castro wrote the most important works about the Jews in Spain.
la **Edad Media** España fue invadida por los árabes en la Edad Media.	Middle Ages Spain was invaded by the Arabs in the Middle Ages.
el **Siglo de Oro** El *Siglo de Oro* es la época más importante de la literatura española.	Golden Age (sixteenth and seventeenth centuries) The Golden Age is the most important epoch of Spanish literature.
la **época** La época de mayor pobreza en España fueron los años después de la Guerra Civil.	epoch; time period The period of greatest poverty in Spain was the years after the Civil War.
el **emperador**, la **emperatriz** el **rey**, la **reina** La reina Isabel I ayudó a Colón a descubrir América.	emperor, empress king, queen Queen Isabella I assisted Columbus in his discovery of America.
el, la **noble**	nobleman, noblewoman; noble
la **aristocracia** el **conde**, la **condesa** el **marqués**, la **marquesa** el **duque**, la **duquesa** **reinar** **regir** Algunos reyes nunca rigieron sus reinos.	aristocracy count, countess marquis, marquise duke, duchess to rule; to reign to govern; to rule; to guide Some kings never guided their kingdoms.
la **sucesión** La **guerra de sucesión española** duró de 1701 a 1714.	succession The War of Spanish Succession lasted from 1701 to 1714.

| el **imperio** | empire |
| el **reino** | kingdom |

INFO

Irregular feminine forms of titles and professions

Instead of following the standard rule of changing masculine words to feminine by changing the **-o** ending to **-a**, many titles and professions have irregular endings in Spanish:

el rey – la reina	*king, queen*
el príncipe – la princesa	*prince, princess*
el conde – la condesa	*count, countess*
el barón – la baronesa	*baron, baroness*
el cónsul – la consulesa	*consul (m.), consul (f.)*
el alcalde – la alcaldesa	*mayor, mayoress*
el poeta – la poetisa	*poet, poetess*
el sastre – la sastresa, la sastra	*tailor (m.), tailor (f.)*
el Papa – la Papisa	*Pope (m.), Pope (f.)*

la **civilización**	civilization; culture
La civilización azteca tuvo su mayor auge bajo Moctezuma I.	Aztec civilization reached its zenith under Moctezuma I.
la **conquista**	conquest
conquistar	to conquer
Hernán Cortés conquistó México.	Hernán Cortés conquered Mexico.

el **conquistador**	conqueror, conquistador
Los conquistadores trajeron oro y plata a España.	The conquistadores brought gold and silver to Spain.
la **espada**	sword
la **invasión**	invasion
expulsar	to expel
la **Reconquista**	Reconquista, re-conquest
La Reconquista duró desde 711 hasta 1492.	The Reconquista, or "re-conquest" of Spain, lasted from 711 to 1492.

| **romano, romana** | Roman |
| Gran parte de la Península Ibérica pertenecía al **Imperio Romano**. | A large part of the Iberian Peninsula belonged to the Roman Empire. |

ibérico, ibérica
La conquista de la Península Ibérica por los árabes llegó hasta la región vasca.

Iberian
The conquest of the Iberian Peninsula by the Arabs extended as far as the Basque region.

hispánico, hispánica
visigodo, visigoda
En el año 560 la capital del **Reino Visigodo** era Toledo.

germánico, germánica

Hispanic
Visigoth
In the year 560, Toledo was the capital of the Visigoth Kingdom.

Germanic

el **moro**, la **mora**
Muchos moros murieron durante la Reconquista.

Moor; Moslem; Moorish
Many Moors died during the Reconquista.

el, la **mozárabe**
Los cristianos que permanecieron en territorio no cristiano se llaman mozárabes.

Mozarab
The Christians who remained in non-Christian territory were called *Mozarabs*.

el **descubrimiento**
Con el descubrimiento de América empezó la colonización de las nuevas tierras.

discovery
With the discovery of America, the colonization of the new lands began.

el **descubridor**
la **carabela**
Cristobal Colón emprendió su primer viaje en tres carabelas.

discoverer
caravel
Cristóbal Colón made his first voyage in three caravels.

descubrir
Los españoles descubrieron Abya Yala (América) en 1492.

to discover
The Spaniards discovered Abya Yala (America) in 1492.

arqueológico, arquelógica
el **hallazgo**
prehistórico, prehistórica

archeological
find; discovery
prehistoric

colonizar
Los españoles y los portugueses colonizaron Iberoamérica.

to colonize
The Spaniards and the Portuguese colonized Iberian America.

la **colonización**	colonization
la **colonia**	colony
Después de la **Paz de Utrecht** (1713) España perdió muchas colonias.	After the Treaty of Utrecht (1713), Spain lost many colonies.
el **esclavo**, la **esclava**	slave
Muchos indígenas americanos **murieron como esclavos**.	Many Native Americans died as slaves.
la **independencia**	independence
la **transición**	transition
1975 es el primer año de la transición democrática en España.	The first year of the democratic transition in Spain is 1975.

13.2 Religion 54

la **religión**	religion
Hay que separar la religión de la política.	Religion has to be separated from politics.
religioso, religiosa	religious
Leopoldo estudió en un instituto religioso, a pesar de que era ateo.	Leopoldo went to a religious (Catholic) high school, although he was an atheist.
el **bautizo**	baptism
bautizar	to baptize
creer	to believe
el, la **creyente**	believer
la **fe**	faith
el **milagro**	miracle
Es casi un milagro que **haya vuelto a** ver.	It's almost a miracle that he can see again.
el **ángel**	angel
rezar	to pray
Dios	God
¡Dios mío!	My God!
el **dios**, la **diosa**	god, goddess
el **creador**, la **creadora**	creator
la **oración**	prayer
Antes de la clase teníamos que rezar una oración.	Before school we had to say a prayer.

la **Biblia**	Bible
el **Popul Vuh**	Popul Vuh (sacred book of the Mayas)

el **evangelio**	Gospel
El evangelio forma los primeros cuatro libros del Nuevo Testamento.	The Gospel is the first four books of the New Testament.
la **creación**	creation
La creación forma el primer libro del Popul Vuh.	The story of creation forms the first book of the Popul Vuh.

el **alma** f	soul
¡De verdad! ¡Lo siento en el alma!	Really! I'm deeply sorry!
el **espíritu**	spirit

Cristo	Christ
la **Virgen María**	Virgin Mary
Muchos creyentes rezan a la Virgen María o a los Santos.	Many believers pray to the Virgin Mary or to the saints.
el **discípulo**	disciple
el **apóstol**	apostle
Los discípulos de Jesús fueron los doce apóstoles.	The disciples of Jesus were the twelve apostles.

la **misa**	mass

la **comunión**	communion
Hoy **toma** mi nieto **la primera comunión**.	Today my grandson is making his first communion.
la **confirmación**	confirmation
el **crucifijo**	crucifix
la **cruz**	cross
el **símbolo**	symbol
La cruz es un símbolo cristiano.	The cross is a Christian symbol.

ateo, **atea**	atheist
la **Iglesia** (católica)	church (Catholic)
la **Iglesia protestante**	Protestant church
el **cristianismo**	Christianity, Christendom
En el cristianismo hay diferentes confesiones.	There are various denominations within Christianity.
el **cristiano**, la **cristiana**	Christian
Nerón mató a muchos cristianos.	Nero killed many Christians.

cristiano, cristiana	Christian (adj.)
Las religiones cristianas tienen su origen en la Biblia.	Christian religions base their origins in the Bible.
el **protestantismo**	Protestantism
el, la **protestante**	Protestant
Los protestantes son minoría en España.	The Protestants are a minority in Spain.
el **catolicismo**	Catholicism
el **católico**, la **católica**	Catholic
católico, católica	catholic (adj.)
el **musulmán**, la **musulmana**	Muslim, Moslem
islámico, islámica	Islamic
islamista	Islamist
el **judío**, la **judía**	Jew, Jewess
judío, judía	Jewish
hebreo, hebrea	Hebrew, Hebraic
el, la **budista**	Buddhist
el, la **hinduista**	Hindu

la **iglesia**	church
La catedral de Granada es una de las iglesias más grandes de Europa.	The cathedral of Granada is one of the biggest churches in Europe.

la **capilla**	chapel

el **monasterio**	monastery
¿Conoces el monasterio de Montserrat?	Are you familiar with the monastery of Montserrat?

el **monje**, la **monja**	monk, nun
Mi hermana fue a un **colegio de monjas**.	My sister went to a convent school.
el **convento**	convent
En este convento hay una biblioteca extraordinaria.	There is an extraordinary library in this convent.
el **templo**	temple
Muchos templos aztecas fueron destruidos durante la conquista de México.	Many Aztec temples were destroyed during the conquest of Mexico.
la **sinagoga**	synagogue
la **mezquita**	mosque

la **parroquia**	parish
la **limosna**	alms
Mucha gente **da limosna** cuando sale de misa.	Many people give alms when they come from mass.
el **cura**	curate, priest
el **pastor (protestante)**	pastor (Protestant)
el **imán**, **imam**	imam

el **Papa**	Pope
El Papa no permite que se casen los curas.	The Pope does not allow priests to marry.
el **arzobispo**	archbishop
El Papa nombra a los arzobispos.	The Pope appoints the archbishops.
el **obispo**	bishop
El obispo **dirá misa** el domingo.	The bishop will say mass on Sunday.

el **sacerdote**, la **sacerdotisa**	priest, priestess

el **sacrificio**	sacrifice
hacer un sacrificio	to make a sacrifice

san	saint; holy
También en las *guerras santas* mueren muchos inocentes.	Many innocents die in *holy wars* as well.
el **santo**, la **santa**	saint

INFO

Short form of masculine nouns

To learn more about the short form of masculine nouns in the singular, see page 83.

sagrado, **sagrada**	sacred
la **conciencia**	conscience
Hay demasiada gente **sin conciencia**.	There are too many people without a conscience.
pecar	to sin

el **pecado**	sin
Marta confiesa sus pecados.	Marta confesses her sins.
la **confesión**	confession
El cura oye la confesión.	The priest hears the confession.
confesarse	to confess, to make confession
Nos confesamos el viernes pasado.	We made confession last Friday.

el **paraíso**	paradise
Adán y Eva vivieron en el paraíso.	Adam and Eve lived in Paradise.
el **diablo**	devil
el **infierno**	hell

False Friends

Spanish Word	Thematic Meaning	False Friend	Spanish Equivalent
el **espíritu**	**spirit**	spirits	el alcohol

My Vocabulary

14
Government, Society, Politics

14.1 Constitution, State Institutions 55

la **nación**	nation
El presidente dirigió un mensaje a la nación.	The President addressed a message to the nation.
el **pueblo**	people
El pueblo paga las consecuencias de una mala política.	The people bear the consequences of a bad policy.
el **estado**	state
Los Jefes de estado han firmado un acuerdo.	The heads of state have signed an agreement.

estatal	state; pertaining to the state
federal	federal
En España no hay **estados federales**.	In Spain there are no federal states.
las **autoridades**	authorities
Las **autoridades sanitarias** advierten: fumar puede matar.	The health authorities warn that smoking can kill.

el **sistema**	system
el **régimen**	regime; form of government
la **dictadura**	dictatorship
el **dictador**	dictator

el **caudillo**	chief; leader; commander
Franco **es conocido** en España **por** el nombre caudillo.	Franco is known in Spain as *El Caudillo*.
la **junta militar**	military junta

la **democracia**	democracy
La democracia existe en España desde 1975.	Democracy exists in Spain since 1975.

democrático, democrática	democratic
El gobierno democrático tiene que luchar contra el terrorismo.	The democratic government has to fight terrorism.
el, la **demócrata**	democrat
Todos los demócratas se van a presentar a las elecciones.	All the democrats are going to be up for election.

la **república**	republic
Colombia es una república presidencialista.	Colombia is a presidential republic.

republicano, republicana El gobierno republicano huyó a Francia.	republican The republican government fled to France.
autorizar El gobierno no autorizó la huelga.	to authorize The government did not authorize the strike.
suprimir **humano, humana** Franco suprimió los principios democráticos y los **derechos humanos**. Los **derechos humanos** no se respetan en todos los países.	to suppress human Franco suppressed democratic principles and human rights. Human rights are not respected in all countries.
el **presidente**, la **presidenta** el **ministro**, la **ministra** Los ministros discutieron en el parlamento. el **congreso** El **Congreso de los Diputados** reside en Madrid. el **parlamento** **parlamentario, parlamentaria** España es una **monarquía parlamentaria**.	president minister The ministers argued in parliament. congress The Congress of Deputies is in Madrid. parliament parliamentary Spain is a parliamentary monarchy.
el **senado** el **senador**, la **senadora**	senate senator
el **diputado**, la **diputada** Los diputados discuten en el parlamento. el **gobernador** el **alcalde**, la **alcaldesa**	deputy; representative The deputies debate in parliament. governor mayor, mayoress
el **concejal**, la **concejala** la **representación**	councilor; councilman, councilwoman representation
el **gobierno** **gobernar** **nombrar** El presidente del gobierno no se nombra sino se elige.	government to govern; to rule to name; to appoint The president of the government is not appointed, but elected.
delegar	to delegate

el **ministerio**	ministry
El **Ministerio de Asuntos Exteriores** no quiso dar una explicación a la prensa.	The Ministry of Foreign Affairs did not wish to give an explanation to the press.

ministerial	ministerial
Por orden ministerial se reducirán las ayudas.	By ministerial order, the subsidies will be reduced.
el **boletín**	bulletin

civil	civil; civilian
Antes en Chile había gobernadores civiles y militares.	Chile used to have civilian and military governors.

Hacienda	public treasury; tax authority; internal revenue office
Hacienda me tendrá que devolver los impuestos que **pagué de más**.	The IRS will have to refund me the taxes I overpaid.
fiscal *adj*	fiscal; tax

administrar	to administer; to govern
la **administración**	administration
la **administración pública**	public administration

administrativo, administrativa	administrative
la **institución**	institution

la **comisión**	commission
El senado delega funciones en las comisiones.	The senate delegates tasks to the commissions.
la **diputación**	provincial administration
Las diputaciones son instituciones que administran las provincias de España.	The *diputaciones* are institutions that govern the provinces of Spain.

la **burocracia**	bureaucracy
el **departamento**	department
El **Departamento de Extranjeros** es poco comprensivo.	The Aliens' Registration Office is hard to comprehend.
el **colegio de médicos**	medical society
el **colegio de abogados**	bar association
el **registro**	register; registry office
Los matrimonios, nacimientos y muertes se inscriben en **el registro civil**.	Marriages, births, and deaths are recorded at the Civil Registry Office.
el **registro civil**	Civil Registry Office
el **sector**	sector
El **sector público** debe ahorrar para combatir la inflación.	The public sector has to economize in order to fight inflation.

la **libertad**
No todos los regímenes respetan la libertad individual.

la **igualdad**
La constitución garantiza la **igualdad entre hombres y mujeres**.

la **constitución**
constitucional
Juan Carlos es un rey constitucional.

la **reunificación**
La reunificación de Alemania **era de esperar**.

la **monarquía**
la **corona**
A la corona de Aragón pertenecían Cataluña, Aragón y Valencia.

las **Cortes**

Las Cortes de Cádiz se crearon en 1812.

liberty; freedom
Not all regimes respect individual liberty.
equality
The Constitution guarantees equality between men and women.
Constitution
constitutional
Juan Carlos is a constitutional monarch.
reunification
The reunification of Germany was to be expected.
monarchy
crown
Catalonia, Aragon, and Valencia belonged to the Crown of Aragon.
Cortes (royal court and both houses of Parliament in Spain)
The Cortes of Cadiz were created in 1812.

14.2 Politics, Political Systems 56

la **política**
No entiendo la política.
político, política
el **político**, la **política**
Algunos políticos **hacen muchas promesas**.

politics; policy
I don't understand politics.
political
politician
Some politicians make many promises.

---

la **ideología**
basarse en
El sistema capitalista **se basa en** la libre competencia.

ideology
to be based on
The capitalist system is based on free competition.

---

público, pública
Los políticos dependen de la **opinión pública**.
el **poder**
la **oposición**
La **oposición conservadora** ganará las próximas elecciones.

public
Politicians are dependent on public opinion.
power
opposition
The conservative opposition will win the next elections.

---

la **manifestación**
La manifestación de los obreros es una demostración de su insatisfacción.

el, la **manifestante**

demonstration
The workers' demonstration is a sign of their dissatisfaction.

demonstrator

---

la **reforma**
El ministro de finanzas presentó una reforma fiscal.

reform
The Finance Minister presented a fiscal reform.

---

fundamental
El tema fundamental es la decisión del parlamento sobre la renta.

la **medida**

fundamental; basic
The basic subject is Parliament's decision regarding revenue.

measure

---

acordar
El gobierno acordó una **reforma fiscal**.

to resolve; to agree to or upon
The government agreed to a tax reform.

el **acuerdo**	agreement
la **propuesta**	proposal; suggestion
El gobierno no acepta la propuesta de la oposición.	The government does not accept the opposition's proposal.
proponer	to propose; to suggest
¿Sabes qué propuso la oposición?	Do you know what the opposition proposed?
la **intervención**	intervention

el **capitalismo**	capitalism
(el, la) **capitalista**	capitalist
el **comunismo**	communism
Cuarenta años estuvo prohibido el comunismo en España.	For forty years communism was banned in Spain.
(el, la) **comunista**	communist
el **socialismo**	socialism
En China hay otra forma de socialismo que en Cuba.	China and Cuba have different forms of socialism.
(el, la) **socialista**	socialist
Los partidos socialistas estuvieron prohibidos en España durante el régimen franquista.	The socialist parties were banned in Spain during the Franco regime.
liberal	liberal
El líder liberal fue presidente hace muchos años.	The liberal party leader was President many years ago.

el **liberalismo**	liberalism
Los derechos humanos tienen su origen en el liberalismo.	Human rights have their origin in liberalism.
progresivo, progresiva	progressive
El presidente ha presentado una reforma progresiva.	The President has presented a progressive reform.
(el, la) **progresista**	progressive
el **conservador**, (la) **conservadora**	conservative
Algunos progresistas **se vuelven** conservadores cuando ganan mucho dinero.	Some progressives become conservatives when they earn a lot of money.
el **fascismo**	fascism
(el, la) **fascista**	fascist
(el, la) **franquista**	Francoist
el **racismo**	racism
(el, la) **racista**	racist
los, las **fundamentalistas**	fundamentalists

la **fuerza** Los partidos socialdemócratas son hoy una fuerza política importante.	force The social democratic parties are an important political force today.
el **partido**	party

partidista La actitud del presidente no debería ser partidista.	partisan The attitude of the President should not be partisan.
el **líder**	party leader; leading candidate; leader

la **derecha** **radical** La **derecha radical** tiene mala fama.	the right (wing, political party) radical The radical right has a bad reputation.
la **izquierda** **moderado, moderada** Las **fuerzas moderadas** del partido obtuvieron la **mayoría absoluta**.	the left (wing, political party) moderate The moderate forces in the party obtained an absolute majority.
libre **nacional** No aumentarán los gastos para la construcción de **las carreteras y autovías nacionales**.	free national; state Spending for construction of national roads and highways will not be increased.

el **nacionalismo**	nationalism
el, la **patriota** ¡**Ten cuidado con** los falsos patriotas!	patriot Beware of false patriots!
patriótico, patriótica	patriotic
el **regionalismo**	regionalism
el **centralismo**	centralism
la **unión** Un sindicato es una unión de trabajadores para defender sus derechos, entre otras cosas.	union A union is a syndicate of workers who aim, among other things, to defend their rights.
la **tendencia**	tendency

elegir ¿Cómo se llama la candidata elegida?	to elect, to vote for, to choose What is the name of the chosen candidate?
las **elecciones** ¿Cuándo serán las **nuevas elecciones**?	elections When will the new elections take place?

la **campaña**	campaign
electoral	election
¿Quién ha pagado **la campaña electoral**?	Who paid for the election campaign?
las **campañas electorales**	election campaigns
prepararse	to prepare
Los partidos se preparan **con tiempo** para las campañas electorales.	The parties are preparing for the election campaign in good time.
la **encuesta**	poll (opinion)
representativo, representativa	representative

la **mayoría**	majority
la **minoría**	minority
La minoría de los concejales está **en contra del** alcalde.	A minority of the councilmen are against the mayor.

la **participación**	participation
La participación electoral disminuye/aumenta.	Voter participation is decreasing/increasing.
el **censo electoral**	list of registered voters
inscribirse	to register
¿Se han inscrito en el censo electoral?	Have you registered to vote?

votar	to vote
el **voto**	vote
obtener	to obtain; to receive

la **papeleta de voto**	ballot, voting paper
el, la **votante**	voter
la **votación**	voting
El resultado de la votación fue unánime.	The result of the voting was unanimous.
unánime	unanimous

el **candidato**, la **candidata**	candidate
el **favorito**, la **favorita**	favorite
Según las encuestas no hay ningún favorito.	According to the polls, there is no favorite.

14.3 Laws, Systems of Justice, Crime, Police Force 57

la **justicia**	justice
el **juez**, la **jueza**	judge
Los jueces no lo pueden saber todo.	Judges can't know everything.

el **juicio**	trial
el **pleito**	lawsuit; suit
Todavía no se sabe quien va a ganar el pleito.	Nobody knows yet who's going to win the lawsuit.
el, la **testigo**	witness
identificar	to identify

el **tribunal**	court

supremo, suprema	supreme
La sede del Tribunal Supremo está en Montevideo.	The seat of the Supreme Court is in Montevideo.

la **ley**	law
aprobar una ley	to pass a law

legalizar	to legalize
legal	legal

condenar	to sentence; to condemn
El tribunal condenó al asesino a **cadena perpetua**.	The judge sentenced the murderer to life in prison.

la **sentencia**	sentence
la **pena**	penalty; punishment
El criminal recibió una **pena de cinco años**.	The criminal got a penalty of five years.
castigar	to punish
el **castigo**	punishment

justo, justa	just; righteous
La pena fue justa.	The punishment was just.
injusto, injusta	unjust; unfair
Los abogados afirman que el juez fue injusto al dictar la pena.	The lawyers claim that the judge was unjust in passing sentence.
juzgar	to judge, to pass or render judgment on
¿Cómo juzgaron al acusado?	How did they find the accused?
¿Cómo juzgas este caso?	How do you judge this case?

el **procedimiento**	proceeding (legal); procedure; process
El procedimiento de la justicia es lento.	The process of justice is slow.
el **acta**	file; record
el **acta de acusación**	(bill of) indictment
levantar acta	to draw up a document or certificate
El fiscal levantó acta al sospechoso.	The district attorney drew up an indictment certificate.

el, la **fiscal**	district attorney, public prosecutor; attorney general
El fiscal pidió tres años de condena por **fraude fiscal**.	The district attorney requested a three-year sentence for tax fraud.
el **abogado**, la **abogada**	lawyer, attorney at law
Esta tarde tengo una cita con mi abogado en su bufete.	This afternoon I have an appointment with my lawyer at his office.

el **bufete**	lawyer's office
el **defensor del pueblo**	public defender; ombudsman

acusar	to accuse
La **acusaron de** asesinato.	She was accused of murder.
el **acusado**, la **acusada**	the accused

jurar	to swear
el **interrogatorio**	interrogation

confesar	to confess
culpable	guilty
absolver	to absolve; to acquit
Lo han absuelto por falta de pruebas.	They acquitted him for lack of evidence.
inocente	innocent

la **inocencia**	innocence

la **policía**	police
La policía debe proteger la seguridad de las personas.	The police must protect the safety of the people.
el, la **policía**	police officer
la **comisaría**	police station

el **comisario**, la **comisaria**	inspector (police)
Nuestro vecino es comisario de policía.	Our neighbor is a police inspector.
la **Guardia Civil**	Guardia Civil (Spanish rural police and border guard)
La Guardia Civil opera en zonas rurales, en las fronteras y en las costas.	The Guardia Civil operates in the countryside and along the borders and coasts.
el, la **agente** (de policía)	police officer

denunciar	to denounce; to accuse
Me han denunciado injustamente.	I was unjustly accused.
la **denuncia**	accusation
la **sospecha**	suspicion
Tengo la sospecha de que me están engañando.	I suspect that they are deceiving me.
sospechar	to suspect
No **sospechamos de** nadie.	We suspect no one.
observar	to observe
perseguir	to pursue; to persecute
El policía persiguió al ladrón.	The policeman pursued the thief.

la **persecución**	persecution

detener	to detain; to arrest
La policía detuvo al asesino.	The police arrested the murderer.
el **atracador**, la **atracadora**	holdup man/woman
Manuela se defendió contra el atracador con uñas y dientes.	Manuela defended herself tooth and nail against the holdup man.

amenazar	to threaten
Como el policía se sintió amenazado, disparó.	Since the police officer felt threatened, he fired.

el, la **pirata**	pirate
Los piratas atracan transportes marítimos.	Pirates attack maritime transports.

la **corrupción**	corruption
Se van a tomar medidas contra la corrupción.	Steps against corruption will be taken.

escapar
El prisionero escapó por la ventana.

el **prisionero**, la **prisionera**
la **prisión**

to escape
The prisoner escaped
through the window.

prisoner
prison

---

el **preso**, la **presa**
El preso cumplió la pena.

Amnistía Internacional ayuda a los
presos políticos.

convict; inmate
The convict served the
sentence.

Amnesty International helps
political prisoners.

---

la **cárcel**
El prisionero escapó de la cárcel y
se escondió.

jail; correctional facility
The prisoner escaped from
jail and hid.

---

la **vigilancia**

El detenido está bajo vigilancia
permanente.

guard; surveillance;
observation
The detainee is under
permanent observation.

14.4 Political Resistance 58

luchar
Simón Bolívar luchó por la independencia
de Hispanoamérica.

la **lucha**
La lucha contra la corrupción es un
grave problema.

to fight
Simón Bolívar fought for
the independence of Latin
America.

fight
The fight against corruption
is a grave problem.

---

combatir
El Gobierno español combatió contra
el golpe militar de Franco.

to combat; to fight
The Spanish government
fought against Franco's
military coup.

---

pacífico, pacífica
violento, violenta

peaceful
violent

armado, armada	armed
liberar	to liberate, to free
En 1975 el Gobierno español liberó a algunos presos políticos.	In 1975 the Spanish government freed some political prisoners.
la **liberación**	liberation
Los grupos de liberación latinoamericana reciben poca ayuda exterior.	The Latin American liberation groups receive little foreign support.
la **revolución**	revolution
Emiliano Zapata fue muy importante para la revolución mexicana.	Emiliano Zapata was very important for the Mexican Revolution.
revolucionario, revolucionaria **movimientos revolucionarios**	revolutionary revolutionary movements
la **resistencia**	resistance
La resistencia quiere **acabar con** la dictadura.	The resistance movement wants to put an end to the dictatorship.
la **represión**	repression
La represión de gobiernos dictatoriales con frecuencia genera desafío.	Repression from dictatorial governments often generates defiance.
la **tortura**	torture
Muchas personas **sufrieron la tortura** de la policía.	Many people were tortured by the police.
torturar	to torture
Los tiranos de América Central torturaron a los que se oponían a ellos.	Central American tyrants tortured those who opposed them.
el **enemigo**, la **enemiga**	enemy
la **guerra civil**	civil war
La Guerra Civil Española duró de 1936 a 1939.	The Spanish Civil War lasted from 1936 to 1939.
la **guerrilla**	band of partisans
el **guerrillero**, la **guerrillera**	guerrilla fighter
el **peligro**	danger
la **seguridad**	safety, security
el **terror**	terror
el, la **terrorista**	terrorist
El Tribunal Supremo **condenó a** los terroristas a treinta años de cárcel.	The Supreme Court sentenced the terrorists to thirty years in prison.
el **terrorismo**	terrorism

el **golpe militar**	military coup
el **golpe de estado**	coup d'état

la **bomba**	bomb
La **extrema derecha** colocó una bomba.	The far right planted a bomb.

la **bomba antipersonas**	antipersonnel mine
estallar	to explode
explotar	to explode; to exploit
La bomba explotó en la estación de Atocha.	The bomb exploded at Atocha Station.
explotar al pueblo	to exploit the people

la **pistola**	pistol; gun
disparar	to shoot; to fire
¡No disparen! ¡Somos amigos!	Don't shoot! We're friends!

el **tiro**	shot
la **bala**	bullet
el **fusil**	rifle; gun
Los terroristas estaban armados con pistolas y fusiles.	The terrorists were armed with pistols and rifles.
la **metralleta**	machine gun
la **ametralladora**	machine gun

14.5 **Latin American Countries** 59

la **provincia**	province
Argentina está dividida en 23 provincias y una ciudad autónoma, Buenos Aires.	Argentina is divided into 23 provinces and one autonomous city, Buenos Aires.
Las personas que viven en las provincias no quieren que se les llame provincianos.	People who live in the provinces don't like to be called provincials.
la **comunidad**	community; body
la **región**	region

el **territorio**	territory
la **autonomía**	autonomy
autónomo, autónoma	autonomous; independent

la **costa**
Las costas de las islas Galápagos están llenas de lobos marinos.

coastline, coast
The coastlines of the Galapagos Islands are full of sea lions.

la **cordillera**
La cordillera de los Andes separa a Chile de Argentina.

mountain range, cordillera
The Andean Mountain Range separates Chile and Argentina.

la **selva**
El este de Perú es terreno llano cubierto por la selva amazónica.

rainforest, jungle
The east of Peru is flat terrain covered by the Amazon rainforest.

el **altiplano**
El altiplano de Bolivia incluye su capital, La Paz, y también el lago Titicaca.

high plain
The Bolivian high plain includes its capital city, La Paz, and also Lake Titicaca.

las **plantas tropicales**
Panamá tiene abundancia de plantas tropicales que no existen en otras partes del mundo.

tropical plants
Panama has an abundance of tropical plants that do not exist anywhere else in the world.

el **clima**
El Salvador tiene un clima tropical, con estaciones secas y húmedas muy pronunciadas.

clime, climate
El Salvador has a tropical climate, with very pronounced dry and wet seasons.

el, la **hispanohablante**

Con una población de 111 millones, México es el país hispanohablante más populoso.

Hispanophone, speaker of Spanish
With a population of 111 million, Mexico is the most populous Hispanophone country.

la **república**
Nicaragua fue un virreinato, después un protectorado, y ahora es una república.

republic
Nicaragua was a viceroyalty, then a protectorate, and now it is a republic.

colonizar
Los españoles colonizaron a Venezuela cinco siglos atrás.

to colonize
The Spaniards colonized Venezuela five centuries ago.

la **inestabilidad**
La historia de Paraguay se caracteriza por largos períodos de inestabilidad política.

instability
Paraguay's history is characterized by long periods of political instability.

la **votación**	voting
La votación en Perú es obligatoria para todos los ciudadanos de 18 a 70 años.	**Voting is compulsory for all citizens ages 18 to 70 in Peru.**
constitucional	constitutional
Colombia es una república con larga tradición de gobierno constitucional.	**Colombia is a republic with a long tradition of constitutional government.**
la **democracia**	democracy
La República Dominicana ha sido una democracia representativa desde 1966.	**The Dominican Republic has been a representative democracy since 1966.**
la **sanción**	sanction
Por largo tiempo Estados Unidos ha impuesto sanciones económicas contra Cuba.	**For a long time the United States has imposed economic sanctions against Cuba.**

la **sierra**	highlands
Algunos países latinoamericanos se dividen en dos regiones geográficas: la costa y la sierra.	**Some Latin American countries are divided into two geographical regions: the coast and the highlands.**
la **discriminación**	discrimination
En la República Dominicana hay discriminación contra los haitianos.	**In the Dominican Republic there is discrimination against Haitians.**
el **imperio**	empire
El imperio maya floreció en Honduras.	**The Mayan Empire flourished in Honduras.**

14.6 International Relations 60

internacional	international
Ayer hubo un **encuentro internacional** de los **Ministros de Economía** en Madrid.	**Yesterday there was an international meeting of economic ministers in Madrid.**
la **Unión Europea (UE)**	European Union (EU)
el **Mercosur**	Mercosur
la **Unasur**	Unasur (Union of South American Nations)

la **sede**	seat; headquarters
¿Dónde está la sede de la UE?	**Where is the headquarters of the EU?**
la **(reunión) cumbre**	summit meeting

las **Naciones Unidas (ONU)**	United Nations (UN)
la **organización**	organization
La **OTAN** es la **Organización del Tratado del Atlántico Norte**.	NATO is the North Atlantic Treaty Organization.
la **potencia**	power
El llamado "Tercer Mundo" **sufre la dependencia de** las grandes potencias.	The so-called "Third World" suffers from dependence on the great powers.
los **países desarrollados**	industrialized countries
los **países en vías de desarrollo**	developing countries
el **Tercer Mundo**	Third World
la **dependencia**	dependency
independiente	independent
Panamá es un país independiente.	Panama is an independent country.
cooperar	to cooperate
la **cooperación**	cooperation
La cooperación con la Cruz Roja fue una ayuda importante para Honduras.	Cooperation with the Red Cross was a great help for Honduras.
la **globalización**	globalization
mundial	world; worldwide
la **ONG** (organización no gubernamental)	NGO (Non-Governmental Organization)
Alberto trabaja como voluntario en una ONG en Nicaragua.	Alberto works as a volunteer at an NGO in Nicaragua.
el **voluntario**, la **voluntaria**	volunteer
(el) **diplomático**, (la) **diplomática**	diplomatic
la **delegación**	delegation
el **comité**	committee
El comité olímpico aceptó el catalán para la Olimpiada 1992.	The Olympic Committee allowed the use of Catalan at the 1992 Olympics.
la **embajada**	embassy
La embajada española en Cuba no tiene problemas con el gobierno cubano.	The Spanish Embassy in Cuba has no problems with the Cuban government.
el **embajador**, la **embajadora**	ambassador, ambassadress

el **consulado** En Barcelona hay muchos consulados.	consulate There are many consulates in Barcelona.
el **cónsul**, la **consulesa** El cónsul nos invitó a la recepción.	consul The consul invited us to the reception.
exiliarse La mayoría de los intelectuales argentinos se exilió durante la dictadura (1976–1983). el **exilio**	to go into exile The majority of the Argentinean intellectuals went into exile during the dictatorship (1976–1983). exile

el **delegado**, la **delegada**	delegate
negociar	to negotiate
la **negociación**	negotiation
las **negociaciones de paz** Las negociaciones para la paz están paralizadas.	peace negotiations The peace negotiations are at a standstill.

intercambiar Por primera vez se encontraron los embajadores de esos dos países e intercambiaron opiniones. el **intercambio**	to exchange For the first time, the ambassadors of those two countries met and exchanged opinions. exchange

el **acuerdo**	accord; agreement; pact
el **tratado**	treaty
firmar un tratado	to sign a treaty

el **pacto** – ¿Qué países firmaron el Pacto Andino? – **No tengo ni idea.**	pact; treaty "What countries signed the Andean Pact?" "I have no idea."

secreto, secreta	secret

el **secreto**	secret
el, la **espía** Los espías saben a veces mucho más que los políticos.	spy Spies sometimes know a lot more than politicians.
el **traidor**, la **traidora**	traitor

14.7 War and Peace 61

la **paz**	peace
Es difícil vivir en paz.	It is difficult to live in peace.
la **guerra**	war
El pueblo es **el que más sufre** en las guerras.	It is the common people that suffer most in war.

sangriento, sangrienta	bloody
la **agresión**	aggression; attack
provocar	to provoke; to incite
Algunos países están provocando una agresión militar.	Some countries are provoking military aggression.
el **agresor**	aggressor; attacker
Los agresores serán condenados por las Naciones Unidas.	The aggressors will be censured by the United Nations.

enemigo, enemiga	enemy; hostile
Este general **es enemigo de** la democracia.	This general is an enemy of democracy.
atacar	to attack
Nos atacaron **al amanecer**.	They attacked us at dawn.
el **ataque**	attack

invadir	to invade
avanzar	to advance
retroceder	to retreat

sobrevivir	to survive
el, la **superviviente**	survivor
la **victoria**	victory
Las victorias cuestan vidas.	Victories cost lives.

ocupar	to occupy
Algunos españoles piensan que Inglaterra no debe **seguir ocupando** Gibraltar.	Some Spaniards think that England should not occupy Gibraltar any longer.
la **ocupación**	occupation
Durante la ocupación árabe se construyó la Alhambra.	During the Arab occupation, the Alhambra was built.

defenderse	to defend oneself
Nos defendimos contra el ataque.	We defended ourselves against the attack.
defender	to defend
El Rey defendió la democracia.	The king defended democracy.
la **defensa**	defense
El **Ministro de Defensa** visitó la tropa.	The defense minister visited the troops.

rechazar	to repel; to drive back
la **guardia**	guard
militar	military
la **patria**	fatherland; motherland; native country; homeland
En nombre de la patria se hacen con frecuencia guerras absurdas.	Absurd wars are often waged in the name of the fatherland.

el **ejército de tierra**	army

la **armada**	fleet
la **marina**	navy
la **aviación**	aviation; air force
la **tropa**	troops; soldiers; force

el **soldado**, la **soldada**	soldier
la **mili** *Esp pop*	military service
José tuvo que hacer la mili en Melilla.	José had to do his military service in Melilla.
el **objetor de conciencia**	conscientious objector
el **insumiso**	objector who refuses to do either military or civilian service

el **general**	general
el **oficial**	officer
Los oficiales cumplieron las órdenes.	The officers carried out the orders.
la **orden**	order
ordenar	to order
¿Quién ha ordenado que disparen?	Who gave the order to shoot?

la **base**	base
Los vecinos de Torrejón protestan contra la base norteamericana.	The inhabitants of Torrejon protest against the North American base.

la **marina**	navy
la **infantería**	infantry
A Vicente **le tocó** hacer la mili en infantería.	Vicente had to do his military service in the infantry.
la **aviación**	aviation; air force
La aviación alemana destruyó Guernica.	The German air force destroyed Guernica.
el **armamento**	armament
el **arma** f	weapon; arm
Las armas las carga el diablo. *refrán*	Weapons are loaded by the devil.
el **cañón**	cannon
utilizar	to use
Estos cañones se utilizaron en la Guerra Civil.	These cannons were used in the civil war.
el **misil**	missile
Los misiles aire-tierra destruyeron muchas casas.	The air-to-surface missiles destroyed many homes.
el **cohete**	rocket
Los primeros cohetes se construyeron en China.	The first rockets were built in China.
el **tanque**	tank
destruir	to destroy
la **destrucción**	destruction
La destrucción de la tierra se está realizando sin necesidad de armas.	The destruction of the earth is being accomplished without any weapons.
nuclear	nuclear
El **armamento nuclear** es un peligro para todo el mundo.	Nuclear armament is a danger to the entire world.
la **guerra nuclear**	nuclear war
el **desarme**	disarmament
Parece que el desarme es a veces posible.	It seems that disarmament is sometimes possible.
la **víctima**	victim
La mayoría de las víctimas de las guerras son inocentes.	Most war victims are innocent.
huir	to flee
La población **huyó ante** el peligro de guerra.	The population fled from the danger of war.

el **refugio**	refuge; shelter; bunker
No hay **refugios atómicos** para todo el pueblo.	There are not enough nuclear shelters for the entire population.
el **héroe**, la **heroína**	hero, heroine
El Cid es un héroe para muchos españoles.	El Cid is a hero for many Spaniards.
Mariana Pineda es llamada la heroína de la libertad.	Mariana Pineda is called the Heroine of Freedom.
heroico, heroica	heroic
La rendición de Granada fue un acto heroico.	The capitulation of Granada was a heroic deed.

INFO

Heroína

Heroína can mean both *heroine* and *heroin*.

Ana es une heroína porque ya no cosume heroína.	*Ana is a heroine because she no longer uses heroin.*

False Friends

Spanish Word	Thematic Meaning	False Friend	Spanish Equivalent
la demostración	**proof**	demonstration (political)	la manifestación
la sentencia	**sentence**	sentence	la oración

My Vocabulary

15

Business and
the Economy

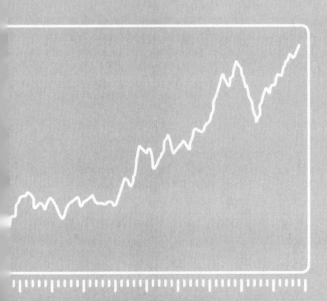

15.1 Agriculture, Fishing, and Mining 62

el **agricultor**, la **agricultora**
  Los agricultores **están preocupados**
  por la falta de agua.
farmer
  The farmers are concerned
  about the lack of water.

la **agricultura**
  La agricultura tiene mucha importancia
  en Latinoamérica.
agriculture
  Agriculture is very
  important in Latin America.

agrícola
la **producción**
  La producción agrícola no disminuyó
  en los últimos años.
agricultural
production
  Agricultural production has
  not declined in the past few
  years.

productivo, productiva
el **rendimiento**
  El rendimiento de la cosecha en esta
  región es bueno.
productive
yield; output
  The yield of the harvest in
  this region is good.

el **campo**
  Los campos regados de Murcia y
  Valencia se llaman *huertas* y allí se
  cultiva fruta y verdura.
field
  The irrigated fields of
  Murcia and Valencia are
  called *huertas* because fruits
  and vegetables are grown.

la **huerta**

  La huerta murciana es muy productiva.
truck farm, truck garden;
orchard; irrigated land
  The truck farms in Murcia
  are very productive.

el **invernadero**
  En Almería se ha desarrollado la
  producción de frutos tropicales
  en invernaderos.
hothouse
  In Almeria, the growing of
  tropical fruits in hothouses
  has developed.

el **campesino**, la **campesina**
  Muchos campesinos son muy pobres.
farmer
  Many farmers are very poor.

el **labrador**, la **labradora**
  La vida del labrador en América
  Central es muy dura.
farmer; peasant; tiller
  The life of the peasants
  in Central America is very
  hard.

labrar
el **latifundio**
  Los campesinos trabajan en los
  latifundios por un jornal **de sol a sol**.
to farm; to till; to cultivate
large estate
  The farmers work on the
  large estates for a daily
  wage from sunup to
  sundown.

el, la **terrateniente**
landowner, landholder

la **cooperativa**
En España hay muchas cooperativas agrícolas.

cooperative, co-op
In Spain there are many agricultural co-ops.

el **cultivo**
El cultivo del café es importantísimo para la economía colombiana.
cultivar

cultivation; growing
Coffee cultivation is most important for the Colombian economy.
to cultivate; to grow

sembrar
¿Cuándo se siembra el trigo?
la **semilla**

to sow
When is wheat sown?
seed

recoger
Lucía siempre ayuda a recoger las olivas.

to pick
Lucía always helps pick the olives.

cosechar

Las primeras naranjas se cosechan en otoño.
la **cosecha**
Muchos andaluces emigraban durante la época de la cosecha.

to harvest; to reap; to gather in
The first oranges are harvested in fall.
harvest; crop; yield
Many Andalusian workers used to emigrate during harvest season.

la **época de recogida**
Durante la época de recogida los campesinos tienen mucho trabajo.

harvest season
During the harvest season, the farmers have a lot of work.

la **tierra**

land; soil

el **abono**
El abono natural es mejor que el químico.

fertilizer
Natural fertilizer is better than chemical.

el **insecticida**
Los insecticidas **acaban con** los insectos dañinos pero dañan a las personas y la tierra.

insecticide
Insecticides kill harmful insects but harm human beings and the soil.

fértil
La tierra del sur de Chile es muy fértil.

fertile
The soil of the south of Chile is very fertile.

regar	to water; to irrigate; to sprinkle
En zonas áridas se gasta el agua para regar los campos de golf y para las piscinas.	In arid areas water is wasted when it is used to irrigate golf courses and swimming pools.
el **riego**	irrigation; watering; sprinkling
Cuzco tiene un inteligente sistema de riego muy antiguo.	In Cuzco there is a very old, well-designed irrigation system.

el **tractor**	tractor
El tractor es la máquina más importante para el agricultor.	The tractor is the most important machine for the farmer.

la **viña**	vineyard
Las viñas necesitan un cuidado especial.	Vineyards need special care.
la **vendimia**	vintage, grape harvest
la **parra**	grapevine

criar	to breed; to raise
En Andalucía se crían toros.	Bulls are bred in Andalusia.
el **ganado**	cattle
En Argentina se cría mucho ganado.	A lot of cattle is raised in Argentina.

la **granja**	farm
el **establo**	stall
ordeñar	to milk
Los pastores ordeñan las cabras.	The herdsmen milk the goats.

la **pesca**	fishing; fishery; catch
Las **catástrofes marítimas** dañan la pesca.	Maritime disasters are harmful to fishing.
el **pez**	fish (in water)
el **pescador**, la **pescadora**	fisherman, fisherwoman; fisher
el **pescado**	fish (caught)
pescar	to fish

INFO

Pez – Pescado

In Spanish, a distinction is made between the *live fish* in the water (*el pez*) and the *caught fish* (*el pescado*).

Algunos peces comen peces, pero las personas comen pescado.	*Some fish eat fish, but humans eat (caught) fish.*

la **mina**	mine
el **minero**, la **minera**	miner
En algunas minas los niños hacen el trabajo de mineros.	At some mines, children do the work of miners.

la **minería**	mining
minero, minera	miner
La **industria minera** está en crisis.	The mining industry is in crisis.
la **galería**	tunnel; drift
El trabajo en las galerías es peligroso.	Working in the tunnels is dangerous.
explotar	to work (a natural resource); to run (a farm); to exploit
Las compañías mineras explotan las minas de cobre y mercurio en Andalucía.	Mining companies work the copper and mercury mines in Andalusia.
la **explotación**	working (of a natural resource); running (of a farm); exploitation
La explotación del estaño es muy importante en Bolivia. **Lástima que** cause la explotación del minero.	Tin mining is very important in Bolivia. Regrettably, it leads to exploitation of the miners.

15.2 Industry, Handicrafts, and Technology 63

la **industria**	industry
La industria española de automóviles ya no es nacional.	The Spanish automobile industry is no longer state-owned.
industrial	industrial
Manuel vive en la **zona industrial** del puerto.	Manuel lives in the industrial zone of the port.

industrializado, industrializada	developed; industrialized
Algunos países hispanoamericanos están mucho más industrializados que otros.	Some countries in Spanish America are much more industrialized than others.
industrializar	to industrialize
Hay regiones que **están por industrializar**.	There are regions that are yet to be industrialized.

la **fábrica**	factory; mill
En Cataluña hay **fábricas de corcho**.	In Catalonia there are cork factories.
fabricar	to manufacture; to make

el **proceso**	process
Se modificó el proceso de producción con la nueva maquinaria.	The production process changed with the new machinery.

el **producto**	product; article
producir	to produce; to make
En México se producen muchos artículos de alta calidad.	Many high-quality products are made in Mexico.

fundir	to fuse; to melt; to blend
la **fundición**	smelting; casting; founding; foundry
la **fundición de hierro**	iron foundry

el **artículo**	article; good
Ya no fabricamos estos artículos.	We no longer manufacture these goods.
la **serie**	series
Este aparato se fabrica **en serie**.	This device is in serial production.

el **robot**	robot
el **progreso**	progress
transformar	to transform
El progreso de las nuevas tecnologías transformará la vida laboral.	The progress of the new technologies will transform working life.

montar	to assemble; to mount; to set up
En esta fábrica se montan coches.	Cars are assembled in this factory.
el **motor**	motor; engine
reparar	to repair
Miguel **sabe** reparar cualquier motor.	Miguel can repair any motor.
arreglar	to fix; to repair

modificar	to modify

el **taller**
Como tengo el coche en el taller,
no puedo **ir a recogerte** a la estación.

workshop; repair shop
Since the car is in the shop,
I can't pick you up at the
station.

sustituir
estropearse

Como se ha estropeado el motor
hay que sustituirlo.
consumir
Los motores modernos consumen
menos gasolina.
la **reparación**
La reparación va a **salir más cara**
que comprar una máquina nueva.

to replace
to get out of order; to get
damaged
Since the engine is damaged,
it has to be replaced.
to consume; to use
Modern motors consume
less gasoline.
reparation; repair
The repair will cost more
than buying a new car.

la **artesanía**
En Perú los indígenas conservan
su artesanía.
el **artesano**, la **artesana**
Algunos artesanos sólo trabajan
con arcilla.
artesanal
En Alicante y Mallorca se hacen trabajos
artesanales preciosos.

craftsmanship; artisan work
In Peru the Indians maintain
their craftsmanship.
artisan; craftsman
Some craftsmen work only
with clay.
artisanal; craft
Beautiful arts and crafts
work is done in Alicante
and Majorca.

la **cerámica**
la **orfebrería**

ceramics
gold or silver work

la **ingeniería**
El progreso de la ingeniería mejoró
la productividad de las fábricas.

engineering; technology
Technological progress
improved the productivity
of the factories.

la **maquinaria**

machinery

la **escala**
El plano de construcción tiene una
escala de 1 por 10.000.

scale
The construction plan has a
scale of 1:10,000.

desarrollar(se)
La **industria de la maquinaria** ha
desarrollado nuevos robots.

La industria en China se desarrolló
mucho en los últimos años.

el **desarrollo**
El desarrollo de la **energía solar**
es importante.

to develop
The machine-building
industry has developed
new robots.
China's industry has
developed greatly in the
past few years.
development
The development of solar
energy is important.

la **energía**	energy
La industria consume mucha energía.	Industry uses a great deal of energy.
la **energía solar**	solar energy
la **célula solar**	solar cell
la **energía nuclear**	nuclear energy; atomic energy
La energía nuclear supone un peligro para la tierra.	Nuclear energy entails a danger for the earth.
la **energía eólica**	wind energy
eléctrico, eléctrica	electric(al)
Los coches con motores eléctricos todavía tienen poca autonomía.	Cars with electric motors still have a short operating range.
la **tensión**	tension
¡Atención! Cable de alta tensión.	Watch out! High tension wire.

15.3 Company Operations 64

la **empresa**	firm; enterprise; company

la **ruina**	ruin
Muchos empresarios de pequeñas y medianas empresas **están en la ruina**.	Many heads of small- and medium-sized firms have been ruined.
el **empresario**, la **empresaria**	entrepreneur; employer

la **multinacional**	multinational company
el **jefe**, la **jefa**	boss
Cuando el jefe no está, aquí no trabaja nadie.	When the boss is away, nobody does any work here.
el **patrón** *Am*	boss; owner

el, la **gerente**	manager
El gerente no sabía nada de su pedido.	The manager knew nothing about your order.
la **gestión**	management
la **secretaría**	secretary's office
Puede recoger sus papeles en secretaría.	You may pick up your papers in the secretary's office.

la **dirección**	management
Mi hermana lleva la dirección de la empresa.	My sister manages the company.
dirigir	to manage; to direct

la **compañía**
  Como no podían dirigir la compañía
  acabaron vendiéndola.

el **departamento**

company
  Since they couldn't manage
  the company, they ended
  up selling it.

department

---

el, la **contable**
  La contable **se olvidó de** pagar
  las facturas.

bookkeeper; accountant
  The bookkeeper forgot to
  pay the invoice.

---

el **contador**, la **contadora** *Am*

certified public accountant;
accountant

---

la **contabilidad**
  En casi todas las empresas la contabilidad
  es llevada por computadora.

accounting; bookkeeping
  In almost all companies,
  the bookkeeping is done
  by computer.

---

la **sucursal**
  En esta sucursal de mi banco hay
  un **departamento de créditos**.
fundar

branch (office)
  The branch of my bank has
  a credit department.
to found; to establish

---

interno, interna
la **asociación**
  Esta asociación tiene muchos
  problemas internos.
la **quiebra**
  La compañía **se declaró en quiebra**
  y suspendió todos los pagos.

la **sociedad anónima**

internal; in-house
trade association
  This trade association has
  many internal problems.
bankruptcy
  The company declared
  bankruptcy and suspended
  all payments.
stock company

15.4 Trade, Services, and Insurance 65

la **economía**
  El crecimiento de la economía
  peruana es moderado.
económico, económica
  El señor Muñoz ha comprado un
  coche muy económico.
  Según los **estudios económicos**
  se espera un aumento de la inflación.

economy
  The growth of the Peruvian
  economy is moderate.
economic(al)
  Mr. Muñoz has bought a
  very economical car.
  According to economic
  studies, an increase in
  inflation is expected.

el, la **economista**	economist
el **crecimiento**	growth
la **inflación**	inflation
la **exportación**	export
Al principio **nos dedicamos a** la exportación de aceite de oliva.	At first we engaged in the export of olive oil.
exportar	to export
Colombia no sólo exporta café sino también plátanos.	Colombia exports not only coffee, but also bananas.
la **empresa exportadora**	export company
Esta empresa exportadora no tiene problemas con la aduana.	This export company has no problems with Customs.
importar	to import
la **importación**	import; importation
Luis lleva un negocio de **importación de textiles**.	Luis runs a clothing import business.
la **oferta**	offer, offering
la **demanda**	demand
La **oferta y demanda** regulan los precios.	Supply and demand regulate the prices.
el **consumidor**, la **consumidora**	consumer
Me parece que **la protección al consumidor** ha mejorado mucho.	It seems to me that consumer protection is much improved.
el **consumo**	consumption, use
El consumo de tabaco perjudica la salud.	The use of tobacco is a health risk.
el **comercio**	commerce, trade; business
El comercio se queja por el aumento del I.V.A. (Impuesto sobre el Valor Añadido).	Business complains about the increase in the value-added tax.
el **comercio exterior**	foreign trade
el **comercio interior**	domestic trade
el **comercio al por mayor**	wholesale trade
el **comercio al por menor**	retail trade
el, la **mayorista**	wholesale dealer
el, la **minorista**	retail dealer
la **muestra**	sample; specimen
comercial	commercial; trade; business
La secretaria lleva la **correspondencia comercial** de la empresa.	The secretary handles the firm's business correspondence.

comerciar	to trade; to engage in commerce
Comerciar **al por menor** estos productos es un buen negocio.	Retail trading in these products is a good business.
el, la **comerciante**	businessman, businesswoman; dealer; trader
Benito es un buen comerciante **al por mayor**.	Benito is a good wholesaler.
Vicente es un comerciante muy formal.	Vicente is a very serious businessman.
el **sector de servicios**, el **sector terciario**	services sector

el **supermercado**	supermarket
el **hipermercado**	hypermarket; warehouse store
los **grandes almacenes** *Esp*	department store
el **negocio**	business; store, shop
la **venta**	sale(s)

la **fusión**	merger
Las fusiones de los bancos costaron puestos de trabajo.	The bank mergers resulted in lost jobs.
la **colaboración**	collaboration

la **compra**	purchase; buying; shopping
La compra de esta casa ha sido un buen negocio.	The purchase of this house was a good deal.
la **condición**	condition
No puedo aceptar sus **condiciones de venta**.	I can't accept your conditions of sale.

la **crisis**	crisis
regular	to regulate
Todavía **estamos en crisis** porque la venta no está regulada.	We are still in crisis because sales are not regulated.
regular *adj/adv*	regular; so-so, fair
Tengo ingresos regulares.	I have a regular income.
El negocio va regular.	Business is so-so.

la **mercancía**	merchandise; goods; wares
En la aduana retuvieron la mercancía.	The merchandise was retained at Customs.
la **mercadería** *Am*	merchandise; goods; wares

el **surtido**	assortment; stock
Su surtido de muestras es muy interesante.	Your assortment of samples is very interesting.

encargar	to entrust
El gerente **me ha encargado de** este asunto.	The manager has entrusted me with this matter.
suministrar	to supply; to furnish; to provide; to deliver

el **suministro**	delivery
El suministro se realizará por barco dentro de 15 días.	The delivery will be made by ship in two weeks.
la **marca**	brand; make
¿Qué marca de jerez prefieres?	Which brand of sherry do you prefer?

INFO

Gender of nouns

When you see an identical noun save for the -a or -o ending, you can be sure that the words have different meanings. The situation becomes more complex when the noun is identical and yet has different meanings and takes different articles. Fortunately, such situations occur rarely.

el marco	*frame*
la marca	*brand*
la batería	*battery*
el batería	*drummer*

el **pedido**	order
¿Cuándo nos suministrarán el pedido que les hicimos hace un mes?	When will you deliver to us the order we placed a month ago?

el **encargo**	request; assignment; order
Todavía no hemos podido realizar su encargo.	We have not yet been able to carry out your request.
la **orden**	order
Por orden y cuenta de nuestro exportador le enviamos los siguientes artículos.	Based on the order and account of our shipper, we are sending you the following articles.

la **factura**	invoice; bill
En cuanto recibamos la factura les enviaremos un cheque.	As soon as we receive the invoice, we will send you a check.

el **coste/costo** **El coste de la vida** ha subido mucho.	cost The cost of living has increased greatly.
(el) **Precio de Venta al Público (PVP)** **Debido a** la inflación subieron los Precios de Venta al Público.	consumer price Owing to inflation, consumer prices rose.
el **impuesto** Mañana tengo que pagar los impuestos.	tax Tomorrow I have to pay the taxes.
la **carga** Las cargas sociales han aumentado.	charge; obligation; burden Social contributions have increased.
descargar Hay que descargar los camiones antes de que vengan más.	to unload The trucks have to be unloaded before more arrive.

la **comisión**	commission

el, la **representante** Vicente **trabajó** muchos años **de representante**.	representative; agent Vicente worked as a representative for many years.
el, la **viajante**	traveling salesman

el **contrato**	contract
firmar Aún no hemos firmado el contrato.	to sign We haven't signed the contract yet.
la **firma** La firma en este contrato no es válida.	signature The signature on this contract is invalid.

la **agencia**	agency
el **seguro** hacer/cancelar un seguro	insurance to take out/to cancel insurance
el **seguro de responsabilidad civil**	personal liability insurance
el **seguro de vida**	life insurance
el **seguro del hogar** La agencia de seguros está **cerrada por vacaciones**.	household goods insurance The insurance agency is closed for vacation.
la **garantía** Algunos coches ya tienen tres años **de garantía**.	warranty; guarantee Some cars now have a three-year warranty.

la **competencia**	competition, rivalry; competence; jurisdiction
En el mercado nacional hay mucha competencia con los importadores de la UE.	In the domestic market, there is great competition with the EU importers.
Este asunto no **es de mi competencia**.	This matter is not within my area of competence.
competir	to compete
Muchas empresas compiten en el mercado americano.	Many firms compete in the American market.

15.5 Money and Banking 66

el **dinero**	money
la **plata** *Am*	money; silver
el **billete**	bill, banknote; ticket
Los billetes y las monedas son **dinero en metálico**.	Bills and coins are cash.
la **moneda**	coin; currency
¿Tienes monedas para sacar un billete?	Do you have enough coins to buy a ticket?
gastar	to spend
Mucha gente gasta más de lo que gana.	Many people spend more than they earn.
la **cantidad**	amount, sum, quantity

el **banco**	bank
la **caja de ahorros**	savings bank

(el, la) **ahorrador(a)**	thrifty, frugal; saver
(el, la) **ahorrista** *Am*	saver

cambiar	to change
¿Me puede **cambiar** mil soles peruanos **en euros**?	Can you change 1,000 Peruvian soles to euros for me?
el **beneficio**	profit
Los bancos trabajan con un beneficio enorme.	Banks operate at an enormous profit.
ahorrar	to save
Felipe está ahorrando para comprarse una bici.	Felipe is saving to buy himself a bike.

la **cuenta**	account

la **cuenta corriente**	current account
el **extracto de cuenta**	statement of account
el, la **titular**	holder (of an account); depositor
cancelar	to cancel
El titular de esta cuenta quiere cancelarla.	The account holder would like to cancel this account.
la **libreta de ahorro**	savings book
la **cartilla de ahorro** *Esp*	savings book
la **caja fuerte**	strongbox, safe
Mi madre guarda las joyas en la caja fuerte.	My mother keeps her jewelry in the safe.

el **gasto**	expense; cost; outlay
Cargaremos **los gastos de transferencia** en su cuenta.	We will charge the transfer costs to your account.
abonar	to credit with; to pay in; to deposit
– ¿Me pueden abonar este talón en mi cuenta corriente?	"Can you deposit this check in my current account?"
– Por supuesto.	"Of course."

ingresar	to deposit
Por favor, ingrese el importe total en nuestra cuenta.	Please, deposit the full amount in our account.
los **ingresos**	income
El año pasado nuestros ingresos fueron bajos.	Last year our income was small.
el **importe**	sum, amount
Le he ingresado el importe de la factura en su cuenta.	I have deposited the amount of the invoice in your account.

retirar	to withdraw; to take out
¿Qué cantidad desea retirar de su cuenta corriente?	What sum would you like to withdraw from your current account?

el **cheque**	check

el **talón**	check
El talón cruzado no se puede cobrar **en metálico**.	A collection-only check cannot be cashed.
el **cheque de viaje**	traveler's check
¿Aceptan ustedes cheques de viaje?	Do you take traveler's checks?

el **cobro** Para **el cobro con cheque** exija que esté conformado. el **talonario de cheques** **cobrar** ¿En qué banco puedo cobrar el cheque? Por favor, cóbrese.	receipt; collection; cashing For collection of a check, they require a bank check. checkbook to cash (a check); to collect At which bank can I cash the check? I'd like to pay (the check), please.
la **transferencia** la **letra** ¿Aceptan el pago mediante una **letra de cambio**?	transfer draft; bill (of exchange) Will you accept payment by means of a bill of exchange?
el **cajero**, la **cajera** El cajero del banco fue la víctima del asalto. el **cajero automático** la **tarjeta de crédito** Este cajero automático no acepta su tarjeta de crédito. **en efectivo** – ¿Paga con tarjeta? – No, en efectivo. **en concreto** *Am* **efectivo**, **efectiva** **a plazos** Pablo pagó el piso a plazos porque no pudo pagarlo al contado. el **cambio** Perdone, ¿**tiene cambio de** cien pesos? ¿Cómo está el cambio del peso mexicano? el **vuelto** *Am* ¡No **te olvides de**l vuelto! **suelto**, **suelta** el **dinero suelto** ¿Llevas dinero suelto para el peaje? el **sencillo** *Am* el **resto**	cashier; teller The bank teller was the victim of the assault. ATM, automatic teller machine credit card This ATM doesn't accept your credit card. in cash "Are you paying by credit card?" "No, in cash." effective effective; real, actual; cash in installments Pablo paid for the apartment in installments because he couldn't pay for it in cash. change; exchange; rate of exchange Excuse me, can you change a hundred pesos? What is the exchange rate for the Mexican peso? change Don't forget your change! loose; single; small change loose change Do you have loose change for the toll? loose change rest

el **recibo**	receipt

la **deuda**	debt
Muchos países latinoamericanos no pueden pagar los intereses de su **deuda externa**.	Many Latin American countries cannot pay the interest on their foreign debt.

el **deudor**, la **deudora**	debtor

prestar	to lend; to loan
A ver cuándo me devuelves el dinero que te presté.	We'll see when you give me back the money I loaned you.

el **préstamo**	loan
El deudor debe pagar el préstamo.	The debtor has to repay the loan.

el **crédito**	loan
La señora Vázquez ha comprado la casa con un crédito.	Mrs. Vázquez bought the house with a loan.

el **plazo**	term; time; date of payment
En diciembre se acaba el plazo para pagar el crédito.	In December the period for repaying the loan expires.
el **interés**	interest
calcular	to calculate; to figure out
Hemos de calcular los intereses del crédito.	We have to calculate the interest of the loan.
la **suma**	sum, amount

valer	to cost
¿Cuánto vale este libro?	How much does this book cost?

por	for
el **descuento**	discount; deduction
¿Cuánto descuento nos hace si pagamos al contado?	How much of a discount will you give us if we pay in cash?
¿Hay un descuento para estudiantes?	Is there a student discount?
la **rebaja**	reduction; discount
Si se llevan cuatro libros les hago una rebaja.	If you take four books, I'll give you a discount.

la **bolsa**	stock market
Ignacio es un **corredor de bolsa** muy astuto.	Ignacio is a very astute stockbroker.
el, la **accionista**	stockholder
Los accionistas en conjunto son propietarios de una sociedad anónima (S.A.).	All the stockholders together are owners of a stock company.
la **acción**	stock
el **valor**	worth, value; security; bond; stock
Aceptamos estos valores como garantía para el crédito.	We accept these bonds as security for your loan.
invertir	to invest
El señor Vázquez ha invertido su capital en un **fondo de inversiones**.	Mr. Vázquez has invested his capital in an investment fund.
el **inversor**, la **inversora**	investor
la **asamblea general**	general assembly
la **inversión**	investment
Las inversiones en **fondos de acciones** son más prácticas para los pequeños inversores.	Investments in stock funds are more practical for small investors.
el **fondo**	fund; capital
En el fondo los **fondos de inversión** son rentables.	Fundamentally, investment funds are profitable.
la **renta**	income
el **asesor fiscal**, la **asesora fiscal**	tax consultant, tax adviser
El asesor fiscal me hace **la declaración de la renta**.	The tax consultant does my tax return.
el **tesoro (público)**	public treasury
Tesoro	treasury

las **divisas**	foreign currency; foreign exchange
Todas las monedas extranjeras son divisas.	All foreign currencies are foreign exchange.
el **euro**	euro
el **peso**	peso
El peso es la moneda de Argentina, Bolivia, Colombia, Cuba, Chile, la República Dominicana, México y Uruguay.	The peso is the unit of currency of Argentina, Bolivia, Colombia, Cuba, Chile, the Dominican Republic, Mexico, and Uruguay.
el **quetzal**	quetzal (currency of Guatemala)
el **lempira**	lempira (currency of Honduras)
el **colón**	colón (currency of El Salvador and Costa Rica)

el **córdoba**	córdoba (currency of Nicaragua)
el **bolívar**	bolívar (currency of Venezuela)
La moneda venezolana tiene el nombre del General Simón Bolívar.	Venezuelan currency gets its name from General Simón Bolívar.
el **nuevo sol**	nuevo sol (currency of Peru)
el **guaraní**	guaraní (currency of Paraguay)
el **balboa**	balboa (currency of Panama)

el **dólar**	dollar
el **franco**	franc
el **franco suizo**	Swiss franc
el **marco alemán**	German mark
la **libra esterlina**	pound sterling
la **corona danesa**	Danish krone

False Friends

Spanish Word	Thematic Meaning	False Friend	Spanish Equivalent
el **establo**	**stable (building)**	stable (fixed)	estable
la **firma**	**signature**	firm	la empresa
el **gasto**	**cost**	guest	el huésped, el invitado
el **importe**	**sum, amount**	import	la importación
el **talón**	**check**	talon	la garra

My Vocabulary

16

Communications and Mass Media

16.1 Postal Service and Telecommunications 67

Correos	Post Office (institution)
el **correo**	mail
¿Ya ha llegado el correo?	Has the mail come yet?
la **estafeta de correos**	post office, postal service station
la **lista de correos**	poste restante, general delivery
las **cartas detenidas** *Am*	(in care of) general delivery
el **sello**	postage stamp
Tengo que ir a Correos a comprar sellos.	I have to go to the post office to buy stamps.
la **estampilla** *Am*	postage stamp
la **carta**	letter
la **(tarjeta) postal**	postcard

INFO

Correos

Correos (without the article) refers exclusively to the Post Office or the Postal Service as an institution. For the local post office/postal service station or the mail, use **el correo.**

el **impreso**	printed matter
Las revistas y los periódicos se mandan como impresos.	Magazines and newspapers are sent as printed matter.
el **franqueo**	postage
Esta carta no **lleva suficiente franqueo**.	This letter doesn't have enough postage.

recibir	to receive, to get
Hace una semana que no recibo correo.	I haven't gotten any mail in a week.
mandar	to send
el **paquete**	package; parcel
Mis abuelos me enviaban paquetes para Navidad.	My grandparents sent me packages for Christmas.
El paquete muestra es más económico que el paquete postal.	A small parcel is more economical than a package.

el **giro postal**	postal money order

certificado, certificada	certified
la **carta registrada** *Am*	certified letter; registered letter

enviar
Carlos ha enviado una **carta certificada** al ayuntamiento.

to send
Carlos sent a certified letter to the city hall.

el **envío**
Los gastos del envío aéreo son aparte.

shipment, transport
The airfreight costs are extra.

contra reembolso
¿Prefiere pagar por giro postal o contra reembolso?

C.O.D.
Do you prefer to pay by postal money order or C.O.D.?

urgente
por avión
¿Cuánto cuesta esta **carta urgente y por avión**?

express; special delivery
airmail
How much does this letter cost by special delivery and by airmail?

el **correo aéreo**
La mejor manera de mandar una carta a América es por correo aéreo.

airmail
The best way to send a letter to America is by airmail.

el **buzón**
¿Hay un buzón por aquí cerca?

mailbox
Is there a mailbox near here?

Voy a echar estas cartas al buzón.

I'm going to put these letters in the mailbox.

el **cartero**, la **cartera**
Nuestra cartera nunca confunde el número de casa con el número de piso.

mailman; postal carrier
Our postal carrier never mixes up the building number with the apartment number.

la **dirección**

address

las **señas**
Si me da sus señas le mandaré los libros que quiere.

address; direction
If you give me your address, I will send the books you want.

el **destinatario**
Te han devuelto la carta porque el destinatario es desconocido.

addressee, recipient
The letter was returned to you because the addressee is unknown.

el **remite**
No he puesto el remite.

sender
I haven't put on the sender.

el, la **remitente**
¿Quién es el remitente del paquete?

sender
Who's the sender of the package?

el **código postal**
 ¿Has escrito bien la dirección
 y el código postal?

postal code; zip code
 Did you write the address
 and the postal code
 correctly?

el **apartado** (postal)
el **apartado de Correos**
 En la estafeta de correos he recogido
 las **cartas del apartado de Correos**.

post office (P.O.) box
post office (P.O.) box
 I've picked up the letters
 from the post office's
 P.O. box.

---

la **(Companía) Telefónica**

telephone company; Telefónica
(Spanish telephone company).

el **teléfono**
 llamar por teléfono
el **número de teléfono**
 ¿Cuál es su número de teléfono?

telephone
 to call (on the telephone)
telephone number
 What is your phone
 number?

---

la **guía telefónica**
 Es más cómodo llamar a Información
 que buscar el número en la guía
 telefónica.
el **directorio de teléfonos** *Am*
la **información**

telephone guide
 It's easier to call Information
 than to look for the number
 in the phone guide.
telephone guide
information

---

la **cabina telefónica**
la **tarjeta telefónica**
 Para algunas cabinas telefónicas se
 necesita una **tarjeta telefónica**,
 para otras solo **monedas**.
 – Deme una tarjeta telefónica de
 10€, por favor.
 – No tengo. Pregunte en el kiosco.

telephone booth
telephone card
 In some phone booths you
 need a phone card, but in
 others only coins.
 "Please give me a 10-euro
 telephone card."
 "I don't carry them. Ask at
 the newsstand."

---

los **pasos** *pl*
 El precio de la llamada **es por pasos**.

units
 The price of the calls is
 figured in units.

el **prefijo**
 Todos los números de teléfono fijos
 en España incluyen los antiguos prefijos.

 Las conferencias internacionales
 necesitan desde España dos prefijos,
 el del país y el de la ciudad.

prefix
 In Spain, all stationary-
 phone numbers include the
 old prefixes.
 For international calls from
 Spain, two prefixes are
 needed, one for the country
 and one for the town.

la **línea**
 Por favor, **¡deme línea!**

line
 Please, give me a line!

---

el **celular** *Am*	cell phone
el **móvil** *Esp*	cell phone
– ¿Me das tu móvil?	"May I have your cell phone?"
– ¿A quién quieres llamar?	"Whom do you want to call?"
– No quiero tu móvil sino tu número de teléfono.	"I don't want your phone, but your phone number."
la **cobertura**	coverage
el **mensaje**	message
Te **he dejado un mensaje** en el contestador automático.	I left you a message on the answering machine.
No entiendo los mensajes que me mandas porque abrevias todo, por ejemplo, significa nvs ASDC o mñn? = "¿Nos vemos al salir de clase o mañana?"	I don't understand the messages you send me because you abbreviate everything; for example, does "syac or tom" mean "See you after class or tomorrow?"

marcar	to dial
¿Hay que **marcar un prefijo**?	Do you have to dial a prefix?
la **llamada**	call
Llevo toda la mañana esperando una llamada importante.	I've been waiting all morning for an important call.

la **llamada urbana**	local call
Tengo que hacer una llamada urbana y **poner una conferencia** a Bilbao.	I have to make a local call and a conference call to Bilbao.
la **conferencia** *Esp*	conference call
la **videoconferencia**	videoconference
el **contestador automático**	answering machine
la **comunicación**	connection
Es imposible hablar con Teruel porque de momento no hay comunicación.	It's impossible to call Teruel because there's no connection at the moment.

dar/estar ocupado *Am*	to be busy (phone)
Te he llamado mil veces y siempre daba ocupado.	I called you a thousand times, and it was always busy.
estar comunicando *Esp*	to be busy
sonar	to ring
Baja la música porque, si no, no oímos si suena el teléfono.	Turn down the music; otherwise we won't hear if the phone rings.

¡Diga!	Hello! (used by person answering)
¡Dígame!	Hello! (used by person answering)
– ¡Dígame!	"Hello!"
– ¡Oiga! ¿Está Felisa?	"Hello, is Felisa there?"
– **¿De parte de quién?**	"Who's speaking, please?"
– De Roberto. ¿Puedo hablar con Felisa?	"Roberto. May I speak to Felisa?"
– Sí, un momento.	"Yes, just a moment."
¡Hola! *Am*	Hello! (used by person answering)
¡Aló! *Am*	Hello! (used by person answering)
¡Bueno! *Am*	Hello! (used by person answering)
¡Oiga!	Hello? (used by caller)
¡Óigame!	Hello? (used by caller)
¡Oiga! El señor Fuentes, por favor.	Hello? Mr. Fuentes, please.

descolgar	to pick up
colgar	to hang up
¡Dolores! ¡Cuelga ya de una vez, Dolores!	Dolores! Dolores, hang up finally!
localizar	to reach
Como el teléfono **estaba descolgado** no te pude localizar.	Since the receiver was off the hook, I couldn't reach you.
al habla	speaking (Spain)
al aparato	speaking (Spain)
poner	to connect
¡Póngame con la señora Brea, por favor!	Please connect me to Mrs. Brea.

el **telefax**	computer fax
el **fax**	fax
Envíennos los documentos por fax.	Fax us the documents.
el **prefijo de EUA**	U.S. country code
Para llamar desde el extranjero, el prefijo de Estados Unidos es el uno.	To call from abroad, the country code for the United States is 1.

16.2 Radio, Television 68

emitir	to broadcast
la **radio**	radio
A Marisa le encanta el programa de radio de esta emisora.	Marisa is delighted by this station's radio programming.

el **locutor**, la **locutora**	radio announcer, radio speaker
La locutora de esta emisora tiene una voz muy agradable.	This station's announcer has a very pleasant voice.

la **emisora**	radio station
¿Cuál es tu **emisora preferida**?	What's your favorite station?
escuchar	to hear; to listen to
Como **se han terminado las pilas** no podemos escuchar la radio.	Since the batteries are dead, we can't listen to the radio.

el, la **oyente**	listener
el, la **radioyente**	radio listener

la **publicidad**	advertising; publicity
Hoy en día se hace muchísima publicidad en todos los medios.	Today a great deal of advertising is done in all the media.

la **promoción**	promotion; publicity
La fábrica superó la crisis con ayuda de la promoción industrial.	Industrial publicity helped the factory overcome the crisis.
Este artículo está de promoción ahora.	This article is being promoted now.

la **televisión**, la **tele**	television, TV
¿Cuándo ponen la **película policíaca** en la tele?	When is the crime film on TV?

el **espectador**, la **espectadora**	viewer
Muchos espectadores no están contentos con el programa de tele.	Many viewers are not happy with the TV programming.
el, la **televidente**	TV viewer
zapear *pop*	to zap
la **cadena**	station (radio, TV)
En España hay dos cadenas nacionales, diferentes regionales y muchas privadas.	In Spain there are two national stations, various regional stations, and many private stations.

el **programa** En la radio y la tele interrumpen el programa para la publicidad.	program In radio and television, the program is interrupted for commercials.

INFO

Gender of nouns ending in -ma

For the gender of nouns ending in **-ma**, see the information on page 181.

transmitir **en directo** Esta tarde transmiten un partido de fútbol **en directo vía satélite**.	to transmit; to broadcast live; direct This afternoon a soccer match is being transmitted live via satellite.
interrumpir	to interrupt
el **documental** la **serie** Los documentales son más interesantes que algunas series. la **telenovela** el **culebrón** *pop* Se dice que las telenovelas son culebrones porque **parece que no terminan** nunca. la **teletienda** ¿Compras tú también en la teletienda?	documentary film; report series Documentaries are more interesting than some series. TV series; soap opera soap opera Soap operas are called *culebrones* (large snakes) because they never seem to have an end. teleshop, teleshopping Do you also do teleshopping?
el **televisor** Los televisores están haciéndose cada vez más delgados.	television set The TV sets are getting thinner all the time.
la **antena** Tenemos **antena parabólica**. la **imagen** Con la televisión por cable la imagen es mejor pero más cara. la **televisión por cable** la televisión de **alta definición**	antenna We have a dish antenna. image; picture With cable TV, the picture is better but more expensive. cable TV HDTV

la **televisión digital** La Televisión Digital Terrestre utiliza el estándar europeo, que es el DVB-T (Digital Video Broadcasting–Terrestrial).	digital television Spanish land-based digital TV uses the European standard, which is DVB-T (Digital Video Broadcasting–Terrestrial).
el **volumen** ¡Baja el volumen!	volume Turn down the volume!
el **altavoz**	loudspeaker
el **altoparlante** *Am*	loudspeaker

las **noticias** ¿Han dicho algo sobre el robo en las noticias?	news Did they mention the robbery on the news?
el **noticioso** *Am*	news

el **presentador**, la **presentadora** La presentadora tiene acento cubano.	moderator The moderator has a Cuban accent.
la **emisión**	broadcast (radio, TV); emission

la **entrevista** ¿Viste la entrevista del presidente que emitieron ayer?	interview Did you see the interview with the President that was broadcast yesterday?
entrevistar	to interview

el **reportero**, la **reportera**	reporter
el **reportaje** El reportaje se publicará en la próxima edición.	report (journalism); reporting The report will be published in the next edition.
el, la **corresponsal**	correspondent
el **teletexto** En el teletexto hay muchas informaciones actuales.	teletext There is a lot of current information in the teletext pages.

rodar En mi barrio están rodando una película.	to shoot (film, movie) A film is being shot in my neighborhood.
el **vídeo**, **video** – ¿Has visto la película de Almodóvar en video? – No, la he visto en DVD.	video; video recorder "Have you seen Almodovar's film on video?" "No, I saw it on DVD."

el **DVD** (Disco Versátil Digital)	DVD (Digital Versatile Disc)
la **videoteca** Esta videoteca tiene las últimas novedades del cine.	video store This video store has the latest films.

16.3 Print Media and Books 69

la **prensa**	press; newspapers
Ayer leí en la prensa que va a haber huelga general.	Yesterday I read in the press that there's going to be a general strike.
el **periódico**	newspaper

el, la **periodista**	journalist
En la redacción trabajan varios periodistas.	Various journalists work on the editorial staff.
Maruja Torres es periodista y autora.	Maruja Torres is a journalist and a writer.
periodístico, periodística	journalistic
agotado, agotada	out of print; sold out
El Jueves es un semanal que sale los miércoles y a veces está agotado.	*El Jueves* is a weekly that comes out on Wednesdays, and sometimes it sells out quickly.
la **crónica**	chronicle
La crónica de esta ciudad **está por escribir**.	The chronicle of this city has yet to be written.

el **diario**	daily newspaper
Hay un diario español que se llama *El Periódico*.	There is a Spanish daily called *El Periódico*.

semanal	weekly
mensual	monthly

la **revista**	magazine

suscribirse	to subscribe
el **cómic**	comics
Los comics para niños se llaman en España *tebeos*.	Comics for children are called *tebeos* in Spain.

leer	to read
¿Has leído el periódico?	Have you read the newspaper?
el **anuncio**	ad(vertisement); notice; announcement
En esta revista hay más anuncios que artículos.	In this magazine there are more ads than articles.
el **aviso** *Am*	ad(vertisement); notice; announcement

la **propaganda**	advertising; propaganda
los **medios de comunicación**	mass media
el **quiosco** (kiosco)	newsstand; news kiosk
La mayoría de la gente compra el periódico en el quiosco en lugar de suscribirse.	Most people buy the newspaper at the newsstand instead of subscribing.
imprimir	to print
la **imprenta**	press; printing house, printing office
la **tirada**	issue; press run, printing edition

la **página**	page
publicar	to publish

la **publicación**	publication
La publicación de esta novela fue un gran éxito.	The publication of this novel was a great success.
la **redacción**	editorial staff; editorial office

el **artículo**	article
el **editorial**	editorial
El País publica un editorial cada día.	*El País* publishes an editorial every day.

el **editor**, la **editora**	editor; publisher
¿Quién es el editor de esta revista?	Who is the publisher of this magazine?
influir	to influence
Los medios de comunicación pueden **influir en** la opinión pública.	The mass media can influence public opinion.

la **librería**	bookstore
el **libro**	book

el **índice**	index

el **diccionario**	dictionary
la **editorial**	publishing house
Esa editorial no quiso publicar ni mi libro de cocina ni tu diccionario.	That publishing house didn't want to publish either my cookbook or your dictionary.

la **edición**	edition
¿Qué edición del *Quijote* tienes?	Which edition of *Quijote* do you have?

16.4 Multimedia, Computers, Internet 70

el **hardware**	hardware
la **computadora** *Am*	computer (Latin America)
el **ordenador** *Esp*	computer (Spain)
la **computadora portátil** *Am*	laptop
el **ordenador portátil** *Esp*	laptop (Spain)
el/la **notebook**	notebook
la **computadora**	computer

el **banco de datos**	data bank
colgarse *pop*	to crash (computer)
Tan pronto se instaló la red, se colgaron los ordenadores.	The net had barely been installed when the computers crashed.
la **red**	net (Internet)

el **lector de CD-ROM**	CD-ROM player
el **lector de DVD** (Disco Versátil Digital)	DVD player

el **procesador**	processor
el **disco duro**	hard disk
la **memoria**	memory
Siempre salvo los documentos en la memoria USB para tener una copia de seguridad independiente del disco duro.	I always save the documents on a USB stick so that I have a backup copy independent from the hard disk.
el **bit**	bit (smallest unit of information)
el **microprocesador**	microprocessor
el **puerto**	port
¿En qué puerto **tienes conectado** el ratón?	What port did you connect the mouse to?

la **informática**	computer science; informatics

programar	to program
el **programador**, la **programadora**	programmer

el **monitor**	monitor
la **pantalla**	screen
Tienes que limpiar la pantalla porque no se ve nada.	You have to clean the screen because you can't see anything.
digital	digital

la **tarjeta gráfica**	graphics card
el **salvapantallas** *sg*	screensaver
Miguel ha instalado un salvapantallas muy curioso.	Miguel has installed a very strange screensaver.
la **tarjeta de sonido**	soundcard
Con la tarjeta de sonido incluso puedo componer música.	With the soundcard, I can even compose music.
compatible	compatible
La tarjeta gráfica no es compatible con la pantalla.	The graphics card is not compatible with the monitor screen.
el **controlador**	driver
Tienes que instalar el controlador más actual para que te funcione bien la pantalla.	For the screen to work properly, you have to install an updated driver.

el **ratón**	mouse
Tomás utiliza un ratón **sin cable**.	Tomás uses a cordless mouse.
el **teclado**	keyboard
Este teclado no tiene las teclas españolas.	This keyboard doesn't have Spanish keys.

la **tecla de función**	function key
¿Para qué son estas teclas de función?	What are these function keys for?

picar	to type; to enter
¿Hay que **picar una contraseña**?	Do you have to enter a password?
formatear	to format
la **impresora**	printer
el **tipo de letra**	typeface
¿Cuántos tipos de letra tiene la impresora?	How many typefaces does the printer support?

el **software**	software; programs

la **actualización**	update (more recent version of a computer program)
cargar	to load
La **actualización de los programas** se carga automáticamente.	The update is loaded automatically.
el **programa de ayuda**	help program

el **sistema operativo**	operating system

la **copia de seguridad** Pudimos recuperar los datos gracias a la copia de seguridad.	backup (copy) Thanks to the backup, we were able to recover the data.
la **copia pirata** **piratear**	pirated copy to pirate, to commit piracy on
instalar el **programa**	to install; to set up program (software)
el **virus** el **antivirus** Ayer traje un programa que tenía un virus. **Menos mal que** lo descubrió el antivirus.	virus antivirus program Yesterday I downloaded a program that had a virus. Luckily, the antivirus program detected it.
la **entrada de datos** los **datos de salida** el **procesamiento de datos** Clara programó este procesamiento de datos. la **gestión de ficheros** el **tratamiento de textos avanzado** la **transmisión de datos** La transmisión de datos por e-mail es muy rápida.	data entry output data data processing Clara programmed this data processing. file management desktop publishing data transmission Data transmission by e-mail is very quick.
el **tratamiento de textos** El **paquete de software** incluye un **sistema operativo** y un **programa de tratamiento de textos** que ya están instalados. ¿Me puede recomendar un buen programa de tratamiento de textos para mi ordenador?	word processing The software package includes an operating system and a word-processing program, which are already installed. Can you recommend a good word-processing program to me for my computer?
el **icono**, el **ícono** **iniciar** Pulsando el icono se inica el programa. la **contraseña**	icon to start (a program) You start the program by clicking on the icon. password

la **carpeta**	folder
el **archivo**	directory
el **fichero**	file
almacenar en	to store in; to save in
¿En qué carpeta almacenaste el fichero?	In which directory did you save the file?
la **orden**	command
borrar	to delete

recuperar	to recover

la **ventana**	window
el **menú**	menu
– ¿Cómo se borra eso?	"How do you close that?"
– Abre el menú y lo verás.	"Open the menu and you'll see."
marcar	to highlight
copiar	to copy
Antes de copiar tiene que marcar las palabras.	Before copying, you have to highlight the words.
cortar	to cut
pegar	to paste
Antes de poder pegar ese imagen, tienes que marcarla y luego copiarla o cortarla.	Before pasting that image you have to highlight it and then copy or cut it.

el **escáner**	scanner
El escáner facilita mucho los trabajos gráficos.	The scanner makes working with graphics much easier.
escanear	to scan

la **conexión**	connection
Tienes que **poner la contraseña** para establecer una conexión con el servidor.	You have to enter the password to establish a connection with the server.
la **conexión inalámbrica** (WiFi)	Wi-Fi; wireless connection
conectar	to connect
(el/la) **Internet**	Internet
navegar	to surf (the Internet)
A Marta le encanta **navegar por Internet**.	Marta enjoys surfing the Internet.

el **servidor web**	(web) server
el **proveedor de Internet**	Internet provider
el **acceso**	access
No conseguirán acceso a Internet si no se **conectan a** un servidor primero.	You won't get access to the Internet if you're not connected to an Internet service provider.
acceder	to access
la **tarifa plana**	flat rate
bajar	to download
el **buscador**	search engine
el **enlace**	link
Los buscadores tienen enlaces a las páginas web.	The search engines have links to the web pages.
la **página web**	web page
el (cuaderno de) **bitácora**	blog
hacer clic	to click
pulsar aquí	Click here.
el **correo electrónico**	e-mail, electronic mail
El correo electrónico es muy rápido.	**E-mail is very fast.**
la **arroba**	@ ("at" symbol)
Las direcciones de correo electrónico llevan una arroba.	The e-mail addresses contain an @.
en línea	online (operation)
fuera de línea	offline (operation)
Algunas páginas web se pueden leer **sin estar en línea**, o sea, estando fuera de línea.	Some web pages can be read without being online, that is, while you're offline.
el **chat**	chat (room)
En el curso de español organizamos un chat muy divertido.	In our Spanish course we organized a very entertaining chat room.
chatear	to chat
¡Es verdad que chateando se aprende mucho!	It's true that you learn a lot while chatting!

False Friends

Spanish Word	Thematic Meaning	False Friend	Spanish Equivalent
la carta	letter	card	la tarjeta
la dirección	address	direction	la instrucción
enviar	to send	envy	la envidia
la librería	bookstore	library	la biblioteca
la red	network	red	rojo

My Vocabulary

_____

_____

_____

_____

_____

_____

_____

_____

_____

_____

_____

_____

_____

_____

_____

_____

_____

_____

_____

_____

_____

17
Traffic, Means of Transportation

17.1 Individual Transportation 71

el **tráfico**	traffic
La Dirección General de Tráfico (DGT) es la autoridad competente para asuntos relacionados, por ejemplo, con el carné por puntos o el estado de las carreteras.	The Spanish Traffic Department is the authority that deals with such matters as penalty points or the condition of the highways.
la **circulación**	traffic
circular	to move; to travel; to circulate
Cada vez hay más personas que circulan en bicicleta por las grandes ciudades.	Every time there are more people using bikes to travel in large cities.
el **tránsito**	transit; passing through
El tránsito de Valencia ha mejorado con la autopista.	Passing through Valencia has improved with the turnpike.
el **tránsito** *Am*	transit; movement; passage; journey
la **desviación**	detour
el **atasco**	traffic jam
Por las tardes la circulación es casi imposible por causa de los atascos.	In the afternoons the traffic is almost impossible because of the traffic jams.
el, la **automovilista**	automobile driver
el **conductor suicida**, la **conductora suicida**	wrong-way driver
Muchos accidentes mortales los causan conductores suicidas.	Many fatal accidents are caused by wrong-way drivers.
el **peatón**, la **peatona**	pedestrian
En las carreteras españolas una señal recuerda a los peatones que circulen por su izquierda.	On Spanish highways there are signs that remind pedestrians to walk on the left side of the road.
la **bicicleta**	bicycle
Pablito ya sabe **montar en bicicleta** aunque es muy pequeñito.	Although he's very small, Pablito already knows how to ride a bike.
la **bici** *pop*	bike
andar en bicicleta *Am*	to ride a bike

el, la **ciclista**	cyclist, bike rider
el **conductor**, la **conductora**	driver
Ramona es una conductora prudente.	Ramona is a careful driver.
Todos los conductores tienen que **respetar a** los ciclistas.	All drivers must respect bike riders.
conducir	to drive
A pesar de saber conducir muy bien, no pudo evitar el accidente.	Although he knows how to drive very well, he was unable to prevent the accident.
manejar *Am*	to drive

la **auto-escuela**	driving school
el **carné de conducir**	driver's license
Si se conduce un coche hay que llevar el carné de conducir.	When you drive a car, you have to carry your driver's license.

la **moto**	motorcycle
En los circuitos de Barcelona, Valencia y Jerez se organizan **carreras de motos**.	Motorcycle races are held in Barcelona, Valencia, and Jerez.
la **moto(cicleta)**	motorcycle; moped
el **casco**	helmet
Siempre es más seguro llevar el casco en bicicletas, en cambio, en motocicletas y motos es obligatorio.	It's always safer to wear a helmet on bikes, whereas on mopeds and motorcycles it is mandatory.

girar	to turn
Antes de girar tienes que mirar si vienen peatones u otros vehículos.	Before turning, you have to see if pedestrians or other vehicles are coming.
derecho	straight ahead
– Perdón, ¿el cine Savoy está cerca de aquí?	"Excuse me, is the Savoy Movie Theater near here?"
– Sí, muy cerca. Siga esta calle **todo derecho**, gire la primera a la derecha y, luego, la segunda a la izquierda.	"Yes, quite near. Keep straight ahead on this street, take the first right, and then the second left."
recto	straight ahead
seguir	to keep going; to keep driving; to follow
Para ir a la playa siga todo recto por aquí.	To get to the beach, keep going straight ahead.

torcer
— Perdone, ¿para ir al Museo del Prado?

— Tuerza aquí a la derecha y continúe **todo derecho** hasta el final de la calle.
doblar *Am*

to turn
"Excuse me, how do I get to the Prado Museum?"

"Turn right here, and follow the street until it ends."
to turn

---

el coche
Después del accidente llevé el coche al taller.
el auto *Am*
el carro *Am*

car; auto(mobile)
After the accident, I took the car to the shop.
car
car

---

la documentación del coche
la póliza del seguro

¿Lleva usted la documentación del coche y la póliza del seguro?

vehicle registration papers
proof of insurance, insurance policy
Do you have the car registration papers and proof of insurance with you?

---

usado, usada
¿Has comprado un coche nuevo o usado?
el auto(móvil)
En Hispanoamérica se fabrican muchos automóviles para el mercado local y la exportación.

used
Did you buy a used car or a new one?
auto(mobile), car
In Spanish America many cars are made for the local market and for export.

---

el alquiler de automóviles

car rental

---

el camión
Los domingos hay muy pocos camiones en España por las carreteras.

truck
On Sundays there are very few trucks on the highways of Spain.

---

la matrícula
El coche tiene matrícula de Barcelona.

la chapa *Am*
la placa
La placa de tu moto está sucia.

license number
The car has a Barcelona license number.
license plate
license plate
The license plate of your motorcycle is dirty.

---

la rueda
Me han pinchado las cuatro ruedas.

el motor

wheel; tire
All four of my tires were punctured.
engine, motor

---

la **avería**	breakdown
La Guardia Civil le ayudará gratis si tiene una avería.	In Spain the Guardia Civil will assist you if you have a breakdown.
estropeado, estropeada	damaged; defective
dañado, dañada *Am*	damaged; defective

la **gasolinera**	gas station
la **bomba** *Am*	gas station
la **gasolina**	(gas)oline
la **gasolina sin plomo**	lead-free gas
En todas las gasolineras españolas hay gasolina sin plomo.	Lead-free gas is available at all Spanish gas stations.
el **gasóleo**	diesel fuel
La gasolina es más cara que el gasóleo en Europa.	Gasoline is more expensive than diesel in Europe.

el **depósito**	tank (gas)
Por favor, **lléneme el depósito** y **míreme el aceite**.	Please fill the tank and look at the oil.
el **bidón de gasolina**	gas canister

arrancar	to start
la **bujía**	spark plug
Como arranca mal el coche, le cambiaré las bujías.	Since the car isn't starting well, I'll change the spark plugs.
frenar	to brake
atropellar	to run over
Tuvimos que **frenar en seco** para no atropellar al niño.	We had to brake suddenly to avoid running over the child.
el **freno**	brake
Los frenos de tu moto funcionan muy mal.	The brakes of your motorcycle are very bad.
adelantar	to pass
Ahora podemos adelantar a ese camión porque no hay **tráfico de frente**.	Now we can pass that truck, because there's no incoming traffic.
chocar	to collide
Delante del bar chocaron dos coches pero no hubo heridos.	Two cars collided in front of the bar, but there were no injuries.
el **accidente**	accident
En la autopista se produjo un accidente muy grave **por exceso de velocidad**.	A very serious accident on the turnpike resulted from excess speed.

el **riesgo**	risk; danger
el **cinturón de seguridad**	seatbelt
Es obligatorio **llevar puesto el cinturón de seguridad**.	It is mandatory to wear a seatbelt.

la **marcha**	gear
el **embrague**	clutch
El embrague de mi coche está estropeado, por eso **no le entran bien las marchas**.	The clutch on my car is defective; that's why it's hard to shift gears.
el **volante**	steering wheel
No **coja el volante** si ha bebido.	Don't get behind the wheel if you've been drinking.
el **reposacabezas** *sg*	headrest
acelerar	to accelerate
el **claxon**	horn
la **bocina**	horn
el **faro**	headlight
cegar	to blind
De noche me ciegan los faros de los coches.	At night the car headlights blind me.
enceguecer *Am*	to blind

el **maletero**	trunk
el **baúl** *Am*	trunk

el **compartimento del motor**	engine compartment
transportar	to transport; to carry
En mi camioneta puedo transportar la lavadora.	I can transport the washing machine in my pickup.
el **neumático**	tire
Llevan los neumáticos muy gastados. Será mejor que los cambien antes del viaje.	Your tires are very worn. It'll be better to replace them before the trip.
comprobar	to check

la **grúa**	tow truck
aparcar	to park
La grúa se llevó mi coche porque estaba mal aparcado.	My car was towed away because it was illegally parked.
¡Aquí no puede aparcar!	No parking here!
parquear *Am*	to park
estacionar *Am*	to park

el **aparcamiento**	parking
He estado buscando media hora aparcamiento y al final he aparcado mal.	I looked for a parking place for half an hour and finally parked illegally.
estacionar	to park
el **estacionamiento**	parking
Estacionamiento prohibido.	No parking.
la **playa** *Am*	parking

la **zona azul**	limited parking zone (Spain)
el **automático**	automat (ticket) (Spain)
Cuando se aparca en la zona azul hay que comprar un billete en un automático y dejarlo visible en el coche.	When you park in the limited parking zone, you have to buy a ticket from an automat and leave it in a visible position in your car.
la **multa**	fine (traffic), traffic ticket
A Isabel le **pusieron una multa** por exceso de velocidad.	Isabel got a traffic ticket for exceeding the speed limit.

la **calle**	street
cruzar	to cross
Vamos a cruzar la calle por el paso de peatones.	We're going to cross the street at the pedestrian crossing.
la **avenida**	avenue
atravesar	to cross over
el **cruce**	crossing
el **semáforo**	traffic light
Este cruce fue peligroso porque no había semáforo.	This crossing was dangerous because there was no traffic light.
¡Nunca atraviese la avenida cuando el semáforo **esté en rojo**!	Never cross the street when the light is red!
la **(zona) peatonal**	pedestrian-only zone
En mi barrio hay una zona peatonal con muchas tiendas.	In my neighborhood there's a pedestrian-only zone with many stores.

el **disco**	stoplight
Alberto cruzó la calle a pesar de que el disco estaba en rojo.	Alberto crossed the street although the stoplight was red.
la **acera**	sidewalk
No aparques en la acera porque te pondrán una multa.	Don't park on the sidewalk because you'll be fined.
la **vereda** *Am*	sidewalk

el **paso de peatones**
 Casi me atropellan en el paso de peatones.
la **señal de tráfico**
 Hay que respetar las señales de tráfico.

señalizar

 El desvío está señalizado.

pedestrian crossing
 I was almost run over in the pedestrian crossing.
traffic sign
 Traffic signs have to be obeyed.

to install signals on or along the road; to signal
 The detour is signaled.

---

la **carretera**
 En las carreteras españolas hay una limitación de velocidad (90/100 kilómetros).
la **curva**
 ¡**Cuidado con** esta curva! Es muy peligrosa.
la **autopista**
 En México hay que pagar peaje en las autopistas.

highway
 On Spanish highways there is a speed limit (90/100 km per hour).
curve
 Be careful on this curve! It's very dangerous.
turnpike
 In Mexico you have to pay a toll on turnpikes.

---

la **velocidad**
 el **límite de velocidad**
el **peaje**
 A veces no merece la pena utilizar la autopista porque el peaje es muy caro.

speed
 speed limit
toll
 Sometimes it is not worth using the turnpike, because the tolls are very high.

---

la **autovía**
 En las autovías no se paga peaje.

throughway
 On throughways there is no toll.

---

la **salida**
 Venimos tarde porque nos equivocamos en la salida de la autopista.
la **entrada**
 ¿Dónde está **la entrada al garaje** del hotel?
las **obras** *pl*

cortar
 La carretera está **cortada por obras**.

 Han cortado la calle de Alcalá por una manifestación.

exit
 We'll be late because we took the wrong turnpike exit.
entrance
 Where is the entrance to the hotel garage?
construction work; construction site
to be closed
 The highway is closed for construction work.
 Alcalá Street is closed on account of a demonstration.

17.2 Public Transportation System 72

el **transporte público**	public means of transportation
la **parada**	stop
Para ir al centro, ¿es ésta la parada?	Is this the right stop to go to the center of town?
parar	to stop
¿Para aquí el autobús para Gerona?	Does the bus for Gerona stop here?
el **autobús**	bus
Para ir a las Ramblas puede tomar el autobús o ir en metro.	To get to Ramblas, you can take the bus or the subway.
el **bus** *Am*	bus
el **micro(-bús)** *Am*	bus

pasar	to pass; to go by
¿A qué hora pasa el próximo autobús para Guadalajara?	What time is the next bus to Guadalajara?
el **billete**	ticket
el **boleto** *Am*	ticket

el **bonobús** *Esp*	ticket valid for ten (bus) rides (Spain)
El bonobús es un billete **de** diez viajes para el autobús que se vende en los estancos y quioscos.	The *bonobús* is a ticket for ten bus rides that is sold at tobacco shops and newsstands (Spain).
el **taxi**	taxi
el, la **taxista**	taxi driver

el **ferrocarril**	railroad
la **estación**	station
– ¿Dónde está la estación central?	"Where is the main station?"
– Al lado del ayuntamiento.	"Next to the town hall."
el **tren**	train
el **andén**	platform
¿De qué andén sale el tren **para** Irún?	Which platform does the train to Irun leave from?
la **vía**	track
El tren procedente de Málaga entra en la vía cuatro.	The train from Malaga arrives on Track 4.

el **enlace**	connection; link
la **combinación** *Am*	connection; link

la **correspondencia**	connection; communication
Este tren no **tiene correspondencia con** el AVE para Madrid.	This train doesn't make connection with the AVE to Madrid.
procedente	from
El tren procedente de Bilbao llegará con una hora de retraso.	The train from Bilbao will arrive one hour late.
el **tren de cercanías**	suburban (short-distance) train
el **tren de mercancías**	freight train
el **autotrén**	car sleeper train; auto-train
la **Renfe** (Red Nacional de Ferrocarriles Españoles)	Renfe (Spanish National Railway Network)
el **suplemento**	supplement
el **TALGO** (Tren Articulado Ligero Goicoechea Oriol)	TALGO (Spanish intercity train)
el **AVE** (Alta Velocidad Española)	AVE (Spanish high-speed train)

la **ventanilla**	ticket window
la **boletería** *Am*	ticket booth
la **ida**	way there; outbound trip; departure
la **vuelta**	way back; inbound trip; return
Como **a la vuelta** Pedro me lleva en su coche, sólo tengo que tomar el tren de ida.	Since Pedro is taking me in his car on the way back, I only have to take the train on the way there.
Deme un **billete de ida y vuelta** para Córdoba.	Please give me a roundtrip ticket for Cordoba.
hacer transbordo	to transfer; to change trains
¿Hay que hacer transbordo para ir de Segovia a Cáceres?	Do you have to change trains to go from Segovia to Caceres?

el **revisor**, la **revisora**	conductor
el **compartimento**	compartment
el **pasillo**	corridor
el **vagón**	car
el **coche-restaurante**	dining car
el **vagón-restaurante** *Am*	dining car
el **coche-litera**	couchette car
el **coche-cama**	sleeping car
el **coche-dormitorio** *Am*	sleeping car

el **horario**	schedule
Hemos estado mirando **el horario de trenes** pero no hemos entendido nada.	We looked at the schedule, but we didn't understand anything.
la **reserva**	seat reservation

el **asiento**	seat
Los billetes del TALGO y del AVE incluyen la reserva de asiento.	The tickets for the intercity train, TALGO, and the high-speed train, AVE, include a seat reservation.
el **metro**	subway, metro
Lo más rápido para ir al centro es el metro.	The fastest way to go to the center of town is the subway.
el **bonometro** *Esp*	ticket (subway) valid for ten subway rides (Spain)
el **tranvía**	streetcar
Desde hace pocos años hay otra vez tranvías en Valencia.	For the past few years, there have been streetcars in Valencia again.

el **avión**	airplane
En Hispanoamérica el avión muchas veces es la única posibilidad de trasladarse.	In Spanish America, the airplane sometimes is the only way to travel.
el **aeropuerto**	airport
aéreo, **áerea**	air; aerial
Algunas **compañías aéreas** son famosas por sus retrasos.	Some airlines are famous for their delays.

despegar	to take off
Antes de despegar las azafatas explican las instrucciones de seguridad.	Before taking off, the flight attendants explain the safety instructions.
el **vuelo**	flight
El vuelo de Mallorca a Valencia es muy corto.	The flight from Majorca to Valencia is very short.
volar	to fly
aterrizar	to land
¿Ya ha aterrizado el avión de Acapulco?	Has the plane from Acapulco landed yet?
la **azafata**	stewardess; (female) flight attendant
el **auxiliar de vuelo**	steward; (male) flight attendant
el **capitán**	captain
a bordo	on board
En nombre del capitán les **damos la bienvenida** a bordo.	On behalf of the captain, we welcome you on board.

la **aviación**	aviation; air travel
la **escala**	stopover; port of call; intermediate landing
directo, directa	direct
¿Este vuelo a Buenos Aires es directo o **hace escala** en Asunción?	Is this flight to Buenos Aires direct, or is there a stopover in Asuncion?
el **destino**	destination
retrasarse	to be late; to be delayed
El vuelo **con destino a** Santa Cruz se retrasa media hora.	The flight to Santa Cruz is half an hour late.
demorar(se) *Am*	to be late; to be delayed

el **helicóptero**	helicopter

el **barco**	ship
Un **viaje en barco** es muy agradable si no hay tempestad.	A journey by ship can be very pleasant if there is no storm.
el **puerto**	port
el **transbordador**	ferry; shuttle
El transbordador de Ibiza **acaba de llegar** al puerto de Barcelona.	The ferry from Ibiza has just arrived in the port of Barcelona.
De Melilla sale un transbordador para Málaga.	A ferry goes from Melilla to Malaga.
el **ferry(-boat)** *Am*	ferry; shuttle
desembarcar	to go ashore, to disembark
Los pasajeros acaban de desembarcar en Palma.	The passengers have just gone ashore in Palma.
marítimo, marítima	maritime; marine; sea
Muchos transportes se realizan **por vía marítima**.	Many shipments are made by sea.

la **navegación**	air travel; shipping; navigation
La navegación aérea ha aumentado en los últimos años.	Air travel has increased in the past few years.
Los barcos que hoy **navegan por alta mar** son gigantescos.	The ships that today navigate the high seas are gigantic.
navegar	to navigate; to sail
el **marinero**	sailor; seaman; mariner
Los marineros están en todos los puertos en casa.	Sailors are at home in every port.
marino, marina	marine; sea; nautical
Su abuelo siempre llevaba un **uniforme de marino**.	His grandfather always wore a nautical uniform.

orientarse	to find one's way; to get one's bearings
la **brújula**	compass (magnetic)

el **bote**	boat
En el Retiro de Madrid hay botes para pasear por el estanque.	**In Madrid's Retiro Park, you can go out on the pond in boats.**
el **yate**	yacht
Este verano hemos pasado las vacaciones a bordo de un yate.	**This summer we spent our vacation on board a yacht.**
la **proa**	bow; prow
la **popa**	stern; poop
(el) **estribor**	starboard
(el) **babor**	port, portside
la **cubierta**	deck
Los polizones se escondieron **bajo cubierta**.	**The stowaways hid below deck.**
el **ancla** f	anchor
el **nudo**	knot
¡Hazme un nudo marinero!	**Make me a sailor's knot!**
En la navegación se mide la velocidad en nudos.	**In navigation, speed is measured in knots.**

el **pasajero**, la **pasajera**	passenger
Pasajeros con destino a Cádiz, por favor, diríjanse a la puerta número trece.	**Passengers traveling to Cadiz are requested to go to Gate 13.**
el **pasaje**	ticket
¿Has sacado ya el pasaje?	**Have you already bought the ticket?**
la **tarjeta de embarque**	boarding pass
embarcar	to embark; to ship
embarcarse	to check in; to board (ship)
¿A qué hora tienen que embarcarse?	**What time do you have to check in?**

el, la **polizón**	stowaway
la **barca** *Esp*	small wooden boat
el **naufragio**	shipwreck
el **náufrago**, la **náufraga**	shipwrecked person
rescatar	rescue
Los náufragos fueron rescatados por la marina de guerra.	The shipwrecked persons were rescued by the navy.
el **bote salvavidas**	lifeboat
el **salvavidas** *sg*	life buoy
A bordo siempre hay suficientes salvavidas para los pasajeros.	There are always enough life buoys for the passengers on board.

False Friends

Spanish Word	Thematic Meaning	False Friend	Spanish Equivalent
el casco	**helmet**	cask	el barril, el tonel
cegar	**to blind**	cigar	el cigarro
el faro	**headlight**	fare	la tarifa
la parada	**stop**	parade	el desfile

My Vocabulary

_____

_____

_____

_____

_____

_____

_____

_____

18

Nature, the Environment, Ecology

18.1 Universe, Earth 73

el **universo**	universe
espacial	space
la **atmósfera**	atmosphere
La **contaminación del aire** daña la atmósfera.	Air pollution harms the atmosphere.
atmosférico, atmosférica	atmospheric
Un cambio atmosférico puede tener graves consecuencias para nosotros.	An atmospheric change can have grave consequences for us.
la **capa de ozono**	ozone layer
la **órbita**	orbit
el **planeta**	planet
el **mundo**	world
la **tierra**	earth
La tierra es un planeta que gira alrededor del sol.	The earth is a planet that revolves around the sun.
terrestre	terrestrial, earthly
El agua cubre la mayor parte de la **superficie terrestre**.	Water covers the greatest part of the earth's surface.
el **sol**	sun
el **sistema solar**	solar system
la **luna**	moon
Esta noche hay **luna llena**.	Tonight there's a full moon.
la **estrella**	star
brillar	to shine
Las estrellas brillan en noches claras.	On clear nights the stars shine.
el **origen**	origin
¿Se conoce el origen del sol?	Is the origin of the sun known?
la **astronomía**	astronomy
cósmico, cósmica	cosmic
el **signo del zodíaco**	sign of the zodiac
¿Cuál es tu signo del zodíaco?	What's your sign of the zodiac?

el **satélite**	satellite
La comunicación moderna funciona **vía satélite**.	**Modern communications function via satellite.**
la **nave espacial**	spaceship
la **estación espacial**	space station
Se está construyendo una estación espacial internacional donde atracarán las naves espaciales.	**A space station where spaceships will dock is under construction.**
el, la **astronauta**	astronaut
el **ovni**	UFO
Mucha gente cree haber visto un ovni.	**Many people think they've seen a UFO.**

Mercurio	**Mercury**
Venus	**Venus**
Marte	**Mars**
Mercurio, Venus, la Tierra y Marte son conocidos como los planetas interiores o terrestres.	**Mercury, Venus, the earth, and Mars are known as inner or terrestrial planets.**
el **marciano**, la **marciana**	**Martian**
Júpiter	**Jupiter**
Saturno	**Saturn**
Urano	**Uranus**
Neptuno	**Neptune**

Plutón	Pluto

18.2 Geography 74

la **tierra**	earth

el **polo**	pole (earth's)
el **polo norte**	**North Pole**
el **polo sur**	**South Pole**

el **paisaje**	landscape
El paisaje asturiano se parece al suizo.	**The landscape of Asturias resembles the Swiss landscape.**
la **vista**	view
Desde mi habitación en el hotel tengo una vista maravillosa.	**From my hotel room I have a wonderful view.**
el **bosque**	woods, forest
En el norte de la Península Ibérica hay muchos bosques.	**In the north of the Iberian Peninsula there are many forests.**

la **selva**
    En la región del Amazonas
    hay una gran selva.

jungle; rain forest
    In the Amazon region there
    is a great jungle.

pantanoso, pantanosa
    Algunas partes de la selva son
    muy pantanosas.

swampy, marshy, boggy
    Some parts of the jungle are
    very swampy.

el **pantano**

artificial lake, storage lake;
reservoir (Spain); swamp (Am.)

    Se necesitan más pantanos en España.

    More storage lakes are
    needed in Spain.

el **campo**
    En Castilla hay grandes campos de trigo.

field; land
    In Castile there are large
    fields of wheat.

el **desierto**

desert

la **llanura**
    En las llanuras uruguayas se crían vacas.

plain; prairie
    Cows are raised on the
    Uruguayan plains.

extenderse
    La pampa se extiende desde los
    Andes hasta la costa atlántica
    de Argentina.

to extend; to stretch
    The pampa stretches from
    the Andes to the Atlantic
    coast of Argentina.

la **pampa**

pampa, grassland region

la **meseta**
    La *Meseta Central* está en el centro
    de la Península Ibérica.

plateau
    The *Meseta Central* is in
    the center of the Iberian
    Peninsula.

la **montaña**
    La montaña más alta de América
    es el Aconcagua en Argentina.

mountain
    The highest mountain in
    America is the Aconcagua in
    Argentina.

montañoso, montañosa

mountainous

pirenaico, pirenaica

Pyrenean

andino, andina

Andean

el **puerto**
    Cuando nieva se cierran muchos
    puertos en España.

(mountain) pass (Spain)
    When it snows, many passes
    in Spain are closed.

    un **puerto pirenaico**

    a Pyrenean pass

la **sierra**
    Este invierno no vamos a esquiar
    a la sierra.

(low) mountain range
    This winter we're not going
    to the mountain range
    to ski.

la **cordillera**

(high) mountain range,
cordillera

el **monte**
Los *Montes de Toledo* están en Castilla.

mount
The *Montes de Toledo* are in Castile.

el **pico**
¿Han subido al pico del Mulhacén?

peak; mountaintop
Have you climbed to the top of Mulhacén?

el **glaciar**
la **cuesta**
Para ir al chalet hay que subir la cuesta hasta el final.

glacier
slope; hill; grade
To get to the chalet, you have to go to the top of that hill.

la **colina**
Detrás de esta colina está mi casa.
el **peñón**
En el peñón de Gibraltar hay muchas monas.

hill
My house is behind this hill.
rock; cliff
There are many monkeys on the Rock of Gibraltar.

el **volcán**
el **valle**
la **cueva**
Las cuevas de Altamira son **conocidas por** sus pinturas prehistóricas.

volcano
valley
cave
The caves of Altamira are known for their prehistoric paintings.

18.3 Bodies of Water, Coasts 75

la **fuente**
En los Pirineos hay muchas fuentes.

spring
There are many springs in the Pyrenees.

el **lago**
El lago Titicaca está en la frontera de Perú y Bolivia.

lake
The border between Peru and Bolivia runs through Lake Titicaca.

el **río**
el **arroyo**
desembocar
El río Amazonas **desemboca en** el Océano Atlántico.
la **orilla**
La torre del Oro de Sevilla está **a orillas del** Guadalquivir.

river
small stream; brook
to flow into
The Amazon River flows into the Atlantic Ocean.
(river) bank; shore
The Golden Tower of Seville is on the banks of the Guadalquivir.

el **mar**	sea
mediterráneo, mediterránea	Mediterranean
el **Mar Mediterráneo**	Mediterranean Sea
el **océano**	ocean
Colón cruzó el **Océano Atlántico** en 1492.	Columbus crossed the Atlantic Ocean in 1492.

el **Océano Atlántico**	Atlantic Ocean
el **Océano Pacífico**	Pacific Ocean
atlántico, atlántica	Atlantic

la **ola**	wave
En las playas cantábricas hay olas muy grandes y peligrosas.	On the Cantabrian beaches there are very high and dangerous waves.

el **oleaje**	surf
David se mareó por el fuerte oleaje.	David became seasick because of the surf.

la **costa**	coast
En la costa mexicana hay muchísimo turismo.	On the Mexican coast there is a great deal of tourism.
la **cala** *Esp*	bay
A muchas calas de Ibiza sólo se llega **en barca**.	Many bays of Ibiza are reached only by boat.
la **playa**	beach
En las playas cantábricas se puede ver el cambio de mareas.	On the Cantabrian beaches one can see the changing tide.
el **cabo**	cape
El Cabo de la Nao está frente a Ibiza.	Cape Nao is located in front of Ibiza.

el **litoral**	coastal region
el **canal**	canal; channel
El canal de Panamá conecta los dos océanos.	The Panama Canal links both oceans.
el **arrecife**	reef
Muchos barcos se hundieron cerca de ese arrecife.	Many ships sank near that reef.

peninsular	peninsular
la **península**	peninsula
la **Península Ibérica**	Iberian Peninsula

el **estrecho**	strait; channel
El Estrecho de Gibraltar separa el Mar Mediterráneo del Océano Atlántico.	The Strait of Gibraltar separates the Mediterranean Sea from the Atlantic Ocean.
el **istmo**	isthmus

la **isla**	island
Las islas Menorca, Mallorca, Cabrera, Ibiza y Formentera forman las Baleares.	The islands of Menorca, Majorca, Cabrera, Ibiza, and Formentera form the Balearic Islands.
la **corriente**	current
En el Golfo de Vizcaya hay corrientes peligrosas.	There are dangerous currents in the Gulf of Biscay.

la **marea**	tide
Una **marea negra** contaminó la costa gallega.	An oil slick polluted the Galician coast.
Sólo podemos salir del puerto con **marea alta** y no con **marea baja**.	We can leave port only at high tide, not at low tide.

18.4 Climate, Weather 76

hacer	to be (with indication of weather)
el **tiempo**	weather
Hoy hace buen tiempo.	The weather is good today.

INFO

¿Qué tal el tiempo? – How's the weather?

By using the third person singular of **hacer** (*do, make*), you can make statements about the *weather* and the *temperature*:

hace frío	*It is cold.*
hace calor	*It is hot.*
hace sol	*It is sunny.*
hace viento	*It is windy.*

In addition, **hacer** indicates a *point* or *period of time in the past*:

hace mucho tiempo	*long ago*
hace un siglo	*very long ago, a hundred years ago*
hace quince días	*two weeks ago*
desde hace dos años	*since the last two years*

espléndido, espléndida	splendid
En Montevideo tuvimos un tiempo espléndido.	We had splendid weather in Montevideo.
el **clima**	climate
cálido, cálida	warm
templado, templada	mild; temperate
fresco, fresca	cool
El clima de las Canarias es cálido, en Asturias es fresco y en las Baleares templado.	The climate of the Canary Islands is hot, in Asturias it is cool, and in the Balearic Islands it is mild.
frío, fría	cold (adj)
el **frío**	cold (noun)
el **calor**	heat, warmth
Como **hace calor** me voy a la piscina.	Since it's warm, I'm going to the swimming pool.
Diego siempre **tiene mucho calor** y su mujer en invierno mucho frío.	Diego is always very hot, and his wife is always very cold in winter.
el **bochorno**	sultry weather
En verano **hace un bochorno** increíble en la ciudad de Panamá.	In summer it's incredibly sultry in Panama City.
seco, seca	dry
En Madrid **hace un calor** muy seco.	In Madrid there is a dry heat.
la sequía	drought
La sequía en Cataluña causó muchos daños en la agricultura.	The drought in Catalonia did a great deal of damage to agriculture.
el **sol**	sun
Hoy quema el sol de verdad.	The sun is really burning hot today.
¿Hará sol mañana?	Will it be sunny tomorrow?
soleado, soleada	sunny
la **puesta de sol**	sunset
¿Sabes a qué hora es la puesta de sol?	Do you know when sunset is?
la **salida del sol**	sunrise
Nos levantamos **a la salida del sol** para ir a pescar.	We got up at sunrise to go fishing.

la **temperatura**	temperature
constante	constant
En Quito las temperaturas son bastante constantes.	In Quito the temperature is fairly constant.
el **termómetro**	thermometer
marcar	to show; to read (temperature)
El termómetro marca dos grados bajo cero.	The thermometer reads minus 2 degrees.
el **grado**	degree
La **temperatura media** de Logroño en noviembre es de unos cinco grados sobre cero.	The average temperature in Logroño is about 5 degrees above zero (Celsius) in November.
máximo, máxima	highest; maximum
Las **temperaturas máximas** de mañana serán de 14 grados en Cuzco.	Tomorrow the high in Cuzco will be 14 degrees.
mínimo, mínima	lowest; minimum
La **temperatura mínima** en Ávila fue el sábado de seis grados bajo cero.	The low in Avila was 6 degrees below zero on Saturday.
el **parte meteorológico**	weather report
Ya **no me fío de** los partes meteorológicos.	I don't trust the weather reports anymore.
el **ciclón**	cyclone; low-pressure area
el **anticiclón**	anticyclone; high-pressure area
el **huracán**	hurricane
El huracán produjo grandes catástrofes.	The hurricane caused great catastrophes.
inundar	to flood
el **terremoto**	earthquake
Los terremotos producen grandes catástrofes.	Earthquakes produce major disasters.
el **maremoto**	tidal wave; ground swell

el **cielo**	sky; heavens
cubierto, cubierta	covered
Para mañana se espera en el Pirineo de Navarra cielo cubierto con algunas nevadas y formación de hielo por encima de los 800 metros.	For tomorrow, cloudy skies with isolated snowfalls and ice formation above 800 meters are expected in the Navarre area of the Pyrenees.
despejado, despejada	clear; cloudless

el **claro**	clearing
sereno, **serena**	clear; cloudless
la **sombra**	shade
Si **tienes mucho calor** ven aquí a la sombra.	If you're very hot, come over here in the shade.
la **oscuridad**	dark, darkness
Las noches que no hay luna, la oscuridad da miedo.	On nights when there is no moon, the darkness is frightening.

la **nube**	cloud
Esta noche se ven todas las estrellas porque no hay nubes.	Tonight all the stars are visible because there are no clouds.
nublado, **nublada**	cloudy; overcast
Esta mañana el cielo estaba nublado pero por la tarde se despejó.	This morning the sky was cloudy, but it cleared up in the afternoon.

despejarse	to clear up; to become clear
la **nubosidad**	cloudiness
En todo el Cantábrico habrá niebla que durante el día pasará a claros con alguna nubosidad.	All over the Cantabrian Mountains there will be fog, which during the day will turn into clearing weather with isolated cloudiness.

la **niebla**	fog

el **crepúsculo**	dusk; twilight
Estuvimos trabajando en el campo hasta el crepúsculo.	We worked in the field until dusk.

la **calma**	calm; lull
Como hay calma no podemos salir con el velero.	Since it is so calm, we can't go out on the sailboat.

el **viento**	wind
Aquí sopla un viento fuerte.	A strong wind blows here.
moderado, **moderada**	moderate
En el norte de Mallorca habrá cielo despejado, con vientos moderados.	In northern Majorca the sky will be clear, with moderate winds.

soplar	to blow
Hoy sopla un viento muy frío.	Today a very cold wind is blowing.

la **tormenta**	storm

el **relámpago**	lightning
el **trueno**	thunder
A lo lejos se veían los relámpagos y se oían los truenos de la tormenta.	In the distance the lightning was seen and the thunder of the storm was heard.
el **rayo**	lightning bolt
Ayer cayó un rayo en nuestra casa pero no causó daños.	Yesterday a bolt of lightning struck our house, but it caused no damage.
el **temporal**	storm
Durante el temporal se hundieron todos los botes.	During the storm all the boats sank.
la **tempestad**	storm; thunderstorm
Los barcos no pudieron salir del puerto por causa de la tempestad.	The ships were unable to leave port because of the storm.

llover	to rain
Está lloviendo a mares.	It's pouring rain.
En Toledo ha llovido suficiente para que reviva el parque natural.	In Toledo enough rain fell to revive the natural park.
la **lluvia**	rain
Si cae suficiente lluvia, no será necesario regar los campos.	If enough rain falls, it won't be necessary to irrigate the fields.

la **humedad**	humidity
el **chubasco**	shower (rain)
la **llovizna**	drizzle
En el norte de Honduras habrá chubascos que pasarán a llovizna durante la noche.	In northern Honduras there will be showers that turn into drizzling rain during the night.

la **gota**	drop
– ¿Está lloviendo?	"Is it raining?"
– No, sólo **están cayendo cuatro gotas**.	"No, only a few drops are falling."
mojarse	to get wet
¡Tomen el paraguas para que no se mojen!	Take the umbrella so that you don't get wet!
húmedo, húmeda	humid
Juan no soporta el calor húmedo.	Juan can't stand humid heat.
el **granizo**	hail
El granizo ha destruido la cosecha.	The hail has ruined the harvest.

nevar En los Pirineos ya ha nevado.	to snow **It has already snowed in the Pyrenees.**
la **nieve** ¿Crees que tendremos nieve este invierno?	snow **Do you think we'll have snow this winter?**
la **nevada** **resbalar** Como había nevado, la gente resbalaba por las calles.	snowfall to skid; to slip; to slide **Since it had snowed, people slipped on the street.**
helar En invierno se hiela ese lago.	to freeze **In winter this lake freezes over.**
helado, helada Sara llegó helada a casa.	frozen; icy, ice cold **Sara came home ice cold.**
la **helada** Ayer por la noche fue la primera helada de este año.	frost **Last night we had the first frost of the year.**

18.5 Materials, Substances 77

la **cosa**	thing
la **materia**	matter; material, stuff
estar compuesto, compuesta de ¿De qué está compuesto esto?	to consist of; to be made up of **What is it made of?**
la **materia prima** México es un país **rico en materias primas**.	raw material **Mexico is a country rich in raw materials.**
el **material**	material
la **sustancia**	substance
inflamable Ese material no es inflamable, aunque sea orgánico.	flammable, inflammable **That material is not flammable, even if it is organic.**
orgánico, orgánica	organic
el **papel** Se cortan demasiados árboles para hacer papel.	paper **Too many trees are cut to make paper.**
el **cartón**	cardboard; pasteboard

la **madera**	wood
Jorge se hizo unos muebles **de** madera muy bonitos.	Jorge made himself some very pretty furniture from wood.
la **leña**	firewood, kindling wood
La madera del pino es demasiado buena para hacer sólo leña.	Pine is too good to make only firewood.
la **caña de bambú**	bamboo (cane)
el **cristal**	crystal; glass
el **vidrio**	glass
¡Cuidado con este paquete, que contiene vidrio!	Be careful with this package; it contains glass!
frágil	fragile, breakable
El cristal es muy frágil.	Crystal is very fragile.
visible	visible
la **porcelana**	porcelain
sólido, sólida	solid; firm; compact
el **metal**	metal
el **hierro**	iron
El hierro se funde en hornos.	Iron is smelted in blast furnaces.
oxidado, oxidada	oxidized
la **chatarra**	scrap iron
el **acero**	steel
El acero de Toledo es famoso.	Steel from Toledo is famous.
el **aluminio**	aluminum
el **bronce**	bronze
Han hecho un **monumento de bronce** al Rey.	They erected a bronze monument to the king.
el **cobre**	copper
El **cobre** y el **estaño** son metales valiosos.	Copper and tin are valuable metals.
el **plomo**	lead
el **estaño**	tin
el **mercurio**	mercury
Los termometros modernos no contienen mercurio.	Modern thermometers contain no mercury.
la **chapa**	plate; sheet (of metal)
La **chapa de aluminio** es muy ligera.	Aluminum sheeting is very light.
el **alambre**	wire

el **carbón**

En Asturias hay importantes **minas de carbón**.

coal

In Asturias there are important coal mines.

---

el **mineral**

Algunos minerales son importantes para la industria.

mineral

Some minerals are important for industry.

---

el **gas**

la **cocina de gas**

gas

gas stove

---

el **butano**

el **oxígeno**

el **hidrógeno**

El agua se compone de oxígeno e hidrógeno.

el **nitrógeno**

El nitrógeno es importante para el abono de las plantas.

butane gas

oxygen

hydrogen

Water is made up of oxygen and hydrogen.

nitrogen

Nitrogen is important as a plant fertilizer.

---

arder

la **llama**

el **humo**

Algunas sustancias orgánicas **arden con** poca llama y mucho humo.

el **vapor**

la **máquina a vapor**

to burn

flame

smoke

Some organic substances burn with a small flame and produce a lot of smoke.

steam; vapor

steam engine

---

el **combustible**

fuel

---

la **pólvora**

La pólvora no sólo es inflamable sino que explota.

gunpowder

Gunpowder is not only inflammable, but it also explodes.

---

el **petróleo**

el **plástico**

Del petróleo se hacen combustibles y plásticos.

la **goma**

el **caucho**

el **barro**

la **cera**

la **grasa**

Tienes que ponerle grasa a esta puerta **para que no haga ruido**.

petroleum, oil

plastic

Fuel and plastics are made from petroleum.

rubber

latex

mud

wax

fat; grease; suet; oil

You need to grease that door, so it doesn't make noise.

los **elementos químicos** *pl*	chemical elements
el **azufre**	sulfur
el **fósforo**	phosphorous
En Hispanoamérica se llama *fósforos* a las cerillas.	In Spanish America matches are called *fósforos*.
el **cloro**	chlorine
El agua de la piscina tiene cloro.	The swimming pool water is chlorinated.

18.6 Plants, Flowers, and Trees 78

la **vegetación**	vegetation

la **flora**	flora
Hay que proteger más la flora y fauna en todo el mundo.	The flora and fauna of the entire world must be better protected.

variado, **variada**	varied
En los Andes se encuentra una vegetación muy variada.	In the Andes one finds highly varied vegetation.
la **planta**	plant
A María le gusta mucho tener plantas en casa.	María greatly enjoys having plants in the house.
plantar	to plant
Todos los años plantamos un naranjo.	Every year we plant an orange tree.

silvestre	wild
En la montaña crecen muchas plantas silvestres.	Many wild plants grow in the mountains.
el **hongo**	mushroom
Hay que tener mucho cuidado cuando se recogen hongos porque algunos son muy venenosos.	You have to be very careful when gathering mushrooms, because some are quite poisonous.

la **semilla**	seed
la **raíz**	root
secar	to dry up
Las raíces del pino han secado el pozo.	The roots of the pine have ___ spring.
la **rama**	
¡No **te subas a** esa rama, que vas a caer!	___ that branch! ___ going to fall!
¡No te va~	Don't get off the subject!

la **hoja**

leaf

En otoño muchos árboles pierden las hojas.

In fall, many trees lose their leaves.

el **tronco**
hueco, hueca

trunk
hollow

Cuando cortaron el pino vieron que el tronco estaba hueco.

When they cut down the pine, they saw that the trunk was hollow.

la **flor**

flower

Los almendros ya **están en flor**.

The almond trees are already in bloom.

En países hispanos no se suele regalar flores a los hombres.

In Hispanic countries it is not customary to send flowers to men.

el **ramo de flores**

bouquet of flowers

Raúl me ha regalado un ramo de flores precioso.

Raúl has sent me a beautiful flower bouquet.

la **rosa**

rose

Para su cumpleaños le enviaron un ramo de rosas a Rosa.

For her birthday they sent Rosa a bouquet of roses.

el **rosal**

rosebush

Detrás del rosal en el jardín de Don Ramiro, Roberto le rompió el corazón a Rafaela besando a Rosalinda que era la hija del terrateniente.

Behind the rosebush, in the garden of Don Ramiro, Roberto broke Rafaela's heart when he kissed Rosalinda, the landowner's daughter.

el **geranio**

geranium

En nuestro chalet teníamos geranios muy bonitos.

In our vacation cottage we had very pretty geraniums.

el **clavel**

carnation

el **tulipán**

tulip

la **margarita**

daisy

la **margarita silvestre**

wild daisy

la **lila**

lilac

el **alhelí**

stock, wallflower

el **árbol**

tree

Tenemos que cortar unas ramas de este árbol para que crezca mejor.

We have to cut some branches off this tree, so that it will grow better.

el **palo** Am

tree

el **fruto**

fruit

INFO

Definite and indefinite articles

As in English, the definite article (*el*, *la*, *los*, *las*) restricts or particularizes a noun, and the indefinite article (*un*, *una*, *unos*, *unas*) does not fix the identity of the noun, but refers to something general or new.

En el jardín hay un árbol. *(el árbol no tiene identidad)*	There is a tree in the garden. *(the tree has no identity)*
El árbol tiene más de cien años. *(el árbol se conoce)*	The tree is more than a hundred years old. *(the tree is known)*

la **corteza**	bark; peel, rind
La **corteza de la naranja** no se come.	The peel of the orange is not eaten.
la **cáscara**	peel, shell, rind, husk, bark
el **grano**	grain; single seed
el **hueso**	pit, stone
la **pepita**	pip or seed of fruit

frutal	fruit
el **árbol frutal**	fruit tree
el **naranjo**	orange tree
el **almendro**	almond tree

el **manzano**	apple tree
el **limonero**	lemon tree
el **platanero**	banana tree
el **banano**, el **bananero**	banana; banana tree
el **mango**	mango
la **papaya**	papaya

el **higo**	fig
la **higuera**	fig tree
el **olivo**	olive tree
El fruto del olivo es la oliva.	The olive is the fruit of the olive tree.

el **pino**	pine
En verano los **bosques de pinos** se incendian fácilmente.	In summer the pine forests catch fire easily.

el **pinar**	pine forest
El verano pasado se quemó un pinar en Navacerrada.	Last summer a pine forest in Navacerrada burned.
el **alcornoque**	cork oak
De la corteza del alcornoque se saca el corcho.	Cork is obtained from the bark of the cork oak.

la **palmera**	palm tree
el **coco**	coconut
¡Mira, esa palmera tiene cocos!	Look, that palm tree has coconuts on it!

el **cacao**	cacao tree; cacao
la **caña de azúcar**	sugar cane
el **cactus**	cactus
En Canarias los cactus tienen higos chumbos.	Cactus figs grow on cactuses in the Canary Islands.

comestible	edible
los **cereales** *pl*	grain
¿Ya han terminado la cosecha de cereales?	Have you finished the grain harvest yet?
el **trigo**	wheat
En Castilla se cultiva mucho el trigo.	A lot of wheat is grown in Castile.
el **pan de trigo**	wheat bread

la **cebada**	barley
el **centeno**	rye

la **avena**	oats
el **maíz**	corn
el **choclo** *Am*	corn
el **girasol**	sunflower
El aceite de girasol es más barato que el de oliva.	Sunflower oil is cheaper than olive oil.
la **remolacha**	beet
la **hierba**	herb; grass
Con hierbas se pueden curar muchas enfermedades.	Many diseases can be cured with herbs.

el **césped**	lawn
Cuesta mucho trabajo y mucha agua que crezca el césped en el sur de España.	It takes a lot of work and a lot of water to grow a lawn in southern Spain.
la **grama** *Am*	lawn

el **prado**	meadow
el **trébol**	clover; cloverleaf
la **paja**	straw
La paja aún está en el campo para que se seque.	The straw is still in the field, so that it can dry.

la **mata**	bush; shrub
la **mata** *Am*	thicket; heath

el **matorral**	underbrush
la **zarzamora**	blackberry bush

la **mora**	blackberry
Las moras crecen en matas.	Blackberries grow on bushes.

el **laurel**	bay laurel
Una hoja de laurel da un sabor especial a la comida.	A bay leaf gives food a special taste.
el **romero**	rosemary

18.7 Animals, Keeping an Animal 🔘79

el **animal**	animal

la **fauna**	fauna
el **macho**	male
la **hembra**	female

el **ganado**	cattle

la **cría**	litter; brood
estar en celo	to be in heat

la **pata**	foot or leg of an animal
En español solo los animales y muebles tienen patas.	In Spanish only animals and furniture have *patas* (legs).

la **uña**	hoof, claw; fingernail, toenail
Los osos tienen uñas muy fuertes.	Bears have strong claws.
la **huella**	track; trace; trail
Los perros perdieron la huella de la liebre.	The dogs lost the hare's trail.
comer	to eat
echar/dar de comer	to feed
Por favor, no **den de comer a** los peces.	Please, don't feed the fish.
alimentar	to feed; to nourish

el **pájaro**	bird

el **ave** *f*	bird; fowl

el **ala** *f*	wing
cantar	to sing
Por las mañanas cantan los pájaros.	In the mornings the birds sing.
Eso es otro cantar. *loc*	That's a different story.

el **pico**	beak
picar	to peck; to pick at; to bite; to sting
Algunos pájaros sólo pican las frutas más sanas.	Some birds only peck the healthiest fruits.
Esta noche me han picado los mosquitos.	Last night the mosquitoes bit me.
la **pluma**	feather
el **pollo**	chicken; chick
Los pollos se crían en granjas.	Chickens are raised on poultry farms.

el **gallo**	rooster
la **gallina**	hen
Estas gallinas ponen unos huevos enormes.	These hens lay enormous eggs.
el **pavo**	turkey
El **pavo real** no vuela casi.	The peacock flies almost not at all.

el **pato**	duck
Hemos **echado de comer a** los patos y a los cisnes en el lago.	We've just fed the ducks and swans at the lake.

el **cisne**	swan
la **cigüeña**	stork

la **paloma**	dove; pigeon
En esta ciudad las paloma son un auténtico problema.	In this city pigeons are a real problem.
el **águila**	eagle

el **ruiseñor**	nightingale
el **loro**	parrot
el **nido**	nest
Un ruiseñor tiene su nido en mi jardín.	A nightingale has a nest in my garden.
la **jaula**	cage
En el zoológico viven los lobos y los zorros en jaulas **igual que** las águilas.	In the zoo wolves and foxes, as well as eagles, live in cages.

el **perro**, la **perra**	dog, bitch
la **raza**	breed
Sergio tiene un **perro de raza**.	Sergio has a purebred dog.
la **cola**	tail
morder	to bite
Este perro no muerde.	This dog doesn't bite.
el **hocico**	snout, muzzle

ladrar	to bark
Perro que ladra no muerde. *refrán*	Barking dogs don't bite.
el **olfato**	sense of smell
Los perros policías tienen un olfato muy educado.	Police dogs have a very keen sense of smell.
aullar	to howl
Cuando estuvimos en los Pirineos oímos aullar a los lobos.	When we were in the Pyrenees, we heard wolves howling.

la **correa** (del perro)	(dog) leash, lead
Los **perros de pelea** deben ir atados y llevar bozal.	Fighting dogs have to be on a leash and wear a muzzle.

doméstico, doméstica	domestic, house
los **animales domésticos**	domestic animals; house pets

el **gato**, la **gata**	cat

maullar	to meow

el **ratón**	mouse
la **rata**	rat

el **conejo**, la **coneja**	rabbit

la **liebre**	hare
Las liebres **viven salvajes** pero los conejos **se crían en granjas**.	Hares live in the wild, but rabbits are raised on farms.

el **cerdo**, la **cerda**	pig, sow
Del cerdo se aprovecha todo.	All parts of the pig are put to use.
el **cordero**	lamb (animal)
la **carne de cordero**	lamb (meat)
la **cabra**	goat
La leche de cabra es muy sana.	Goat's milk is very healthful.
la **oveja**	sheep
Con la lana de tus ovejas nos podemos hacer dos suéteres.	We can make ourselves two sweaters from the wool of your sheep.

el **rebaño**	flock
El pastor ha vendido su rebaño.	The shepherd has sold his flock.
la **res**	head of cattle
el **ciervo**, la **cierva**	deer, stag; hind, doe
El ciervo macho tiene cuernos pero no las hembras.	The stag has horns, but the doe does not.

Animals, Keeping an Animal **347**

la **vaca**	cow
la **ternera**, el **ternero**	calf
Este ternero va a ser un toro bravo.	This bull calf is going to be a wild bull.
el **toro**	bull
Después de las corridas se puede comprar la carne de los toros.	After the bullfights you can buy the meat of the dead bulls.
el **cuerno**	horn

el **buey**	ox

la **mula**, el **mulo**	mule
el **burro**, la **burra**	donkey, ass
La mula es un cruce de caballo y burra.	The mule is a cross between the horse and the donkey.

la **bestia**	beast; animal
La mula y el burro eran tradicionalmente las **bestias de carga**.	The mule and the donkey were the traditional beasts of burden.
el **asno**, la **asna**	donkey, ass

el **caballo**	horse
la **yegua**	mare

el **zorro**, la **zorra**	fox, vixen
el **lobo**, la **loba**	wolf

manso, mansa	tame

el **oso**, la **osa**	bear
En la Peninsula Ibérica viven pocos osos en libertad.	Only a few bears live in the wild on the Iberian Peninsula.

bravo, brava	wild; untamed
salvaje	wild
Muchos animales salvajes están desapareciendo.	Many wild animals are disappearing.

el **león**, la **leona**	lion, lioness
el **mono**, la **mona**	monkey; ape
el **gorila**	gorilla
el **elefante**, la **elefanta**	elephant (bull), elephant (cow)
el **cocodrilo**	crocodile
la **serpiente**	snake, serpent
venenoso, venenosa	poisonous

inofensivo, inofensiva	harmless
el **insecto** Los insectos han estropeado la cosecha. el **bicho**	insect Insects have destroyed the crop. bug; insect
la **mariposa** el **mosquito** la **mosca** la **araña**	butterfly mosquito fly spider
la **hormiga** la **pulga** La pulga y la hormiga son bichos que no pican pero muerden. la **abeja** Las abejas producen miel y cera. la **avispa**	ant flea Fleas and ants are bugs that don't sting, but bite. bee Bees produce honey and wax. wasp
la **rana** el **gusano** Las cigüeñas se alimentan de ranas y gusanos. el **caracol** Maruja sabe cocinar unos caracoles muy ricos.	frog worm Storks feed on frogs and worms. snail Maruja knows how to fix delicious snails.
el **pez**	fish
la **espina** No me gusta comer pescado por las espinas.	fishbone I don't like to eat fish because of the bones.
el **tiburón** el **delfín**	shark dolphin
la **ballena** la **piraña** la **ostra** Las ostras son carísimas. la **concha** el **pulpo**	whale piranha oyster Oysters are very expensive. shell octopus

18.8 Town, Country, Infrastructure 80

la **ciudad**
city
    Pamplona es una ciudad conocida por sus fiestas.
    Pamplona is a city known for its festivals.

Algunas ciudades españolas y americanas están relacionadas con ciudades extranjeras por un **hermanamiento de ciudades**.
Some Spanish and American cities are linked with cities in foreign countries through a sister-city program.

la **villa**
small town
la **capital**
capital
    Tegucigalpa es una capital centroamericana.
    Tegucigalpa is a Central American capital.

urbano, **urbana**
urban
    El alcalde ha presentado un proyecto de limpieza urbana.
    The mayor has proposed an urban sanitation project.

local
local
    Llegaré a Ponce a las tres y media **hora local**.
    I will arrive in Ponce at 3:30 local time.
el **centro**
downtown; city center
el **barrio**
quarter; part of town
    Los vecinos de este barrio han formado una comunidad.
    The inhabitants of this part of town have formed a community.
la **manzana**
block of houses
    Al volver la manzana está el ayuntamiento.
    The town hall is around the block.
la **cuadra** Am
block of houses
los **alrededores** pl
environs; outskirts
    En los alrededores de Barcelona hay **ciudades-dormitorio**.
    There are satellite towns on the outskirts of Barcelona.
la **zona**
zone
el **polígono industrial**
industrial zone
    En el polígono industrial de Catarroja, cerca de Valencia, hay empresas industriales de todos los ramos.
    In the industrial zone of Catarroja, near Valencia, there are all kinds of industrial firms.

el **suburbio**
suburb
    En algunos suburbios de grandes ciudades hay problemas sociales.
    In the suburbs of some large cities there are social problems.

las **afueras** *pl*
    Mucha gente vive en las afueras
    de la ciudad porque son más
    tranquilas.
la **barriada de chabolas** *Esp*
la **urbanización**
    Enrique vive en esa urbanización.

suburbs; outskirts
    Many people live in the
    city's suburbs because it is
    quieter there.
slum, shantytown
development
    Enrique lives in that
    development.

---

el **pueblo**
    Algunas capitales parecen más
    bien pueblos.

village
    Some capitals look more like
    villages.

---

la **aldea**

small village; hamlet

---

el **ayuntamiento**
inaugurar

    El alcalde ha inaugurado el nuevo
    ayuntamiento.
municipal
    Los policías municipales llevan
    generalmente uniformes azules.

town hall, city hall
to inaugurate; to open; to
unveil
    The mayor has inaugurated
    the new town hall.
municipal
    The municipal police
    generally wear blue
    uniforms.

---

rural
    La **vida rural** es muy tranquila.
rústico, **rústica**
la **finca**

la **hacienda**

    Aquello era una finca o una hacienda,
    hoy sólo es una ruina.

rural
    Rural life is very tranquil.
rustic
farm; country estate; landed
property
landed property; plantation;
estate; ranch
    That was a farm or an estate;
    today it is only a ruin.

---

el **edificio**
    Estos edificios modernos son horribles.

building
    These modern buildings are
    horrible.

---

el **centro comercial**
    A las afueras de Sabadell hay un
    centro comercial enorme.

shopping center
    On the outskirts of Sabadell
    there is a gigantic shopping
    center.

---

la **torre**
    En Toledo hay muchas torres; por eso
    se dice que es la ciudad de las torres.

tower; skyscraper
    There are many towers in
    Toledo; that is why they say
    that Toledo is the city of
    towers.

el **rascacielos** *sg*	skyscraper
la **biblioteca** ¿A qué hora abre la biblioteca?	library What time does the library open?
la **piscina** Perdone, ¿hay una piscina pública por aquí?	swimming pool Excuse me, is there a public swimming pool around here?
el **cementerio** En los pueblos los cementerios están cerca de la iglesia.	cemetery In the villages, the cemeteries are near the church.
el **habitante** ¿Cuántos habitantes tiene Alcoy?	inhabitant How many inhabitants does Alcoy have?
nativo, nativa En verano residen en Benidorm más turistas que **habitantes nativos**.	native In summer more tourists than natives reside in Benidorm.
el **ciudadano**, la **ciudadana** Los ciudadanos tienen que mantener la ciudad limpia.	citizen The citizens have to keep their town clean.
residente ¿**Es usted residente** en España? **residir**	resident Are you a Spanish resident? to reside; to live
el **vecino**, la **vecina** la **población** Asunción es la ciudad **de mayor población** de Paraguay.	neighbor population Asuncion is the city with the highest population density in Paraguay.
poblar Los españoles poblaron parte de América.	to populate The Spaniards populated part of America.
la **infraestructura** la **planificación territorial** el **sitio** En esta ciudad no había mucho sitio para construir más casas. el **camino**	infrastructure area planning site; place In this city there were few places to build more houses. way; road; path

el **callejón**	narrow street
el **jirón** *Am*	alleyway

el **parque**	park
Este parque es tan nuevo que todavía no han hecho los caminos.	The park is so new that the paths have not been laid out yet.
el **farol**	streetlight
la **plaza**	plaza, square
En esta plaza siempre hay muchas palomas.	There are always many pigeons in this square.
el **puente**	bridge
¿Cuántos puentes hay en Sevilla sobre el Guadalquivir?	How many bridges across the Guadalquivir are there in Seville?

el **paso subterráneo**	underpass
el **túnel**	tunnel
Los túneles son peligrosos cuando hay incendios.	Tunnels are dangerous when there is a fire.

el **pozo**	well
El agua del pozo es muy pura.	The well water is very pure.
el **alcantarillado**	sewage system
Muchos pueblos pequeños no tienen alcantarillado.	Many small towns have no sewage system.

18.9 Ecology, Environmental Protection 81

el **medio ambiente**	environment

el **hábitat**	habitat; natural environment

la **tierra**	earth; ground; soil
Los ecologistas han presentado un programa ecológico para disminuir la **contaminación del aire, del agua y de la tierra**.	The ecologists have proposed a program to reduce the pollution of the air, water, and soil.
puro, pura	pure; clean
En el campo el aire es más puro que en la ciudad.	In the country the air is cleaner than in town.
el **aire**	air
el **agua** *f*	water

el **biotopo**	biotope

la **ecología**	ecology
ecológico, ecológica	ecological
el **ecologismo**	environmentalism
el, la **ecologista**	ecologist
la **agricultura biológica**	organic farming
la **bioquímica**	biochemistry
el **biopesticida**	organic pesticide
la **destrucción del medio ambiente**	destruction of the environment
el **deterioro ambiental**	environmental damage
la **catástrofe (natural)**	catastrophe (natural)
la **catástrofe ecológica**	environmental/ecological catastrophe
el **cambio climático**	climate change
el **efecto invernadero**	greenhouse effect
el **ozono**	ozone
El **agujero de ozono** es una consecuencia de la contaminación del aire.	The hole in the ozone layer is a consequence of air pollution.
la **naturaleza**	nature
proteger	to protect
Muchas personas trabajan para proteger más la naturaleza.	Many people work to protect nature more.
la **protección**	protection
la **protección ambiental**	environmental protection
la **política del medio ambiente**	environmental policy
el **sistema ecológico**	ecosystem
la **tienda ecológica**	ecostore
el **impuesto ecológico**	ecological tax, environmental tax
la **ecotasa**	ecotax
el **automóvil no contaminante**	nonpolluting car
natural	natural
Los bosques son el ambiente natural de muchos animales.	Forests are the natural environment of many animals.
conservar	to preserve; to maintain; to conserve
Se debe conservar la selva para las próximas generaciones.	The jungle should be preserved for future generations.

desaparecer

Los animales desaparecen cuando no tienen un ambiente natural.

La protección de animales y plantas que están **en peligro de desaparición** es una tarea de los **parques naturales y nacionales**.

las **especies en peligro de desaparición**

to disappear; to die out; to become extinct
  Animals disappear when they find no natural environment.

  The protection of animals and plants that are threatened by extinction is a task of nature parks and national parks.

species threatened by extinction

---

la **contaminación**
  La contaminación de los mares daña a todos sus habitantes.

  la **contaminación del medio ambiente**
  la **contaminación del suelo**
la **fuente de contaminación**
contaminante *adj*
  no **contaminante**
  poco **contaminante**
contaminar
  El tráfico contamina el aire.
contaminado

pollution; contamination
  The pollution of the seas harms all of their inhabitants.

  environmental pollution
  soil pollution
source of pollution
environmentally harmful
  environmentally friendly
  low in pollutants
to pollute; to contaminate
  Traffic pollutes the air.
polluted; contaminated

---

la **polución atmosférica**
la **polución del suelo**
la **lluvia ácida**
la **marea negra**
la **muerte del bosque**

atmospheric pollution
soil pollution
acid rain
oil pollution
death of the forest (due to environmental pollutants)

---

el **daño**
el **incendio**
el **bombero**
  ¡Llama a los bomberos! ¡Hay un incendio en la montaña!

harm; damage
fire
firefighter
  Call the firefighters! There's a fire in the mountains!

---

perjudicar
  Los productos químicos pueden perjudicar la naturaleza.
el **ruido**
ruidoso
la **pantalla antirruidos**

to harm; to damage
  Chemical products can be harmful to nature.
noise
noisy
noise-reducing wall

la **basura**	trash; garbage; refuse
el **depósito de basuras**	garbage dump
la **recogida de basuras**	garbage collection
la **recogida selectiva de basuras**	separate collection of garbage
el **basurero**	unauthorized garbage dump; garbage man

reciclar	to recycle
El papel y el vidrio se pueden reciclar.	Paper and glass can be recycled.
el **reciclaje**	recycling
Con el reciclaje de algunos productos se pueden ahorrar materias primas.	By the recycling of certain products, natural resources can be saved.
reciclable	recyclable

el **contenedor de basura**	garbage can/container

el **tragabasuras** *sg*	garbage disposal

el **contenedor de papel**	wastepaper basket/container
el **contenedor de vidrio**	glass container
el **vidrio blanco**	clear glass
el **vidrio verde**	green glass
el **vidrio marrón**	brown glass

la **depuradora de aguas**	(water) purification plant
biodegradable	biodegradable
el **papel ecológico/reciclado**	recycled paper
el **envase retornable**	returnable container
el **envase no retornable**	non-returnable container

la **energía solar**	solar energy
La energía solar se tiene que desarrollar todavía más.	Solar energy still requires further development.
la **energía eólica**	wind power
la **energía nuclear/atómica**	nuclear/atomic power
la **central nuclear**	nuclear power plant
La manifestación de hoy ha sido contra las **centrales nucleares**.	Today's demonstration was in opposition to nuclear power plants.
el **reactor (nuclear)**	(nuclear) reactor

los **residuos contaminantes**	contaminating residue

| las **energías renovables** | renewable energy sources |
| las **energías alternativas** | alternative energy sources |

False Friends

Spanish Word	Thematic Meaning	False Friend	Spanish Equivalent
el bombero	**firefighter**	bomber	el bombardero
el cartón	**cardboard**	carton	la caja
la mosca	**fly**	mosque	la mezquita
el pulpo	**octopus**	pulp	la pulpa

My Vocabulary

_____

_____

_____

_____

_____

_____

_____

_____

_____

_____

_____

_____

_____

_____

_____

_____

_____

_____

_____

_____

_____

19

Time and Space

19.1 Days of the Week and Dates 82

el lunes	Monday
el martes	Tuesday
el miércoles	Wednesday
Trabajo **los lunes, martes y miércoles**.	I work Mondays, Tuesdays, and Wednesdays.
el **jueves**	Thursday
el **viernes**	Friday
¡Hasta el **viernes que viene**!	See you next Friday!
el **sábado**	Saturday
Los sábados nos vamos de fiesta, pero de lunes a viernes nunca salgo.	Saturdays we go partying, but Monday through Friday I never go out.
el **domingo**	Sunday

el **fin de semana**	weekend
El próximo fin de semana será la fiesta de Roberto.	Roberto's party will be next weekend.
el **día laborable**	workday
el **día festivo**	holiday
el **día feriado** Am	holiday

la **fecha**	date
– ¿Qué fecha es hoy?	"What date is today?"
– Hoy es el **30 de noviembre de 2011**.	"Today is November 30, 2011."
¿a cuántos? pop	What's today?
– ¿A cuántos estamos?	"What's today?"
– **Estamos a** miércoles, doce de diciembre.	"Today is Wednesday, December 12th."

a partir de	from ... on; starting (from)
A partir del martes no hay clases.	From Tuesday on, there are no classes.

la **semana**	week
La semana pasada invitamos a Nicolás y Rosa.	Last week we invited Nicolás and Rosa.

19.2 Months 83

el **mes**	month
Manuel estuvo dos meses en Honduras.	Manuel spent two months in Honduras.
mensual	monthly

enero	January
Bernardo cumple años **el once de enero**.	Bernardo's birthday is the 11th of January.
febrero	February
En febrero hace mucho calor en Santiago.	In February it is very hot in Santiago.
marzo	March
A primeros de marzo nos vamos a Costa Rica.	In early March we're going to Costa Rica.

a primeros de	at the start of; in early
a principios de	at the beginning of; in early
A principios de mes vivo como un rey.	At the beginning of the month I live like a king.

abril	April
A mediados de abril tendrás que sacar los billetes para el viaje.	In mid-April you'll have to get the tickets for the trip.

a mediados de	in the middle of

mayo	May
A finales de mayo hay que pagar esta factura.	In late May this bill has to be paid.

a finales de	at the end of
A finales de marzo ya no es fácil reservar apartamentos para el verano.	At the end of March it's no longer easy to reserve vacation apartments for the summer.

junio	June
julio	July
agosto	August
Agosto es el mes más caluroso en España.	August is the hottest month in Spain.
septiembre	September
octubre	October
noviembre	November
diciembre	December

19.3 Year, Seasons 84

la **estación** (del año)	season
El año tiene cuatro estaciones, doce meses y 365 días.	The year has four seasons, 12 months, and 365 days.
la **primavera**	spring
En primavera muchas plantas **están en flor**.	Many plants bloom in spring.

el **verano**	summer
El **verano pasado** estuvimos en Málaga.	Last summer we were in Malaga.
el **otoño**	autumn, fall
El otoño es muy bello en Madrid.	Fall is very lovely in Madrid.
el **invierno**	winter
En Sierra Nevada no nevó el **invierno pasado**.	It did not snow last winter in Sierra Nevada.

el **año**	year

anual	annual
el **calendario**	calendar
el **semestre**	half year, semester
el **trimestre**	quarter year
El seguro del coche se puede pagar anual, **por semestres**, trimestres o mensualmente.	The car insurance can be paid annually, semiannually, quarterly, or monthly.
el **siglo**	century
Mi abuela nació **a principios del** siglo XX.	My grandmother was born at the beginning of the twentieth century.
antes de (Jesucristo) Cristo (a.C.)	B.C., before Christ
Los romanos llegaron a España **el año 300 a.C.**	The Romans came to Spain in 300 B.C.
después de (Jesucristo) Cristo (d.C.)	A.D., after Christ
El filósofo español Seneca murió en Roma en **el año 65 d.C.**	The Spanish philosopher Seneca died in Rome in 65 A.D.

19.4 Time, Time of Day, Periods of Time 85

la **hora**	hour; time
– ¿A qué hora llegasteis?	"At what time did you arrive?"
– ¿Qué hora es?	"What time is it?"
– Son las ocho menos cinco de la mañana.	"It is five to eight in the morning."
Perdone, ¿tiene hora?	Excuse me, do you have the time?

A.M. (antes de las 12) *Am*	A.M.
P.M. (después de las 12) *Am*	P.M.
a la noche *Am*	at night

a, al
— ¿**A qué hora** empieza el teatro?

— **A las ocho.**
Se levantan **al amanecer**.

at
"At what time does the theater begin?"
"At eight."
They rise at dawn.

menos
Tengo que tomar el autobús a las **ocho menos veinte** para no llegar tarde.

before; minus, less
I have to take the bus at twenty to eight so that I don't arrive late.

y
El avión para Costa Rica sale **a las diez y cinco**, o sea que tenemos que estar en el aeropuerto **a las ocho y pico**.

after; plus; and
The plane to Costa Rica leaves at five after ten. That means we have to be at the airport shortly after eight.

media
La conferencia duró **media hora**.

half
The lecture lasted half an hour.

el **cuarto**
— ¿Qué hora es?
— Es la una y cuarto.
¡Son ya **las cuatro y cuarto**! A las **cinco menos cuarto** tengo una cita.

quarter
"What time is it?"
"It's a quarter after one."
It's already a quarter after four! I have an appointment at a quarter to five.

el **cuarto de hora**
Laura saldrá **dentro de** un cuarto de hora de la oficina.

quarter hour
In a quarter of an hour Laura will leave the office.

el **minuto**
Esto **está hecho** en cinco minutos.

minute
It will be done in five minutes.

el **segundo**

second

en punto
Son las tres en punto.

on the dot; exactly
It's three o'clock on the dot.

tarde
¡Vámonos, que ya es tarde!

late
Let's go! It's late already!

atrasarse

to be late; to be slow

ir atrasado, atrasada
Tu reloj va atrasado.

to be slow
Your watch is slow.

atrasado, atrasada
Tenemos mucho trabajo atrasado.

behind (time); back up
We have a lot of work backed up.

ir adelantado, adelantada

to be fast; to be ahead

dentro de
Dentro de dos días acabaré este trabajo.

in; within
I will finish this job in two days.

entre
Podemos vernos **entre las seis y las siete**.

between
We can meet between six and seven.

hacia	toward; about; near
Te recogeré **hacia las ocho**.	I'll pick you up about eight.
de ... a	from ... to
Julio trabaja **de ocho a tres** en verano.	In summer Julio works from eight to three.
desde ... hasta	from ... until
La biblioteca está cerrada **desde las dos hasta las cinco**.	The library is closed from two until five.
desde	since; from
Pablo está esperándote **desde la una**.	Pablo has been waiting for you since one.
hasta	until, till
Hasta que la muerte nos separe.	Till death do us part.
Hoy **no** termino **hasta** las nueve y media.	Today I won't finish until half past nine.
hasta que	until
Mi abuela me guarda una moto hasta que sea mayor.	My grandmother is keeping a motorcycle for me until I'm older.
para	for; (at the latest) by
¿**Para cuándo** necesita el coche?	By when do you need the car?
por	for
José se ha ido por un año a la Argentina.	José has gone to Argentina for a year.
hoy	today
el **día**	day
Algún día se acordarán de mis consejos.	One day they'll remember my advice.
El verano pasado estuvimos **quince días** en La Paz.	Last summer we were in La Paz for two weeks.
de día	daylight
En invierno los días son muy cortos porque hasta las nueve no **es de día**.	In winter the days are very short because there is no daylight until nine.
diario, diaria	daily
El trabajo diario puede ser muy aburrido.	One's daily work can be very boring.
Soledad tiene que tomar dos pastillas **a diario**.	Soledad has to take two pills daily.
cotidiano, cotidiana	daily

mañana	tomorrow
la **mañana**	morning
Esta mañana ha nevado muchísimo.	This morning it snowed a lot.
Mañana por la mañana tendré que ir al banco.	Tomorrow morning I have to go to the bank.
por la mañana	in the morning

a la mañana *Am*	in the morning

el **amanecer**	dawn
la **madrugada**	daybreak
De madrugada salimos de Vigo y llegamos **a mediodía** a Madrid.	At daybreak we left Vigo, and we reached Madrid at noon.

el **mediodía**	noon, midday
No cerramos **a mediodía**.	We don't close at noon.
la **tarde**	afternoon
Te llamé por la tarde, pero no estabas en casa.	I called you in the afternoon, but you weren't at home.
de la tarde	in the afternoon
a la tarde *Am*	in the afternoon

la **noche**	night; evening
Los vecinos han estado de fiesta **toda la noche**.	The neighbors partied all night long.
A las cinco ya **es de noche** en invierno.	In winter it's already dark at five.
la **medianoche**	midnight
En verano las terrazas de los cafés están llenas a medianoche.	In summer the terraces of the cafés are full at midnight.

la **víspera**	eve, day before
nocturno, nocturna	nocturnal

anoche	last night
Anoche vi una película muy emocionante en el cine.	Last night I saw a very exciting film at the movie theater.
ayer	yesterday

anteayer	day before yesterday
Anteayer estuvo lloviendo todo el día y ayer empezó a hacer frío.	The day before yesterday it rained all day, and yesterday it turned cold.
pasado mañana	day after tomorrow
Pasado mañana podré recoger el reloj.	The day after tomorrow I can pick up the watch.

19.5 Other Time Concepts 86

el **tiempo** **El tiempo pasa volando** cuando se tienen muchas cosas que hacer. ¿**cuánto tiempo?** **en** **En el siglo XIX** empezó la revolución industrial.	time Time flies when you have many things to do. how long? in The Industrial Revolution began in the nineteenth century.
hace **Hace un año** nos vimos en Veracruz.	ago A year ago we met in Veracruz.
pasado, pasada La semana pasada hubo un atentado en Sabadell.	past; last Last week there was an assassination attempt in Sabadell.
pasar ¿Cómo ha pasado el fin de semana?	to spend; to pass How did you spend the weekend?
tardar Estamos preocupados porque el niño **tarda en volver** a casa.	to take a long time; to be late; to delay We're worried because the boy is so late coming home.
breve Nuestra visita fue muy breve porque teníamos mucha prisa.	brief Our visit was very brief because we were in a great hurry.
mientras Mientras pones la mesa, se acaba de hacer la comida. ¿Qué ha ocurido **mientras tanto**? He limpiado la casa **mientras que** tú te has divertido con los amigos.	while; whereas While you're setting the table, the meal will be ready. What has occurred in the meantime? I cleaned the house while you enjoyed yourself with your friends.
entretanto Estuve cinco años en Chile y entretanto he perdido el contacto con mis amigos españoles.	in the meantime; meanwhile I was in Chile for five years, and in the meantime I lost touch with my Spanish friends.

cuando	when; whenever
Cuando llegué a casa, no había nadie.	When I came home, there was nobody there.
Cuando vengas, te daré el regalo.	When you come, I'll give you the present.
durante	during
durar	to last
¿Cuánto dura la película?	How long does the film last?

la **duración**	duration
Esta grabación tiene una duración de tres horas.	This recording has a playing time of three hours.

estar haciendo	to be doing (something)
Este junio **está haciendo frío**.	It's cold this June.
Estaba leyendo cuando sonó el teléfono.	I was reading when the telephone rang.
ir a + *infinitivo*	to be going to do (something)
acabar de + *infinitivo*	to have just done (something)

INFO

Ir a – Acabar de

To express an *intention* or refer to *an action that is about to happen*, use **ir a** + an infinitive:

¡Vamos a ver!	*We'll see!*
Voy a terminar de limpiar la casa.	*I'm going to finish cleaning the house.*

To refer to *an action that has just ended*, use the construction **acabar de** + an infinitive:

Acabamos de llegar a casa.	*We've just come home.*
Ya podemos salir, acabo de escribir esas cinco cartas.	*We can go now; I've finished writing those five letters.*

recién	recently; lately; newly
recien pintado	fresh paint (sign); freshly painted

¿cuándo?	when?
antes	before; formerly
En este país antes todo era diferente.	In this country everything was different before.

anterior
Me gustaba más tu casa anterior.

previous, former
I liked your previous house better.

el **futuro**
No conocemos nuestro futuro.

future
We don't know our future.

de antemano
Ya sabíamos de antemano que llegarías tarde.

in advance, beforehand
We already knew in advance that you would arrive too late.

---

pronto
¡Adiós, Luisa! ¡**Hasta pronto!**

soon
Bye, Luisa! See you soon!

---

temprano
Juanjo se levanta todos los días temprano para hacer deporte.

early
Juanjo gets up early every day to play sports.

---

ahora
Ahora nos vamos a la playa.

now
Now we're going to the beach.

ahorita *Am*
ahora mismo
Iba a llamarte ahora mismo.

now, right now
right now; just now; at once
I was just now going to call you.

Quieren hablar ahora mismo con el jefe.

They want to speak to the boss at once.

---

presente
En la situación presente será mejor esperar.

present
In the present situation it will be better to wait.

la **actualidad**
En la actualidad hay muchos **problemas por solucionar**.

presently
Presently there are many problems to solve.

actual
¿Qué te parece la moda actual?

current
What do you think of the current fashions?

---

el **momento**
En este momento no me acuerdo qué tenía que hacer.
De momento no podemos ayudarles.

moment
At the moment I can't remember what I had to do.
At the moment we can't help you.

---

el **rato**
Dentro de un rato va a llamarme Isidro.

while; short time
Isidro will call me in a while.

---

enseguida
　Enseguida le traigo la cuenta.

at once; right away
　I'll bring you the check right away.

de repente
　De repente se abrió la puerta y entró un hombre.

suddenly
　Suddenly the door opened and a man came in.

inmediato, inmediata
　Gracias a la intervención inmediata de la policía se evitó una catástrofe.

immediate
　Thanks to the immediate intervention of the police, a catastrophe was avoided.

de pronto
　Íbamos por la calle, cuando de pronto nos llamó alguien.

suddenly
　We were walking down the street when someone suddenly called us.

el **instante**
　La policía llegó **al instante de** sonar la alarma.

instant
　The police came the instant the alarm sounded.

coincidir

to coincide

luego
　¡Hasta luego!

afterward; later; next; then
　See you later!

después (de)
　Después de comer tomamos café.

after
　After eating, we drink coffee.

después (de) que
　Después que hayas terminado de comer, ¡lava los platos!

after
　After you've finished eating, wash the dishes!

entonces
　El jefe me explicó entonces por qué el negocio va bien.

then
　The boss explained to me then why business is going well.

ocurrir
　El accidente ocurrió el lunes.

to occur
　The accident occurred on Monday.

producirse
　Se ha producido un accidente en la autopista.

to come about; to happen
　An accident happened on the highway.

acontecer
　En la política actual acontecen pocos hechos positivos.

to come about; to happen
　Few positive things are happening in politics today.

el **acontecimiento**

event

el **suceso**

event; happening

empezar	to start
¿A qué hora empiezas a trabajar?	What time do you start work?
ponerse (a)	to start, to begin
A las tres **me he puesto a** trabajar.	At three I started to work.
comenzar	to begin
La misa comienza a las ocho de la mañana.	The mass begins tomorrow morning at eight.
al principio	at first
Al principio creía que eras su hermana.	At first I thought you were his sister.
antes (de) que	before
Tenemos que buscar un hotel antes de que **sea de noche**.	We have to look for a hotel before night falls.
tan pronto como	as soon as
¡Escríbeme tan pronto como puedas!	Write to me as soon as you can!
Tan pronto como hayas leído el libro, ¡devuélvemelo!	As soon as you've read the book, give it back to me!
en cuanto	as soon as
En cuanto haga más calor, iremos a la playa.	As soon as it's warmer, we'll go to the beach.
recientemente	recently
recién Am	recently
dejar de	to stop
Roberto ha dejado de fumar.	Roberto has stopped smoking.
parar	to stop; to cease
Está lloviendo desde hace quince días **sin parar**.	It has rained for two weeks without stopping.
acabar	to finish
¿Cuándo acabas la carrera?	When do you finish your studies?
acabarse	to end; to be over
¡Se acabó!	That's enough of that!
terminar	to complete; to end
¿Cuándo terminan sus vacaciones?	When does your vacation end?

por último	at last
el **pasado**	past
el **fin**	end
Aún no sabemos dónde estaremos **el fin de mes**.	We don't know yet where we'll be at the end of the month.
por fin	finally
¡Por fin lo hemos conseguido!	We finally did it!
seguir	to keep on; to continue
Esta noche tenemos que seguir trabajando un rato.	This evening we have to keep on working for a while.
suceder	to follow; to succeed
¿Quién **sucederá al** Presidente?	Who will the president's successor be?
continuar	to continue
¡No continuaré rogándole que venga!	I won't continue begging him to come!
continuo, continua	continuous
En este cine hay **sesión continua**.	In this movie theater there are continuous showings.
la **continuación**	continuation
siempre	always
siempre que	whenever
Siempre que te veo, estás alegre.	Every time I see you, you're cheerful.
eterno, eterna	eternal
Esta serie de televisión parece eterna.	This TV series seems to go forever.
desde hace	since … ago
Desde hace dos años estoy buscando este libro.	I've been looking for this book for two years.
hace poco	a short time ago
Hace poco vi a Clara.	I saw Clara a short time ago.
poco a poco	little by little, bit by bit
El enfermo va mejorando poco a poco.	The patient is improving little by little.

desde que Desde que estamos aquí hace muy buen tiempo.	since (ever) Since we've been here, the weather has been very good.
frecuente **No es frecuente** que los alumnos no vengan a clase.	frequent; often It's not often that the students don't come to class.
la **frecuencia**	frequency
la **vez** Llamamos **varias veces** pero no contestó nadie. – ¿**Es la primera vez que** está en España? – No, ya he estado **muchas veces** aquí.	time We called several times, but no one answered. "Is this the first time you've been to Spain?" "No, I've been here many times now."
pocas veces Pocas veces te he visto tan enfadado.	seldom Seldom have I seen you so angry.
apenas Apenas tenemos tiempo para dormir.	scarcely; barely; hardly We scarcely have time to sleep.
raro, rara Éste es un libro muy raro.	rare This is a very rare book.
la **mayoría de las veces** La mayoría de las veces tienes razón.	usually; most of the time Most of the time you're right.
de vez en cuando	from time to time; now and then
a veces	sometimes; at times
cada vez **Cada vez que** te veo estás más gordo.	every time Every time I see you, you're fatter.
de nuevo Este trabajo hay que hacerlo de nuevo.	again This work has to be done again.
a menudo – ¿Vas a menudo al cine? – No, apenas.	often; frequently "Do you go to the movies often?" "No, rarely."

nunca
No hemos ido nunca a Sevilla.

never
We've never gone to Seville.

jamás
¡Jamás te prestaré dinero!

never
I'll never loan you money!

ya
Emilia ya tiene dos hijos.

already
Emilia already has two children.

estar listo, lista
El equipaje está listo para el viaje.

to be ready
The baggage is ready for the trip.

ya no
Ya no tenemos ganas de jugar.

no longer
We don't want to play anymore.

aún
Aún no me han pagado.

yet
I haven't been paid yet.

todavía
Todavía hace buen tiempo en septiembre.

still
In September the weather is still good.

a tiempo
¿Llegaste a tiempo o ya estaba cerrada la tienda?

on time; in time
Did you come in time, or was the store already closed?

a la vez
Por favor, no hablen todos a la vez.

at once, at the same time
Please, don't all talk at once.

despacio
Por favor, hable un poco más despacio para que le entienda mejor.

slowly
Please speak a bit more slowly so that I can understand you better.

lento, lenta
Este tren es lento.

slow
This train is slow.

rápido, rápida
Emilia es muy rápida para algunas cosas.

quick; fast
Emilia is very quick at some things.

deprisa
¡Deprisa, Marisa, que llegas tarde!

quickly
Quickly, Marisa, you'll be late!

19.6 Length, Volume, and Size 87

grande, gran	large, big; great; grand

Grande ≠ Gran

Grande becomes **gran** when it precedes a singular noun, and it undergoes a change in meaning.

El tío Paco tiene un *coche muy grande*.	Uncle Paco has a very large car.
Verónica me ha regalado un *gran libro*.	Veronica gave me a great book.
una *gran mujer*	a great woman
una *casa grande*	a large house

enorme	enormous; huge
México Ciudad es una capital enorme con problemas enormes.	Mexico City is an enormous capital with huge problems.
pequeño, pequeña	small
Esta casa es pequeña para tanta gente.	This house is too small for so many people.
bajo, baja	low
Las antiguas casas de campo son muy bajas.	The old farmhouses are very low.
alto, alta	tall
¿Cuál es la montaña más alta de América?	What is America's tallest mountain?
profundo, profunda	deep
El Mar Mediterráneo no es tan profundo como el Océano Pacífico.	The Mediterranean Sea is not as deep as the Pacific Ocean.
hondo, honda	deep
Algunos pozos de petróleo son muy hondos.	Some oil wells are very deep.
estrecho, estrecha	narrow
En los pueblos hay calles muy estrechas.	In the villages there are many narrow streets.

la **extensión**	extension; extent, length, expanse
España tiene una extensión de casi medio millón de kilómetros cuadrados.	Spain has an area of almost half a million square kilometers.
extenderse	to extend; to stretch
Los Pirineos se extienden del Cantábrico hasta el Mediterráneo.	The Pyrenees extend from the Cantabrian Sea to the Mediterranean.

la **altura**
    El Teide mide 3.718 metros **de altura**.

height; altitude
    The Teide has an altitude of 3,718 meters.

el **largo**
    Clara quiere cambiar el largo del vestido.

length
    Clara wants to change the length of her dress.

el **ancho**
    El armario tiene dos metros **de ancho**.

width; breadth
    The wardrobe is two meters wide.

la **longitud**
la **profundidad**
    ¿Cuánta profundidad tiene esta cueva?

length; longitude
depth
    How deep is this cave?

la **superficie**
    La menor parte de **la superficie de la tierra** la ocupan los continentes.

surface
    The smallest part of the earth's surface is occupied by the continents.

el **nivel**
    Valencia está **al nivel del mar**.

level
    Valencia is at sea level.

19.7 Distance 88

la **distancia**
    ¿Qué distancia hay entre Bilbao y San Sebastián?

distance
    What is the distance between Bilbao and San Sebastián?

entre
    Entre tú y yo hay una confianza absoluta.

between
    Between you and me there is absolute trust.

el **horizonte**
    Cuando los barcos desaparecieron en el horizonte las madres y mujeres de los pescadores volvieron a sus casas cerca del mar.

horizon
    When the ships had vanished on the horizon, the fishermen's mothers and wives returned home.

cerca (de)
    – Perdone, ¿está cerca de aquí el Palacio de la Moncloa?
    – No, está lejos.
cercano, cercana (a)
    Aranjuez es un pueblo **cercano a** Madrid.

near, close
    "Excuse me, is the Moncloa Palace near here?"
    "No, it's far away."
near
    Aranjuez is a village near Madrid.

acercar a
La música acerca a los pueblos.

to bring closer
Music brings people closer together.

próximo, próxima
El chalet próximo al nuestro es de mi prima.

next
The vacation cottage next to ours belongs to my cousin.

la **proximidad**
Antes de llegar al mar se siente su proximidad.

proximity; nearness
Before reaching the sea, you sense its nearness.

a mano

Pepe siempre lleva un pañuelo a mano.

En casa todo está puesto fuera del acance de Pablo.

at hand, on hand; within reach, nearby
Pepe always keeps a handkerchief at hand.
At home, everything is kept out of Pablo's reach.

lejos (de)

far (from), distant (from)

lejano, lejana
Tengo una casa en un rincón lejano.

remote
I have a house in a remote area.

alejarse
¡No **te alejes de** la orilla!

to go away; to distance oneself
Don't go away from the shore!

apartarse
¡Apártese, por favor! ¡**Deje pasar a** la ambulancia!

to go away; to move aside
Please move aside! Let the ambulance through!

marcharse

to go away

el **extremo**
Marisa se sentó **a un extremo de** la mesa.
a través de
Marcos consiguió trabajo a través de un amigo.

far end, extreme (end)
Marisa sat down at the far end of the table
through
Marcos found work through a friend.

19.8 Place 89

el **lugar**
Todavía no conocía este lugar tan bonito.
¿dónde?
¿**Dónde estarán** mis llaves?

place
I was not yet familiar with this very pretty place.
where?
Where can my keys be?

donde
   Ésta es la casa donde nació Picasso.

estar

where
   This is the house where Picasso was born.

to be (located)

---

hallarse
   Madrid se halla en Castilla.
instalarse
la **posición**
el **fondo**
   Al fondo de la foto se ven los padres de Mayte.

to be located; to be found
   Madrid is located in Castile.
to settle down
position
background
   In the background of the photo one sees Mayte's parents.

---

aquí
   Aquí en la costa el clima es muy agradable.
acá
   ¡Miguel, ven acá!
ahí
   Ahí está Correos.
allí
allá
   – ¿Conoces a la señora que está parada allí?
   – ¿Cuál?
   – Ésa que está allá.

here
   Here on the coast the weather is very pleasant.
here
   Miguel, come here!
there
   There is the post office.
there
over there
   "Do you know the woman standing there?"
   "Which one?"
   "That one over there."

INFO

¿Está a mano? – Is everything within reach?

aqui, acá   refer to something within easy reach.
ahí   refers to something near the speaker, but not within reach.
allí, allá   refer to something far away from the speaker.

---

el **lado**
   Al otro lado de la calle hay una farmacia.
al lado (de)
   El mercado central está al lado del ayuntamiento.

side
   There's a pharmacy on the other side of the street.
next door (to); near at hand
   The central marketplace is next to the town hall.

aparte ¡Pon este libro aparte!	aside; to one side Set the book aside!
fuera Fuera está haciendo un frío terrible.	outside It's terribly cold outside.
fuera de Jorge vive **fuera de la ciudad**. **Fuera de los domingos** es fácil aparcar aquí.	outside of; except for Jorge lives outside of town. Except for Sundays, it's hard to park here.

unir Juan y Abel están unidos por su amor por la música.	to join; to unite; to link Juan and Abel are united by their love of music.

junto a Hemos dejado el coche junto al tuyo para luego no tener que buscarlo.	next to; by; beside We left the car next to yours, so that we don't have to look for it later.
enfrente (de) Enfrente de la escuela hay una parada de autobús.	across from; facing Across from the school there is a bus stop.
frente a Frente a la oficina hay un bar muy barato.	directly facing Directly facing the office there is a very inexpensive bar.

paralelo, paralela	parallel

delante (de) Delante del cine hay una cola enorme. No **te pongas delante**, porque no veo.	in front (of) In front of the movie theater there's a huge waiting line. Don't stand in front of me, because I can't see.

central Miguel vive en un barrio central.	central Miguel lives in a centrally located part of town.
céntrico, céntrica Las Ramblas están en una zona céntrica de Barcelona.	central The Ramblas are in a central area of Barcelona.
la **mitad** ¿Corto el pan por la mitad?	middle; center Shall I slice the bread through the middle?

atrás
Deja la maleta atrás en el coche.

back; behind
Leave the suitcase behind in the car.

detrás (de)
Detrás de aquellas montañas está el mar.

behind
Behind these mountains is the sea.

detrás
En los conciertos me siento detrás.

in the rear
At concerts I always sit in the rear.

el **rincón**
He buscado los libros **por todos los rincones** y no los he encontrado.

corner
I looked for the books everywhere, but I didn't find them.

el **agujero**

hole

la **esquina**

corner

alrededor de
Alrededor de la casa hemos plantado pinos.

around
All around the house we've planted pines.

por
Lisa pasea por la calle sola.

by; for; through; across
Lisa strolls through the street alone.

¡Vamos a tomar algo **por aquí**!

Let's go drink something over here!

en
En la mesa sólo hay dos tazas.

on; in; at
There are only two cups on the table.

El regalo está en el armario.

The gift is in the closet.

encima de
¡No pongas los pies encima de la mesa!

on (top of)
Don't put your feet on the table!

depositar
He depositado las joyas en la caja fuerte del hotel.

to deposit
I deposited the jewelry in the hotel safe.

sobre
Gerardo te ha dejado las llaves sobre la mesa.
Los pájaros volaban sobre nuestras cabezas.

on; over; above
Gerardo left the keys on the table for you.
The birds were flying above our heads.

superficial
La herida de Ventura es sólo superficial.

superficial
Ventura's wound is only superficial.

debajo de

El gato está debajo del coche.

derecho, derecha

Carolina se ha roto la mano derecha.

a la derecha

Vamos a correr la mesa un poco **a la derecha**.

izquierdo, izquierda

Tomás sólo sabe escribir **con la izquierda**.

a la izquierda

Para ir al ayuntamiento tiene que torcer la siguiente calle a la izquierda.

underneath; under

The cat is under the car.

right

Carolina has broken her right hand.

on the right; to the right

We're going to move the table a little to the right.

left

Tomás can only write with his left hand.

on the left; to the left

To get to the town hall, you have to turn left at the next street.

---

horizontal
vertical
separar

El Río Grande separa México de los EE.UU.

horizontal
vertical
to separate

The Rio Grande separates Mexico from the U.S.

---

exterior

Hay que pintar las **paredes exteriores** de la casa.

interior

La **reforma interior** del piso ha sido muy barata.

superior

En el piso superior viven mis abuelos.

inferior

Las camisas están en el cajón inferior.

exterior, outer, outside

The exterior walls of the house have to be painted.

interior, inner, inside

The interior renovation of the apartment was very inexpensive.

superior; upper

My grandparents live in the upstairs apartment.

inferior; lower

The shirts are in the lower drawer.

---

por todas partes

Por todas partes vimos carteles de la Olimpiada.

en todas partes

En verano hay mucha gente en todas partes.

en ninguna parte

No encuentro en ninguna parte mis gafas y ya he buscado por todas partes.

everywhere

Everywhere we saw posters for the Olympics.

everywhere

In summer there are many people everywhere.

nowhere

I can't find my glasses anywhere, and I've already looked everywhere.

19.9 Direction   90

la **dirección**	direction
¿adónde?	where (to)?
¿Adónde vas **de** vacaciones?	Where are you going on vacation?
adonde	where
El pueblo adonde iremos, es muy bonito.	The village where we're going is very pretty.
a, al	to; in; at; by; for
Lola va **a comprar**.	Lola is going shopping.
Leopoldo hizo un viaje **a Chile**.	Leopoldo took a trip to Chile.
A la salida de la autopista hay una gasolinera.	At the highway exit there's a gas station.
Marísa fue **al cine** con Carlos.	Marisa went to the movies with Carlos.
hacia	toward; to; near
Este autobús va **hacia León**.	This bus goes to Leon.
para	for; to; toward
El tren **para Huelva** sale a la una de la tarde.	The train to Huelva departs at 1 p.m.
contra	against
El camión chocó contra un autobús.	The truck crashed into a bus.
adelante	ahead; toward; farther on
Por este camino no podemos seguir adelante; hay que volver atrás.	We can't go any farther on this road; we have to turn back.
hacia atrás	backward

¿de dónde?	from where?
¿De dónde vienes **a estas horas**?	Where are you coming from at this hour?
de	from; of; by
Lola es de Sevilla.	Lola is from Seville.
desde	from
Desde nuestras ventanas veíamos la montaña.	From our windows we saw the mountain.
hasta	till; until; to; as far as
Continúen hasta el final de esta calle, allí verán el monumento.	Keep going till the end of the street; you'll see the monument there.

el **norte**
    El departamento de Pando está
    en el norte de Bolivia.
el **sur**
    Al sur de Ecuador está Perú.
el **este**
    Navarra está **al este del** País Vasco.

el **oeste**
    Al oeste de Argentina está Chile.
occidental
el **occidente**
el **oriente**
    El sol sale **por (el) oriente** y se
    pone **por (el) occidente**.
oriental
    Alemania estuvo dividida hasta 1990
    en Alemania Occidental y Alemania
    Oriental.

north
    The Department of Pando is
    in the north of Bolivia.
south
    Peru is south of Ecuador.
east
    Navarra is east of the
    Basque Country.
west
    Chile is west of Argentina.
western; occidental
west; occident
east; orient
    The sun rises in the east and
    sets in the west.
eastern; oriental
    Until 1990 Germany was
    divided into West Germany
    and East Germany.

False Friends

Spanish Word	Thematic Meaning	False Friend	Spanish Equivalent
a	to; in; at; by; for	a	un, una
el fin	end	fin	la aleta
el mes	month	mess	el lío, la confusión
el rato	while; short time	rat	la rata

My Vocabulary

_____

_____

_____

_____

_____

20

Colors and Shapes

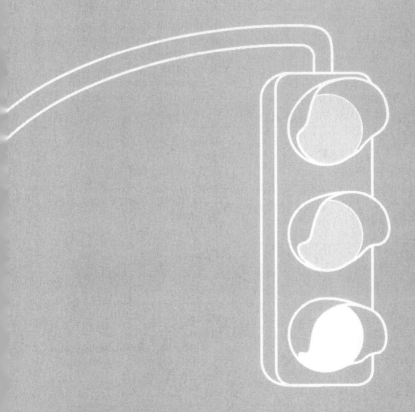

20.1 Colors 91

el **color**	color
¿**De qué color** quieres comprarte el auto?	What color is the car you want to buy?
Pedro toma **fotos en color** y los cambia a **blanco y negro** en su computadora.	Pedro takes color photos and then changes them to black and white in his computer.
de muchos (varios) colores	multicolored

incoloro, incolora	colorless
¿Tiene crema incolora para zapatos?	Do you have colorless shoe polish?

claro, clara	light
oscuro, oscura	dark
¿Te gustan más los colores claros o los oscuros?	Do you like light or dark colors more?

dorado, dorada	golden; gilt
plateado, plateada	silver; silvery
el brillo	shine; gloss
mate	dull; matte
Antes esta estantería estaba mate pero ahora **tiene mucho brillo**.	Previously this bookshelf was matte, but now it's very glossy.

blanco, blanca	white
negro, negra	black
El negro **está de moda**.	Black is in fashion.
gris	gray
En casa tengo una alfombra **gris claro**.	At home I have a light-gray carpet.
marrón	brown

pardo, parda	dark gray
De noche no todos los gatos son pardos. *refrán*	At night not all cats are gray.

amarillo, amarilla	yellow
verde	green
Elisa se ha comprado unos zapatos **verde oscuro**.	Elisa has bought herself a pair of dark-green shoes.
azul	blue
rojo, roja	red

encarnado, encarnada	red; flesh-colored

rosa	pink; rose-colored
– ¿Te gustan las rosas rojas?	"Do you like red roses?"
– No, prefiero los **claveles rosa**.	"No, I prefer pink carnations."

INFO

Invariable nouns

Nouns used as *adjectives* that denote a color are *invariable* in number and gender.

la rosa	*the rose*
el vestido *rosa*	*the pink dress*
los vestidos *rosa*	*the pink dresses*

That applies also to *compound words* if one element has a metaphoric (figurative) meaning:

la rana	*frog*
el hombre *rana*	*frogman*
los hombres *rana*	*frogmen*

lila	lilac
Carmen tiene **una blusa y un pantalón lila** muy bonitos.	Carmen has a very pretty lilac blouse and pair of pants.
violeta	violet
Margarita quiere teñirse el pelo **color violeta**.	Margarita wants to dye her hair violet.
morado, morada	purple
Rocío tiene una blusa morada que **hace juego con** su falda.	Rocío has a purple blouse that goes well with her skirt.
Jorge le puso a Luis **un ojo morado**.	Jorge gave Luis a black (purple) eye.

color naranja	orange
Tomás tenía una boina **color naranja**.	Tomás had an orange beret.
beige	beige
Emilio **pintó** el dormitorio **de beige** y ahora no le gusta.	Emilio painted the bedroom beige and now he doesn't like it.

20.2 Shapes 92

la **forma**	shape; form
Estas tazas tienen una forma bonita.	These cups have a pretty shape.
formar	to form; to shape
En el cabo las rocas forman una cueva.	At the cape the rocks form a cave.
el **tamaño**	size
¿**De qué tamaño** desea los sobres?	What size envelopes do you want?
el **círculo**	circle
¿Sabes dibujar un círculo sin compás?	Can you draw a circle without a pair of compasses?
redondo, **redonda**	round
La boina vasca es redonda y plana.	The Basque beret is round and flat.
la **bola**	ball; globe
¿Llevas las bolas de petanca?	Are you carrying the boccie balls?
una **bola de cristal**	crystal ball
la **esfera**	sphere; globe; ball
Desde la tierra la luna tiene **forma de esfera**.	From the earth, the moon has the shape of a sphere.
ovalado, **ovalada**	oval
El círculo que has pintado tiene una forma ovalada.	The circle you've painted has an oval shape.
cuadrado, **cuadrada**	square
Como no teníamos sitio **hemos cambiado** la mesa ovalada **por** una cuadrada.	Since we didn't have enough room, we traded the oval table for a square one.
el **rectángulo**	rectangle
el **cuadrilátero**	quadrangle; quadrilateral
el **cuadrado**	square
el **cubo**	cube
¿Cuántas esquinas tiene un cubo?	How many angles does a cube have?
el **cilindro**	cylinder
el **rombo**	rhombus

el **triángulo**	triangle
triangular	triangular
la **pirámide**	pyramid
Julián tiene altavoces **en forma de pirámide**.	Julián has pyramid-shaped loudspeakers.

la **línea**	line
la **raya**	stripe
Tengo un pijama **a rayas**.	I have striped pajamas.
¿Te has metido una raya de coca?	Have you sniffed a line of coke?
la **cruz**	cross
Las personas que no saben escribir firman con una cruz.	People who don't know how to write sign with a cross.

la **punta**	point; tip
Se ha partido la punta del lápiz.	The pencil tip broke off.
puntiagudo, puntiaguda	sharp
¡Ten cuidado con ese cuchillo puntiagudo!	Be careful with that sharp knife!
sin punta	blunt, dull
la **esquina**	corner; angle
Pablo te está esperando en la esquina.	Pablo is waiting for you on the corner.
plano, plana	flat

llano, llana	flat, level
Las calles de Valencia son llanas.	The streets of Valencia are level.

False Friends

Spanish Word	Thematic Meaning	False Friend	Spanish Equivalent
blanco, blanca	**white**	blank	en blanco; vago; vacío
mate	**matte**	to mate	casar; aparear
la raya	**stripe**	ray	el rayo

My Vocabulary

_____

_____

_____

_____

_____

_____

_____

_____

_____

_____

_____

_____

_____

_____

_____

_____

_____

_____

_____

_____

21
Quantities, Numbers, Measures

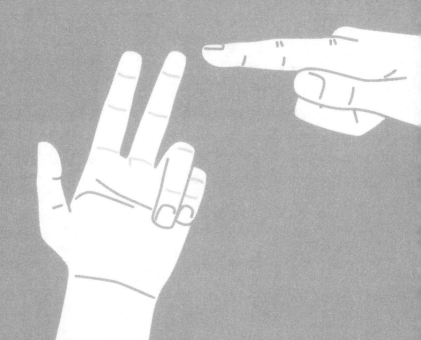

21.1 Concepts of Quantity 93

más	more; most
Lucas es **el más listo**, por lo menos tanto como su hermana.	Lucas is the smartest, at least as smart as his sister.
más que, **más de**	more than
Daniel habla **más que** todos nosotros juntos.	Daniel talks more than all of us together.
Este coche es **más caro que** el vuestro.	This car is more expensive than yours.
Frida tiene **más de** 60 años.	Frida is more than 60 years old.
demasiado, **demasiada**	too much
muchos, muchas	many; a great deal of
A mis fiestas vienen siempre muchos amigos.	Many friends always come to my parties.
mucho	much; very much
Aquí no trabajamos mucho.	We don't work much here.
Pepito dice que te quiere mucho, pero a Pepita le dijo que la quería mucho más.	Pepito says that he loves you very much, but he told Pepita that he loved her much more.

INFO

Mucho, a

If **mucho** accompanies a *verb*, it is invariable. With *nouns*, **mucho** is variable and must agree in number and gender.

---

bastante	enough
bastar	to suffice; to be enough
Dos kilos me bastan.	Two kilos are enough for me.
suficiente	sufficient; enough
Tenemos suficiente trabajo para todo el año.	We have enough work for the entire year.
demasiado	too much
– ¿Has comido bastante o quieres más?	"Have you had enough to eat, or would you like some more?"
– Gracias, creo que ya he comido demasiado.	"Thank you, I think I've already eaten too much."
menos	less; least
menos que, **menos de**	less than; fewer than

INFO

Comparisons

In comparisons, *more/less than* is rendered as **más/menos que**, but before numbers and statements of quantity, **más/menos de** is used.

Este invierno es **menos** frío **que** el anterior.	*This winter is less cold than the preceding one.*
Elena tiene **más** temperamento **que** su hermano.	*Elena is more temperamental than her sister.*
Trabajáis **menos que** yo, pero ganáis más.	*You work less than I do, but you earn more.*
Este coche corre **menos de** 30 kilómetros por hora.	*This car goes less than 30 kilometers per hour.*
más de cien euros	*more than one hundred euros*
más de media hora	*more than half an hour*

poco, poca	little; few; some
Fernando tiene **pocas ganas de** trabajar.	Fernando has little desire to work.
poco	a little
¿Me da **un poco de** queso?	Will you give me a little cheese?
En muchos países de Hispanoamérica los profesores ganan poco.	Teachers earn little in many Spanish American countries.

insuficiente	insufficient; inadequate
Este trabajo ha resultado insuficiente.	This work has turned out to be inadequate.
reducido, reducida	limited; small; narrow
Sólo hemos invitado a un grupo reducido.	We've invited only a small group.

tanto, tanta	so much; so many
No esperábamos tanta gente.	We weren't expecting so many people.
tan ... que	so ... that
Es tan caro que no lo podemos comprar.	It is so expensive that we can't buy it.
tanto ... como	as much ... as
Luis no tiene tanto dinero como Carla.	Luis does not have as much money as Carla.
más o menos	more or less; approximately; about
Arreglar la moto me va a costar más o menos un sueldo.	Repairing the motorcycle will cost me approximately a month's pay.

por lo menos	at least
al menos	at least
Al menos me podrías ayudar.	You could at least help me.
a lo sumo	at most
Vinieron pocos amigos, a lo sumo quince.	Few friends came, at most fifteen.

solo, **sola**	only, sole; alone

escaso, **escasa**	small; limited; scarce
Este mes voy **escaso de dinero**.	This month I'm short of cash.
ambos, **ambas**	both

juntos, **juntas**	together
¿Vamos juntos al cine?	Shall we go to the movies together?
último, **última**	last
A última hora vienen las prisas. *loc*	At the last minute everything has to go quickly.
siguiente	next
sucesivo, **sucesiva**	following; successive
Al día siguiente y los sucesivos dormí mal.	The next day and the following days, I slept poorly.

precedente	preceding; prior
seguido, **seguida**	continued; successive
posterior	later; subsequent
El Siglo de Oro **es posterior al** Renacimiento.	The Golden Age comes after the Renaissance.
penúltimo, **penúltima**	next to last, penultimate
No se bebe nunca la última copa sino siempre la penúltima.	One never drinks the last glass, but always the next to last.

todo	everything, all
Entiendo **todo lo que** me has explicado.	I understand everything that you've explained to me.
todo, **toda**	all; entire; whole
Beatriz se ha comido **todo el chocolate**.	Beatriz has eaten all the chocolate.
Todos estos niños son mis hijos.	All these boys are my children.
entero, **entera**	entire, whole
– ¿Se han comido el **melón entero**?	"Have you eaten the entire melon?"
– No, aún queda medio.	"No, half is still left."

el **todo**	whole; total; entirety
No comprendimos **del todo** lo que querías decir.	We didn't understand at all what you were trying to say.
el **montón**	heap, pile; great number; mass
Tengo **un montón de** cosas por hacer.	I have a heap of things to do.
Hay **un montón de** ropa que lavar.	There's a pile of laundry to wash.
la **masa**	mass; crowd (of people)
Al fútbol van masas de espectadores.	Crowds of spectators go to watch soccer.

la **parte**	part
La tercera parte de la novela es muy emocionante.	The third part of the novel is very exciting.

el **tanto por ciento**	percent
el **porcentaje**	percentage
¿Qué porcentaje de cubanos vienen todos los años a España?	What percentage of Cubans come to Spain every year?
el **promedio**	average
en **parte**	in part
Reconozco que en parte tienes razón.	I admit that you are right in part.

el **doble**	double; twofold
– Póngame un **tequila doble**.	"Give me a double tequila."
– Sí, pero cuesta **el doble**.	"Fine, but it costs twice as much."

incluido	included
Haremos un viaje con todo incluido.	We're going to take a trip with everything included.
incluso *adv*	including; even
Todos los días sale de paseo, incluso cuando llueve.	He goes out for a walk every day, even when it rains.

incluir	to include
excluir	to exclude
inferir	to infer
contener	to contain
Este paquete contiene veinte botes.	This pack contains 20 doses.
el **contenido**	content(s)
¡Cuidado! El contenido de ese bidón es inflamable.	Caution! The contents of this box are flammable.
aparte de	apart from, aside from
Aparte de lo que me has pedido, ¿te mando algo más?	Aside from what you asked me for, should I send you anything else?
excepto	excepting, except, with the exception of

la **cantidad**	quantity; amount
¡Qué **cantidad de arroz** has hecho!	What an enormous amount of rice you've made!
el **total**	total

numeroso, numerosa	numerous
Numerosas personas vieron el accidente.	Numerous persons saw the accident.

ser	to be
– ¿Cuánto es **en total**?	"How much is it all together?"
– En total son quinientos quince euros.	"The total is 515 euros."
faltar	to be lacking; to be needed; to fall short
Nos faltan veinte euros para poder pagar la cuenta.	We need 20 euros to be able to pay the tab.
vacío, vacía	empty
Esta botella está vacía. Tendré que abrir otra.	This bottle is empty. I'll have to open another.
lleno, llena	full
No pudimos entrar porque la discoteca estaba llena.	We couldn't get in because the disco was full.

el **exceso**	excess
excesivo, excesiva	excessive
sobrar	to be in excess; to be left over
¿Ha sobrado mucha comida?	Was much food left over?

quedar	to remain; to be left (over)
algo	something
– ¿Quieres tomar algo?	"Would you like something to eat or drink?"
– No, no, gracias. No quiero nada.	"No, no, thank you. I don't want anything."

relleno, rellena	full; filled
completar	to complete
cargar	to load; to fill
¿Cuántos litros carga el tanque de tu auto?	How many liters does your car's tank hold?

sumar	to add
restar	to subtract
Milan sabe restar muy bien.	Milan knows how to subtract very well.
multiplicar	to multiply
2 multiplicado por 3 son 6.	2 times 3 is 6.
dividir	to divide
9 dividido por 3 son 3.	9 divided by 3 is 3.

21.2 Numbers and Counting Words 94

el **número**	number
Todavía **no me sé** tu número.	I don't know your number by heart yet.

la **cifra**	figure; number
De lejos no puedo leer esas cifras.	From a distance I can't read the numbers.
la **numeración**	numbering
numerar	to number
¿Has numerado las cajas?	Have you numbered the boxes?

cero	zero
uno, **un**, **una**	one
dos	two
tres	three
cuatro	four
Es tan cierto como que dos y dos son cuatro. *loc*	It's as sure as two and two make four.
cinco	five
seis	six
siete	seven
ocho	eight
Ocho y ocho son dieciséis.	Eight and eight are sixteen.
nueve	nine
diez	ten
once	eleven
– Pues, nos vemos a las once, ¿no?	"So, we'll see each other at eleven, right?"
– Sí, hacia las once, más o menos.	"Yes, about eleven."

doce	twelve
la **docena**	dozen
¡**Póngame** una docena de langostinos!	Give me a dozen giant prawns!
trece	thirteen
catorce	fourteen
quince	fifteen

INFO

Cardinal numbers

The cardinal numbers 1–15 are irregular. Beginning with 16, they follow a regular pattern of one or two combined words, as follows:

dieciséis	sixteen
diecisiete	seventeen
dieciocho	eighteen
diecinueve	nineteen

veinte	twenty
veintiuno, **veintiún**, **veintiuna**	twenty-one
Nací el día 21 de mayo, tengo veintiún años y me han regalado **veintiuna rosas**.	I was born on the 21st of May, I'm 21 years old, and I was given 21 roses as a gift.
veintidós	twenty-two
veintitrés	twenty-three
veinticuatro	twenty-four
veinticinco	twenty-five
veintiséis	twenty-six
veintisiete	twenty-seven
veintiocho	twenty-eight
veintinueve	twenty-nine

treinta	thirty

INFO

Numbers

From 31 through 99, a pattern of one or three words is established, as follows:

treinta y uno, treinta y un, treinta y una	thirty-one
treinta y dos	thirty-two

cuarenta	forty
cincuenta	fifty
sesenta	sixty
setenta	seventy
ochenta	eighty
noventa	ninety
cien, ciento	one hundred

INFO

Cien – Ciento

From 101 through 199, **ciento** is used:

ciento uno	*one hundred one*
ciento noventa y nueve	*one hundred ninety-nine*

But:

Sólo me quedan cien euros.	*I have only one hundred euros left.*

ciento uno, ciento un, ciento una	one hundred one
doscientos, doscientas	two hundred
¡Imagínate, tengo doscientos libros!	Imagine, I have 200 books!
trescientos, trescientas	three hundred
cuatrocientos, cuatrocientas	four hundred
quinientos, quinientas	five hundred
¿Cuánto es? ¿Quince o quinientos?	How much is it? Fifteen or five hundred?
seiscientos, seiscientas	six hundred
setecientos, setecientas	seven hundred
ochocientos, ochocientas	eight hundred
novecientos, novecientas	nine hundred

mil	one thousand
En mil novecientos noventa y nueve me tocó la lotería.	In 1999 I won the lottery.
dos mil	two thousand
un millón	one million
mil millones	one billion
el millardo	one billion (Spain)
el billón	one million millions (U.K.); one trillion (U.S.)

INFO

Millardo

The word **millardo** was approved in 1995 by the Royal Academy of the Spanish Language for *one billion*; however, Latin American countries have continued using the traditional **mil millones**.

1º, 1ª; **primer**; **primero, primera** En el primer curso fue interesante, pero el segundo ya no tanto.	first In the first grade it was interesting, but in the second grade not that much.
2º, 2ª; **segundo, segunda** **La primera vez** me entusiasmé pero al **segundo día** me desilusioné.	second The first time I was enthusiastic, but on the second day I was disappointed.
3º, 3ª; **tercer, tercero, tercera**	third
4º, 4ª; **cuarto, cuarta** Cuesta cuatro cuartos. *loc*	fourth It costs a few cents.
5º, 5ª; **quinto, quinta**	fifth
6º, 6ª; **sexto, sexta**	sixth
7º, 7ª; **séptimo, séptima**	seventh
8º, 8ª; **octavo, octava**	eighth
9º, 9ª; **noveno, novena**	ninth
10º, 10ª; **décimo, décima**	tenth
11º, 11ª; **undécimo, undécima**	eleventh
12º, 12ª; **duodécimo, duodécima**	twelfth
13º, 13ª; **decimotercer;** **decimotercero, decimotercera**	thirteenth

INFO

Ordinal numbers 11+

Especially in *colloquial speech*, the ordinal numbers from 11 on are replaced by the cardinal numbers.

Alfonso XIII (trece)   *Alfonso XIII (the thirteenth)*

But:

Juan Carlos I (primero)   *Juan Carlos I (the first)*

21.3 Measurements and Weights   95

el **milímetro**	millimeter
el **centímetro** ¿Cuántos milímetros mide un centímetro?	centimeter How many millimeters are there in a centimeter?
el **metro**	meter; measuring tape, measuring stick
– Este piso tiene **cien metros** **cuadrados**. – ¿Lo has medido con el metro?	"This floor has one hundred square meters." "Have you measured it with the measuring stick?"

el **metro cúbico**	cubic meter
el **volumen**	volume
medir	to measure
la **medida**	measure(ment)
¿**Tomaron las medidas** de la cocina?	Did you measure the kitchen?
la **hectárea**	hectare

el **kilómetro**	kilometer
¿**Faltan muchos kilómetros** hasta Granada?	Is it many more kilometers to Granada?

la **milla**	mile
En el mar se mide la distancia **por millas**.	At sea distance is measured in miles.

pesar	to weigh
¿Cuánto pesa este melón?	How much does this melon weigh?
el **peso**	weight; scale(s)
Vamos a comprarnos un peso para pesarnos.	We are going to buy scales to weigh ourselves.

pesado, pesada	heavy
Esta caja es demasiado pesada para ti.	This box is much too heavy for you.
ligero, ligera	light
Esta maleta es más ligera que la negra.	This suitcase is lighter than the black one.
liviano, liviana *Am*	light

el **gramo**	gram
Déme **doscientos gramos de** queso.	Give me 200 grams of cheese.
el **kilo(gramo)**	(kilo)gram
Pónganos **medio kilo de** patatas.	Give us half a kilo of potatoes.
la **tonelada**	ton

el **tercio**	one third
el **quinto**	one fifth
¿Quieres un tercio o un quinto (de cerveza)?	Would you like a large beer (0.3 liters) or a small beer (0.2 liters)?
el **cuarto**	one fourth, one quarter
Deme **un pan de cuarto**.	Give me a quarter-kilo (250 grams) loaf of bread.

el **litro**	liter
Ayer nos tomamos **un litro de** vino comiendo.	Yesterday we drank a liter of wine with dinner.
el **barril**	barrel; cask
la **mitad**	half
¿Quieres la mitad de mi bocadillo?	Would you like half of my sandwich?
medio, **media**	half
el **par**	pair
Julio se ha comprado **un par de** zapatos.	Julio bought himself a pair of shoes.
el **pedazo**	piece
el **trozo**	piece
He desayunado sólo un trozo de pan con mantequilla.	For breakfast I had only a piece of bread with butter.

My Vocabulary

_____

_____

_____

_____

_____

_____

_____

_____

_____

_____

_____

_____

22

General Concepts

22.1 Degree and Comparison 96

igual
– ¿Quieres un café o un té?

– **Me es igual.**

equal; even
"Would you like coffee
or tea?"
"It makes no difference
to me."

parecido, parecida
Esos zapatos son **parecidos a** los
que lleva Dolores.

similar
These shoes are similar to
the ones Dolores is wearing.

comparable
Estos candidatos no son comparables.

comparable
These candidates are not
comparable.

extremo, extrema
Carlos no soporta las temperaturas
extremas.

extreme
Carlos can't tolerate
extreme temperatures.

que
Mi casa es más pequeña que la tuya.

than
My house is smaller than
yours.

como
Marisa come como un pajarito.
Jorge es como su padre.

like; as
Marisa eats like a sparrow.
Jorge is just like his father.

también
El señor Vázquez habla inglés,
español y también portugués.

also; too
Mr. Vázquez speaks English,
Spanish, and also
Portuguese.

tampoco

Marta no viene a la fiesta y tampoco
su hermana.

neither, not either; either
(after negative)
Marta isn't coming to the
party and neither is her
sister.

---

la **diferencia**
Entre las provincias españolas hay
diferencias en las costumbres.

difference
There are differences in
customs among the Spanish
provinces.

diferente
Las personas no son tan diferentes
como a veces parece.

different
People are not so different
as it sometimes seems.

distinto, distinta
Tu abrigo es **distinto del** suyo aunque
sea de la misma marca.

different
Your coat is different from
his, although it's the same
brand.

distinguir

to distinguish

---

más bien
Esto no es cuero, más bien será plástico.

rather; more likely
This isn't leather; more
likely, it's plastic.

---

mucho
Me gusta mucho la blusa que llevas.

much; very much
I very much like the blouse you're wearing.

muy
¿Te encuentras mal? Estás muy pálido.

very; quite
Do you feel ill? You're very pale.

INFO

Muy

Muy is used with *adjectives* and *adverbs*. **Muy** is invariable

---

mayor
Nuestros **mayores gastos** este año han sido los salarios.

greatest; main, principal
Salaries have been our greatest expenses this year.

mayor
– ¿Eres tú **el mayor**?
– No, mi hermana es **mayor que** yo.

older
"Are you the eldest?"
"No, my sister is older than I."

máximo, máxima
La victoria máxima de mi vida fue la medalla olímpica.

greatest
The greatest victory of my life was the Olympic medal.

mínimo, mínima
¡No has hecho **el más mínimo** esfuerzo para no suspender estos exámenes!

least
You haven't made the least effort to keep from failing these exams!

menor
El médico me ha prohibido **el menor movimiento**.

El **menor defecto** en estas instalaciones puede causar una catástrofe.

smallest; least; slightest
The doctor has forbidden me to make the slightest movement.
The smallest defect in this facility can cause a catastrophe.

principal

principal

---

tan
Pensábamos que la cola no sería tan larga.

so
We didn't think the line would be so long.

tan ... como
Eduardo es tan listo como su tío.

(just) as ... as
Eduardo is as clever as his uncle.

tanto
El médico me ha dicho que no trabaje tanto.

so much; so hard
The doctor told me I shouldn't work so much.

tanto, tanta	so much; as much; so many; as many
Hace tanto calor que no puedo dormir.	It's so hot that I can't sleep.
tanto, tanta … como	so much/many … as; as much/many … as
Jamás he visto tanta gente como en esta playa.	I've never seen so many people as on this beach.

de ninguna manera	in no way; by no means; not at all
No iremos de ninguna manera a la exposición.	By no means will we go to the exhibition.
en absoluto	absolutely; (in negative sentences) not at all
– ¿Le molestamos? – No, en absoluto.	"Are we disturbing you?" "No, not at all."
casi	almost
Mi abuela tiene casi cien años.	My grandmother is almost 100 years old.

por poco	almost
Por poco me caigo.	I almost fell.
apenas	barely, hardly
Miguel apenas conoce a su primo Rafael.	Miguel barely knows his cousin Rafael.
realmente	really

22.2 Modal Expressions 97

¿cómo?	what?; how?; why?; what did you say?
¿Cómo está usted?	How are you?
hasta	even
He perdido todo, hasta mis llaves.	I've lost everything, even my keys.
¡qué …!	how …!
¡Qué bonito es aquel barco!	How beautiful that ship is!
así	so; thus; like this or that
¡Así es la vida! *loc*	That's life!
¡No te pongas así!	Don't behave like that!

de esta forma	like this; this way
No sé cómo puedes vivir de esta forma.	I don't know how you can live like this.

poder	can; be able; may
Esta tarde no nos podemos ver.	We can't see each other this afternoon.
deber	must; ought; should
Deben de ser las cuatro.	It must be four o'clock.
hay que	one has to; you have to
Hay que ser más puntual.	You have to be more punctual.

INFO

Hay – *There is/there are*

Hay (*there is/there are*) is the impersonal form of the third person singular of the verb **haber**; it does not refer to any specific thing.

Hay (and its variants in other tenses) is used:

before nouns without an article:

¿Había plátanos?   *Were there (any) bananas?*

before statements of indefinite quantity:

Hubo poca gente.   *There were few people present.*

before numbers:

Habrá mil personas.   *There will probably be a thousand people present.*

---

tener que	must; have to
Tienen que darse prisa para no llegar tarde.	You have to hurry so that you don't arrive late.
haber de	must; have to
He de buscar una solución.	I have to search for a solution.

---

la **manera**	way; manner; mode
¡**No hay manera de** localizarte!	There's no way to reach you!
de manera que	so that; so as to; so then
De manera que no has terminado el trabajo.	So then you haven't finished the work.
Organiza tu trabajo **de manera que** no pierdas el tiempo.	Organize your work so that you lose no time.
de otra forma	in another way; differently
No sé cocinar de otra forma.	I can't cook any other way.
de (tal) forma que	so that; so as
Pinta el armario de tal forma que haga juego con la mesa.	Paint the cabinet so that it matches the table.

el **modo**
 Trabaja **de modo que** no te canses.

way; manner
 Work in such a way that you don't get tired.

incluso
 Ayer nevó incluso en Sevilla.

even
 Yesterday it snowed even in Seville.

generalmente
en general
 En general estamos satisfechos con su servicio.

generally
in general
 In general we are satisfied with your service.

por lo visto
 Por lo visto no has aprendido nada.

obviously
 Obviously you have learned nothing.

total
 En esta oficina hay un desorden total.

total; complete
 This office is a total mess.

normal
en especial
 A Marta le gusta leer, en especial novelas policíacas.

normal
especially
 Marta likes to read, especially crime novels.

particular
único, única
 Este libro es único.
exclusivo, exclusiva
 En este comercio se venden productos muy exclusivos.

particular; special
unique
 This book is unique.
exclusive
 Very exclusive merchandise is sold in this store.

eficaz
 Este medicamento es muy eficaz contra el resfriado.
sobre todo
 Han subido mucho los precios, sobre todo el pescado está muy caro.

effective; efficacious
 This medication is very effective against colds.
above all; especially
 The prices have risen a great deal; fish, above all, is very expensive.

en el fondo
 En el fondo, Luis es una buena persona.
en principio
 En principio estamos de acuerdo con ustedes.

essentially
 Essentially Luis is a good person.
basically, in principle
 We agree with you in principle.

sólo	only
Prefiero trabajar sólo por las mañanas para estar con mis hijos.	I prefer to work only in the mornings, so that I can be with my children.
no ... más que	only
No tenemos más que llamar a Vicente para que nos recoja.	We have only to call Vicente and he will pick us up.
aproximado, aproximada	approximate
En esta estadística sólo hay resultados aproximados.	These statistics contain only approximate results.

22.3 Cause, Effect, Aim, Purpose 98

la **causa**	cause
causar	to cause
El terremoto causó la muerte de muchas personas.	The earthquake caused the death of many people.
la **casualidad**	chance event; accident; coincidence
¿**Por casualidad** eres hermano de Vicente?	By chance, are you Vicente's brother?
el **motivo**	motive, cause, reason; occasion
¿**Cuál fue el motivo** para cerrar la tienda?	What was the reason for closing the store?
la **razón**	reason; cause
¿Qué razón te dio el jefe para despedirte?	What reason did your boss give you for laying you off?
Tienes razón.	You are right.
a causa de	on account of, because of
Muchos caballos murieron a causa de una enfermedad desconocida.	Many horses died on account of an unknown illness.
debido a	owing to, on account of
Debido a la ayuda de muchos países, la población sobrevivió el invierno.	Owing to the assistance of many countries, the population survived the winter.
gracias a	thanks to
Gracias a los ordenadores trabajamos más rápido.	Thanks to computers, we work faster.
la **consecuencia**	consequence
A consecuencia de la contaminación enferman muchas personas.	As a consequence of environmental pollution, many people become ill.

conducir	to lead
Ese programa económico condujo a la crisis.	That economic program led to the crisis.
resultar	to result; to follow; to turn out (to be)
La venta de la casa **ha resultado** un buen negocio.	The sale of the house turned out to be a good deal.
Ángel no encontró a sus amigos porque **resulta que** se habían ido al teatro.	Ángel didn't meet his friends, because it turned out that they had gone to the theater.
depender	to depend
Depende del tiempo que haga mañana que vayamos a esquiar o no.	It depends on the weather whether we go skiing tomorrow or not.
para	for; (in order) to
Este regalo es para tus padres.	This gift is for your parents.
Carmen se va a Vigo para estar con su familia.	Carmen is going to Vigo to be with her family.
¿para qué?	what for?; why?
para que	so that
– ¿Para qué quieres lavar el coche si va a llover?	"Why are you going to wash the car if it's about to rain?"
– Para que esté limpio.	"So that it will be clean."
el objetivo	objective, goal; purpose
Por fin hemos alcanzado el objetivo de nuestro proyecto.	At last we achieved the objective of our project.
el fin	goal; end
el efecto	effect
Estas pastillas no **hacen el efecto** deseado.	These pills do not have the desired effect.
¿a qué?	what for?; for what purpose?
¿A qué han venido?	Why have you come?
a que ...	I'll bet that ...
– ¡A que no te atreves!	"I bet you don't dare!"
– ¡A que gana el Colo-Colo!	"I'll bet my life that Colo-Colo wins!"
– ¡A que no!	"I bet it won't!"

por	for; for the sake of; through
Jaime no se casa **por amor**, sino **por el dinero** de Clara.	Jaime is not marrying for love, but for Clara's money.
Toma esta flor, **por simpática**.	Take this flower, for being so nice.
Por mí puedes irte.	As far as I'm concerned, you can leave.
¿por qué?	why?
porque	because
– ¿Por qué no fueron a la conferencia?	"Why didn't you come to the lecture?"
– Porque no tuvimos tiempo.	"Because we didn't have time."

por eso	therefore; for that reason
por esto	therefore; for that reason
por lo tanto	therefore
Marta tiene que terminar este trabajo para mañana, por lo tanto no irá a la boda.	Marta has to finish this work by tomorrow; therefore she will not go to the wedding.

como	since; as

INFO

Como – Since

Como is used as a conjunction when the causal clause introduces the statement.

Como no nos queda dinero, no podemos cenar hoy en un restuarante.	Since we have no money left, we can't eat in a restaurant today.
Como llegamos tarde al cine no había entradas.	Since we got to the movie theater late, there were no tickets left.

ya que	since; inasmuch as; because
puesto que	since; inasmuch as; because
Te quiero pedir un favor, puesto que vas a España.	I want to ask you a favor, since you are going to Spain.

el **medio**	means
Los medios de comunicación **han mejorado con** el Internet.	The means of communication have been improved by the Internet.

22.4 State or Condition and Change 99

ser	to be
estar	to be; to be located

el **estado**	state; condition
La enferma estuvo en un estado crítico.	The sick woman was in critical condition.
Mi mujer **está en estado**.	My wife is pregnant.

hay	there is, there are
En Correos hay unas cartas para ti.	There are some letters for you at the post office.
*(See **hay** on page 405)*	

cambiar	to change
Con los años han cambiado sus costumbres.	With the years their habits have changed.
aumentar	to increase; to enlarge; to augment
Este año hemos aumentado el volumen de negocios.	This year we have increased sales.
quedar	to remain; to stay; to be left in a state or condition
Media casa **ha quedado por** pintar.	Half the house remains to be painted.
nuevo, nueva	new
¿Qué hay **de nuevo**?	What's new?
viejo, vieja	old

Ser – Estar

Ser essentially expresses a natural or *inherent and lasting property* and is used, for example, to indicate origin, nationality, religion, occupation, marital status, date and time, as well as to describe character and give definitions. Examples:

La silla **es** un mueble de madera y **es** para sentarse. Ahora Juanita **está** sentada en la silla.	*The chair is a piece of furniture made of wood, and its purpose is to be sat on. Now Juanita is sitting on the chair.*
Carmen **es** simpática.	*Carmen is nice.*
Madrid **es** la capital de España.	*Madrid is the capital of Spain.*

Estar expresses a *condition that is accidental or temporary* or is used to show *location or position*; for example, to say how a person feels, to make evaluations, and to indicate presence or absence. Examples:

Estoy cansado.	*I am tired.*
Tomás **está** listo.	*Tomás is ready.*
María **está** enamorada **de** Jorge.	*María is in love with Jorge.*
Carmen **estuvo** muy enferma.	*Carmen was very ill.*
¿Cómo **estás**?	*How are you?*
La comida **está** mala.	*The food is bad.*
¡Qué guapa que **estás**!	*How pretty you are!*
Está en casa.	*He/she is at home.*
– ¿Y Jorge?	*"And Jorge?"*
– No **está**.	*"He is not here."*
Juan **está** en la oficina.	*Juan is in the office.*
Mariano es actor pero **está** de camarero en un bar.	*Mariano is an actor, but he's working as a waiter in a bar.*

Be careful: The meaning of some *participles* and *adjectives* changes, depending on whether they are used with **ser** or **estar**. Example:

Miguel **es** vivo.	*Miguel is smart.*
Miguel **está** vivo.	*Miguel is alive.*

---

subir
Los precios siguen subiendo mucho.

to rise; to climb
Prices continue to rise sharply.

bajar

Ayer bajó el precio de la gasolina dos céntimos de euro.

to drop; to fall; to become lower
Yesterday the price of gas dropped by two euro pennies.

State or Condition and Change **411**

salir
Este dibujo **te ha salido muy bien**.

to leave; to come out
Your drawing came out quite well.

volver (a)
Esta mujer **me vuelve loco**.

Gerardo **ha vuelto a romper** la ventana.

to turn; to do again
This woman is driving me crazy.

Gerardo has broken the window again.

caer
La nieve cae lentamente.

to fall
The snow falls slowly.

---

el **resultado**

result

---

variar
En Andalucía el clima puede variar bastante.

el **lío**
¡Vaya lío!
Carlos **no quiere saber nada de líos**.

la **circunstancia**
Las circunstancias de su muerte se están investigando.

la **realidad**
La realidad puede ser muy triste.

surgir

to change; to vary
The climate in Andalucia can vary quite a lot.

mess; confusion; scrape
What a mess!
Carlos doesn't want anything to do with it.

circumstance
The circumstances of his death are being investigated.

reality
Reality can be very sad.

to appear; to arise

---

resuelto, resuelta
El problema ya está resuelto.

solved; resolved
The problem is already solved.

roto, rota
El televisor estuvo quince días roto.

broken; out of order
The TV was broken for two weeks.

romperse

Se me han roto los zapatos.

to break (down); to need repair
My shoes are in need of repair.

---

cambiar(se)
Con los años el paisaje mediterráneo ha cambiado mucho.

to change
Over time the Mediterranean landscape has changed a great deal.

volverse
Tu hermana se ha vuelto muy lista.

to become
Your sister has become very resourceful.

ponerse
Creo que voy a ponerme enfermo.

to become; to get
I think I'm getting sick.

hacerse	to become
Paquita se ha hecho católica.	Paquita has become a Catholic.
convertirse en	to turn into; to become
Este joven **se ha convertido en** un especialista.	This young man has become an expert.
convertirse a	to convert; to become
Mis padres **se han convertido al** budismo.	My parents have converted to Buddhism.

INFO

To become, to get

This notion is expressed in various ways in Spanish. Examples:

Occupation:

Quiere ser astronauta.	He wants to become an astronaut.

Alteration of mood, appearance, state:

Se pone nervioso.	He is getting nervous.
Me pongo enfermo.	I am getting sick.

Change, development, function:

Se ha hecho rico.	He has become rich.
Os haréis famosos.	You will become famous.
La paella ha salido muy buena.	The paella got done nicely.

Transformation:

Se convierte en una persona seria.	He's becoming a dignified person.

Action in the passive:

Fue asesinada.	She got killed.

mejorar(se)	to improve; to recover
¡Que te mejores!	I hope you feel better!
La situación política ha mejorado en Nicaragua.	The political situation in Nicaragua has improved.
disminuir	to diminish; to decrease
El número de alumnos de este curso ha disminuido mucho.	The number of students in this course has diminished greatly.
reducir	to reduce
Los impuestos han sido reducidos en un cinco por ciento.	Taxes have been reduced by five percent.

agravarse — to get worse; to become more serious

Se está agravando nuestra situación económica.
Our economic situation is becoming worse.

la **situación** — situation; position

---

existir — to exist

En esta sociedad existen graves problemas.
Serious problems exist in this society.

la **existencia** — existence

La existencia de esta empresa **está en juego**.
The existence of this firm is at stake.

la **alternativa** — alternative

el **aumento** — increase; rise

El aumento del paro es un problema muy difícil.
The increase in unemployment is a very difficult problem.

My Vocabulary

_____

_____

_____

_____

_____

_____

_____

_____

_____

_____

_____

_____

23

Structural Words

23.1 Articles 100

el, **la**	the (m. sing. and f. sing.)
El señor Martín cuida mucho al perro.	Mr. Martín takes good care of the dog.
los, **las**	the (m. pl. and f. pl.)
Los chicos están jugando con las chicas.	The boys are playing with the girls.

un, **una**	a, an
Deme un periódico y una revista.	Give me a newspaper and a magazine.
unos, **unas**	some
Quisiéramos unos lápices y unas libretas.	We would like some pencils and some notebooks.

lo	the (neuter, only before substantively used adjectives, pronouns, and numbers)
No me gusta hacer siempre lo mismo.	I don't like doing the same thing.

23.2 Personal Pronouns 101

yo	I
Yo soy Rafael, ¿y tú?	I'm Rafael, and you?
me	me; to me; for me; myself
¡No me digas!	You don't say!
¿No me conoces?	Don't you recognize me?
– **¿Dígame?**	"Yes?"
– ¿Está Carola?	"Is Carola there?"
– No, no la he visto.	"No, I haven't seen her."
– **Dígale**, por favor, que estoy buscándola desde ayer y que tengo que darle una noticia importante.	"Please tell her that I've been looking for her since yesterday and that I have an important message for her."
– Bien, **se lo diré**.	"Fine, I'll tell her that."
– ¡No se olvide!	"Don't forget!"
– **Me lo apuntaré**.	"I'll make a note of it."

mí	me
Este regalo es para mí.	This gift is for me.
conmigo	with me
¿Quién viene conmigo a la playa?	Who's coming with me to the beach?

Object pronouns in the imperative

The direct and indirect object pronouns are attached to the *affirmative command*:

¡Píde**lo**!	*Ask for it!*
¡Tráiga**mela**!	*Bring it to me!*

To preserve the stress, an accent mark must be added.

With the *negative command*, the direct and indirect object pronouns are placed between the word of negation and the verb:

¡No **lo** pidas!	*Don't ask for it!*
¡No **me la** traiga!	*Don't bring it to me!*

---

tú	you
vos *Am*	you
te	you; to you; yourself
¿Te devolvió Miguel el libro?	Did Miguel return the book to you?
Te recojo de la oficina.	I'm picking you up at the office.
¿Te vas a la ópera?	Are you going to the opera?
ti	you
A ti no te conozco.	I don't know you.
contigo	with you
María irá contigo a Quito.	María will go to Quito with you.
con vos *Am*	with you

él	he, him
Tomás e Isabel son muy simpáticos, pero él tiene más gracia que ella.	Tomás and Isabel are very nice, but he's funnier than she.
Con él puedes contar.	You can count on him.
le	him (to); her (to); you (to)
Dile que vuelvo mañana.	Tell him/her that I'm coming back tomorrow.
lo, le	him; it
A Jorge no lo he visto.	I haven't seen Jorge.
No le hemos visto **hace días**.	We haven't seen him for days.
– ¿Qué le parece este reloj?	"What do you think of this watch?"
– No sé, lo encuentro muy caro.	"I don't know. I find it expensive."

---

ella
    El reloj se lo he regalado a ella.
    ¿Se han despedido ya de ella?

she; (to) her
    I gave her the watch.
    Have you said good-bye to her yet?

le
    Le he dicho que se tome vacaciones.

her (to); him (to)
    I told her/him that she/he should take a vacation.

la
    A Lucía no la veo.
    La película la encuentro muy divertida.

her
    I don't see Lucía.
    I find the film very entertaining.

usted, Ud., Vd.
    Dígale usted a la señora Martínez que se puede marchar a casa.
    A Vd. no la conozco.
    ¿Puedo ir con Ud.?

you
    Tell Mrs. Martínez that she can go home.
    I don't know you.
    May I go with you?

le
    ¿Qué le duele?

you (to)
    What hurts (you)?

lo, le *m*
    A usted no lo/le recuerdo.

you
    I don't remember you.

la *f*
    ¿Cuándo puedo llamarla?

you
    When can I call you?

ello
    No hace falta hablar de ello.

it
    There's no need to talk about it.

le
    Le doy mucha importancia a la puntualidad.

it
    I attach great importance to punctuality.

lo
    – ¿Dónde están mis gafas?
    – No lo sé.

it
    "Where are my glasses?"
    "I don't know."

nosotros, nosotras
    Nosotras nos vamos a la fiesta de Luis, ¿y ustedes?

we; us
    We (women) are going to Luis's party, and you (men)?

nos
    En primavera nos gusta estar junto al mar.
    Nos veremos el próximo año.

    Nos levantamos a las dos.

us; to us; ourselves
    In the spring we like being near the sea.
    We'll see each other next year.
    We get up at two o'clock.

vosotros, **vosotras** *Esp*	you
os *Esp*	you; to you; yourselves
Os llamamos pero no estabais.	We called, but you weren't there.
Os damos lo que queríais.	We're giving you what you wanted.
¿Os habéis cansado mucho?	Did you get very tired?

ellos	they; them
Ellos son los primos de José.	They are José's cousins.
Este libro es para ellos.	This book is for them.
los, **les** *m*	them; to them
– ¿Has llamado a los empleados?	"Have you called the employees?"
– Sí, les he dicho todo lo necesario.	"Yes, I told them everything necessary."

ellas	they; them
Ellas van a la playa, nosotros no.	They're going to the beach, we're not.
les	them; to them
Los médicos han protestado porque no les pagan lo suficiente.	The doctors have protested because they aren't paid enough.
las	them
No las llamamos porque era tarde.	We didn't call them because it was late.

ustedes, **Uds.**, **Vds.**	you
¿Ustedes hablan todos español?	Do you all Speak Spanish?
ustedes, **Uds.**, **Vds.** *Am*	you
Con ustedes no se puede discutir.	It's impossible to discuss anything with you.
les	you
Señoras y señores, les damos la bienvenida.	Ladies and gentlemen, we bid you welcome.
les *Am*	to you; for you
les, **los** *m*	you
Estimados pasajeros, les saludamos a bordo de nuestro avión.	We welcome you, our passengers, aboard our aircraft.
los *Am*	you
las *f*	you
¡Qué sorpresa, señoras! ¡No las había visto nunca por aquí!	What a surprise, ladies! I've never seen you here before!
las *Am*	you

se	oneself; herself; himself; itself; themselves; each other
Marisa se ducha todos los días.	Marisa showers every day.
Los niños se han comido el helado.	The children have eaten the ice cream.
se	to him; to her; to them; to you (singular and plural before direct object pronoun)

INFO

Personal pronouns *le* and *les*

The personal pronouns **le** and **les** become **se** when **lo**, **la**, **los**, or **las** is simultaneously used with the same verb. Example:

¿**Se lo** has dado?   *Have you given it to him?*

---

sí	himself; herself; yourself; itself; oneself; themselves; yourselves
Andrés sólo piensa en sí mismo.	Andrés thinks only of himself.
consigo	with oneself (himself, etc.)

23.3 Demonstrative Pronouns 102

este, esta, esto, estos, estas; **éste, ésta, éstos, éstas**	this; these; this one
– Esta fruta está muy buena.	"This fruit tastes very good."
– ¿Cuál? ¿Ésta?	"Which one? This one?"
ese, esa, eso, esos, esas; ése, **ésa, ésos, ésas**	that; those; that one
Esa moto de ahí es como la mía.	That motorcycle is like mine.
El chico, ése de ahí, es mi sobrino.	The boy, that one there, is my nephew.
– Quisiera ver esas faldas.	"I would like to look at those skirts."
– ¿Éstas?	"These?"
– Sí, ésas.	"Yes, those."

aquel, aquella, aquello, aquellos, aquellas; aquél, aquélla, aquéllos, aquéllas	that (over there); those (yonder)
Aquel día hizo un frío terrible.	On that day it was terribly cold.
Allí está mi pueblo, aquél, al pie de la montaña.	There is my village, that one there, at the foot of the mountain.

esto	this; it
Esto no me gusta.	I don't like this one.
eso	that
¿Qué es eso?	What is that?
aquello	that
Aquello sí que fue bonito.	That was really lovely.

23.4 Possessive Pronouns 103

mi, **mis**	my
Mis amigos se van de vacaciones mañana.	My friends are going on vacation tomorrow.
tu, **tus**	your
¿Tu nieta también vive en El Paso?	Does your granddaughter also live in El Paso?
su, **sus**	his; her; your; their
nuestro, nuestra, nuestros, nuestras	our
vuestro, vuestra, vuestros, vuestras	your

el **mío**, la **mía**, los **míos**, las **mías**	mine
el **tuyo**, la **tuya**, los **tuyos**, las **tuyas**	yours
– Estas llaves son las tuyas, ¿no?	"These keys are yours, aren't they?"
– Sí, son las mías.	"Yes, they're mine."
el **suyo**, la **suya**, los **suyos**, las **suyas**	his; hers; yours; theirs; its
el **nuestro**, la **nuestra**, los **nuestros**, las **nuestras**	ours
el **vuestro**, la **vuestra**, los **vuestros**, las **vuestras**	yours

23.5 Interrogative Pronouns 104

¿qué?	what?
¿Qué desea usted?	What do you want?
¿cuántos, cuántas?	how many?
– ¿Cuántos apellidos tienen los españoles?	"How many last names do Spaniards have?"
– Dos.	"Two."

¿cuánto?	how much?
¿Cuánto cuesta este libro?	How much does this book cost?
¿cuál?, ¿cuáles?	which (one)?; what?
¿Cuál es la capital de Honduras?	What is the capital of Honduras?
¿Cuál de ustedes me ayuda?	Which of you will help me?
¿quién?, ¿quiénes?	who?; whom?; whose?
¿De quién es esta maleta?	Whose is this suitcase?
¿Quiénes son tus amigas?	Who are your friends?
– ¿**A quién** viste ayer?	"Whom did you see yesterday?"
– A toda la familia.	"The whole family."

23.6 Relative Pronouns 105

que	who; that
La chica que me ha saludado es la hermana de Virginia.	The girl who greeted me is Virginia's sister.
que	whom; that; which
Juana todavía no me ha devuelto el DVD que le presté.	Juana still hasn't given me back the DVD that I loaned her.
el que, **la que**, **los que**, **las que**	he who; she who; they who
Todos los que quieran pueden venir con nosotros al cine.	All those who wish can come with us to the movies.
lo que	that which; what
Ya no me acuerdo de lo que te dije ayer.	I no longer remember what I said to you yesterday.

el cual, la cual, lo cual; los cuales, las cuales	which; who
Éste es el disco del cual te he hablado.	This is the disc about which I've told you.
lo cual	which
Teresa nos invitó a un helado, lo cual no era necesario.	Teresa invited us for ice cream, which was not necessary.

quien, quienes	who; whom; he who; those who; whose
Jaimito fue quien rompió la tele.	Jaimito was the one who broke the TV.
cuyo, cuya, cuyos, cuyas	whose

INFO

Cuyo, cuya, cuyos, cuyas

The *number* and *gender* of the relative pronouns **cuyo**, **cuya**, **cuyos**, **cuyas** depend on the following noun:

Los niños **cuyas madres** trabajan deben ser muy independientes.	*Children whose mothers work have to be very independent.*
Ésta es la familia **cuyos hijos** viven en Lima.	*This is the family whose children live in Lima.*

23.7 Indefinite Pronouns and Accompaniments 106

alguien	someone; somebody
¿Ha venido alguien a recoger el paquete?	Did someone come to pick up the package?
nadie	no one; nobody
Nadie sabía dónde estaban las llaves de casa.	Nobody knew where the house keys were.
algún, **alguno**, **alguna**; **algunos**, **algunas**	some; any; some people
¿Alguno de vosotros va a comprar el periódico?	Is any one of you going to buy the newspaper?
Algún día me iré para no volver.	Someday I'll go away and not come back.
Algunas veces preferimos estar en la casa que en el jardín.	Sometimes we prefer staying home to being in the garden.
ningún, **ninguno**, **ninguna**	no; not one; not any
Aquí no hay ningún hotel.	There's no hotel here.
Ninguno de ustedes quiso acompañarla.	Not one of you wanted to accompany her.
cualquier, **cualquiera**	any(one); anybody; some(one); somebody
Este trabajo lo puede hacer cualquier aprendiz.	Any trainee can do this job.
Pablo se ha comprado una revista cualquiera.	Pablo has bought himself some magazine.

---

cada	each; very
Cada día nuestra situación es más crítica.	Every day our situation is more critical.
cada uno, cada una	each one; every one
Cada uno de los niños recibirá un regalo.	Each of the children will receive a gift.

mismo, misma
same; self(same)
Nosotros mismos te recogemos
del aeropuerto.
We ourselves are picking
you up at the airport.
el mismo, la misma
the same (one)
Este es el mismo modelo que **el tuyo**.
This is the same model as
yours.

lo mismo
the same (thing)
Esta mujer siempre dice lo mismo
cuando los ve.
This woman always says the
same thing when she sees
you.

---

todo el mundo
everyone; everybody
Todo el mundo sabe que eso no
es verdad.
Everybody knows that it
isn't true.
lo demás; los demás, las demás
the rest; the others; the
remaining (ones)

De esta novela sólo me ha gustado
el final, lo demás no vale la pena.
Of this novel, I liked only
the beginning; the rest is
not worth reading.

¿Cuándo vienen los demás?
When are the others coming?
varios, varias
several; various
Te hemos escrito varios mensajes
pero no has contestado.
We wrote you several
messages, but you didn't
answer.

---

cierto, cierta
certain; true
Ciertas noticias deberían salir más
en la prensa.
Certain news should appear
in the press more often.
Las **noticias ciertas** deberían salir
más en la prensa.
True news should appear in
the press more often.

---

ante
in the presence of
No supimos qué hacer **ante una
situación** tan extraña.
We didn't know what to do
in the face of such a strange
situation.

---

otra cosa
something else; something
different
Hablando de otra cosa, ¿cómo
están tus padres?
To change the subject, how
are your parents?

---

por una parte ...
on the one hand ...
por otra parte ...
on the other hand ...
además de
besides; as well as; too
Esta tienda es, además de cara, mala.
This store, besides being
expensive, is bad.

---

tal
such (a)
¡Jamás he visto **tal cosa**!
I've never seen such a thing!

---

a pesar de	despite; in spite of
A pesar del mal tiempo hemos hecho una excursión.	In spite of the bad weather we made an excursion.
en vez de	instead of; in place of
Deme un bolígrafo negro en vez de este azul.	Give me a black ballpoint pen instead of this blue one.
en cuanto a	as for; as regards
En cuanto a nuestra amistad no ha cambiado nada.	As for our friendship, nothing has changed.
respecto a	with respect to; with regard to
Respecto a su propuesta debo decirle que la acepto.	With regard to your proposal, I must tell you that I accept it.
respectar	to concern; to regard; to pertain
referente a	regarding; with regard to
Referente a la composición musical no hay nada que criticar.	Regarding the musical composition, there's nothing to criticize.
según	according to
Según el contrato no tenemos que pagar la reforma.	According to the contract, we don't have to pay for the renovation.

23.8 Prepositions 107

a	to; in; at; by; of; for; on
Llama a Marta para que venga.	Call Marta, so that she'll come.
A ellos no les gusta hablar.	They don't like to talk.
No nos vamos a Managua.	We're not going to Managua.
Iremos a las cuatro.	We're coming at four.
con	with
Carlos va con Marisa al teatro.	Carlos is going to the theater with Marisa.
Sonia vive con Tomás en un piso pequeño.	Sonia lives with Tomás in a small apartment.
El señor Lobos ha sido muy amable conmigo.	Mr. Lobos has been very friendly to me.
sin	without
No salgas a la calle sin abrigo porque hace frío.	Don't go out without your coat, because it is cold.
Ha sido **sin querer**.	It happened unintentionally.
de	of; from; for; by; than; in

INFO

a + el = al; de + el = del

The preposition **a** combines with the article **el** to form **al**:

el centro	*the center (of town)*
Este autobús va **al** centro.	*This bus goes to the center of town.*
el sol	*the sun*
No estés tanto tiempo **al** sol.	*Don't stay in the sun too long.*

The preposition **de** combines with the article **el** to form **del**:

el señor	*the gentleman*
La farmacia **del** señor Sotelo está abierta.	*Mr. Sotelo's pharmacy is open.*

But:

With *stressed personal pronouns*, no contraction occurs:

A él le ayuda su tía.	*His aunt helps him.*

para	for; to; in order to; toward
por	by; for; through; at; across; about; per

23.9 Conjunctions 108

que	that
Deseamos **que se mejoren**.	We hope that you feel better.
pero	but
Quisiera acompañaros a la estación pero no tengo tiempo.	I would like to take you to the train station, but I don't have time.

(en) caso (de) que	in case
En caso de que no estemos en casa, llamad al vecino.	In case we aren't at home, call the neighbor.
sin embargo	however; nevertheless
No hablé con el director, sin embargo pude hablar con la actriz.	I didn't speak with the director; however, I was able to speak with the actress.

INFO

Para – Por

The preposition **para** is used to show *purpose, destination,* or *use* or to express *a point in future time*. Examples:

Este regalo es **para** ti.	*This gift is for you.*
Estos dulces son **para** los niños.	*These sweets are for the children.*
Estudio español **para** hablar con mis amigos cubanos.	*I'm learning Spanish to talk with my Cuban friends.*
Salgo **para** Cádiz.	*I'm leaving for Cadiz.*
Esto lo terminamos **para** mañana.	*We'll finish this for tomorrow.*
Haz el trabajo **para** mañana.	*Have the work done by tomorrow.*

The preposition **por** can have a *causal, temporal,* or *concessive* function. Examples:

No vino **por** el frío.	*He/she didn't come on account of the cold.*
Eso me pasa **por** tonto.	*That happens to me through my own stupidity.*
Juan estará **por** un tiempo en Cádiz.	*Juan will be in Cadiz for a while.*
Trabajo **por** la noche.	*I work at night.*
No **por** mucho madrugar amanece más temprano. *refrán*	*However early I get up, it doesn't get light any sooner.*

In addition, **por** is used:

— to express a *price* or *exchange*:

Lo vendo **por** 1.000 euros.	*I'm selling it for 1,000 euros.*
Hemos comprado esta casa **por** medio millón.	*We bought this house for half a million.*

— in vague expressions of *place* and *transit*:

Está **por** ahí. Pasea **por** el parque.	*She's somewhere around. She's taking a walk through the park.*
Pasará **por** León.	*He will drive through Leon.*

— in *passive constructions* to denote the *agent*:

La novela fue escrita **por** Cervantes.	*The novel was written by Cervantes.*

Other possible uses of **por**:

Te llamo **por** teléfono.	*I'll call you on the phone.*
¿Cuánto es **por** persona?	*How much is it per person?*
Le enviamos los documentos **por** mensajero.	*We are sending you the documents by courier.*

INFO

---

e – u

Instead of **y** (*and*), **e** is used when the following word begins with **i-** or **hi-**; **u** replaces **o** (*or*) before words beginning with **o-** or **ho-**.

---

y
Me han regalado un sombrero
y un abrigo.

and
They gave me a hat and
a coat.

e
Julia **e Isidro** se casaron hace
cuatro años.

and (before an **i**)
Julia and Isidro got married
four years ago.

o
¿Quieres vino tinto o blanco?

or
Would you like red or white
wine?

u
Un día **u otro** llegará la carta.

or
Sooner or later the letter
will come.

---

si
Si estás enfermo quédate en cama.
Carmen quiere saber si vienes a comer.

if; in case; whether
If you are ill, stay in bed.
Carmen wants to know
whether you're coming
to eat.

si no
Manda la carta por mensajero, si no,
no llegará a tiempo.

if not; otherwise
Send the letter by
messenger; otherwise it will
not arrive on time.

sino
Ése no es Mariano sino su
hermano mayor.

but; except; besides; only
That's not Mariano, but his
older brother.

---

sin que
Juana se fue sin que la oyéramos.

without
Juana left without our
hearing her.

---

como si
Ponte cómodo, como si estuvieras
en tu casa.

as if
Make yourself comfortable,
as if you were at home.

aunque

Aunque no tengo ganas, iré a tu casa.

Aunque sea tarde no podremos
irnos a casa.

(al)though; notwithstanding;
even if
Although I don't want to,
I'll go to your house.
Even if it's late, we won't be
able to go home.

INFO

Subjuntivo (VI)

Certain conjunctions (**para que**, **sin que**, **hasta que**) always require the *subjunctive*:

Escribe la carta **para que** llegue a tiempo.	*Write the letter, so that it will arrive on time.*
Rafael siempre viene **sin que** lo llamen.	*Rafael always comes without our seeing him.*
Voy a trabajar **hasta que** termine el informe.	*I'll work until I've finished the report.*

In the following statement of condition, the *subjunctive* is always used in the dependent clause:

No use la lavadora **a menos que** esté llena.	*Don't use the washing machine until it is full.*
Toma mi coche **siempre y cuando** vayas con cuidado.	*Take my car, provided you drive carefully.*
En caso (de) que venga Juan dile que lo estoy esperando.	*In case Juan comes, tell him that I'm waiting for him.*
Por más que lo diga, no lo hace.	*However often he may say it, he doesn't do it.*
Por mucho que trabajes, no lo vas a conseguir.	*However much you work, you're not going to succeed.*

The following conjunctions can be used with the *indicative* or the *subjunctive*, with a resulting *difference in meaning*:

aunque	*although + indicative*	*even if + subjunctive*
cuando	*when(ever) + indicative*	*if/as soon as + subjunctive*
mientras	*while + indicative*	*provided + subjunctive*

mientras (que)	while; whereas
Mi mujer madruga mientras que yo me levanto tarde.	My wife gets up early, whereas I rise late.
ni ... ni ...	neither ... nor
O sea que no te gusta ni la carne ni el pescado.	So, you like neither meat nor fish.

False Friends

Spanish Word	Thematic Meaning	False Friend	Spanish Equivalent
ante	**in the presence of**	ante	apuesta inicial, precio
respecto a	**with regard to**	respect	respeto

My Vocabulary

_____

_____

_____

_____

_____

_____

_____

_____

_____

_____

_____

_____

_____

_____

_____

_____

24
Americanisms

INFO

Americanisms

Latin American Spanish exhibits certain characteristics in the areas of pronunciation, vocabulary, and grammar. This chapter presents a few of the most common Americanisms of Spanish-speaking America. The following list is organized in accordance with the themes and subject matter of the first 23 chapters. The Americanisms are listed in the left column, the Spanish versions used in the Iberian Peninsula are in the center column, and the English equivalents appear in the right column.

24.1 Personal Information 109

el **carnet**	el documento de identidad	identification card
la **cédula**	el documento de identidad	identification card

24.2 Looks and Activities 110

agarrar	coger	to grasp, to seize, to take
angosto, angosta	estrecho, estrecha	narrow
apurarse	darse prisa	to hurry
la **barbería**	la peluquería de caballeros	barbershop
botar	tirar, echar	to throw away
catire *Ven*	rubio, rubia	blond
estar/andar apurado, apurada	tener prisa	to be in a hurry
estar parado, parada	estar de pie	to stand
halar	tirar	to pull
jalar	tirar	to pull

mono, mona *Col*	rubio, rubia	blond
la **pera**	la barbilla	chin
pararse	ponerse de pie	to stand up
la **peluquería**	la peluquería de señoras	beauty parlor
prender	encender	to light, to turn on (light)
voltear	volver	to return

24.3 Health and Medicine 111

el **cigarro**	el puro	cigar
estar alegrón	estar alegre	to be tipsy
el **fósforo**	la cerilla	match
los **lentes**	las gafas	eyeglasses
el **resfrío**	el resfriado	bad cold
la **tapadura**	el empaste	filling

24.4 Mental Processes and States, Behavior 112

chascoso, chascosa	desgreñado, desgreñada	disheveled
enojado, enojada	enfadado, enfadada	angry, annoyed
enojarse	enfadarse	to get angry, to get annoyed
flojo, floja	vago, vaga	lazy
fuerte	alto, alta	loud

obstinado, obstinada *Ven*	enfadado, enfadada	angry, annoyed
pechoño, pechoña	santurrón, santurrona	sanctimonious
sobrado, sobrada	presumido, presumida	conceited

24.5 Shopping, Food and Drink, Clothing, Jewelry 113

el **ananás**	la piña	pineapple
la **arveja**	el guisante	pea
la **banana**	el plátano	banana
el **changuito**	el carrito	shopping cart
la **cigarrería**	el estanco	tobacco shop
el **corpiño**	el sujetador	bra
la **crema**	la nata	cream
el **damasco**	el albaricoque	apricot
el **durazno**	el melocotón	peach
la **frutilla**	la fresa	strawberry
el **frijol**	la judía	bean
lindo, linda	bonito, bonita	pretty
la **manteca**	la mantequilla	butter
el **marchante**, la **marchanta**	el cliente, la clienta	client
la **papa**	la patata	potato
el **piyama**	el pajama	pajamas

el **pulóver**	el suéter	sweater
el **saco**	la chaqueta	jacket
el **salame**	el salchichón	salami
el **sandwich**	el bocadillo	sandwich
el **sartén**	la sartén	frying pan
el **sostén**	el sujetador	bra
el **taco**	el tacón	heel
el **terno**	el traje	suit
tomar	beber	to drink
el **vestido**	el traje	suit
la **vitrina**	la vidriera	display window
el **zíper**	la cremallera	zipper

24.6 Living Arrangements 114

la **ampolleta**	la bombilla	light bulb
el **balde**	el cubo	pail, bucket
la **baranda**	la barandilla	railing, banister
el **bidón de basura**	el cubo de basura	garbage pail
el **botón**	el interruptor	switch
cambiarse	mudarse de casa	to move
la **cobija**	la manta	blanket
el **concreto**	el cemento	cement
el **departamento**	el piso	apartment
el **foco**	la bombilla	switch

la **heladera**	el refrigerador, la nevera	refrigerator
la **pieza**	la habitación	room
tapado, tapada	atascado, atascada	stopped up

24.7 Private Life, Social Relations 115

Chévere.	Formidable.	Great.
Cómo no.	Por supuesto.	Of course. Naturally.
¡Nos vemos!	¡Hasta luego!	So long!, See you later!

24.8 Education, School, University 116

aplazar	suspender	to fail (in school)
el **liceo**	el instituto	high school, secondary school
la **prueba**	el examen	test, exam
quedar aplazado, aplazada	quedar suspendido, suspendida	to flunk out

24.9 Occupations and the Job World 117

el **chofer**	el chófer	driver
la **piola**	la cuerda	cord, string, rope
el **plomero,** la **plomera**	el fontanero, la fontanera	plumber

24.10 Leisure Time, Recreation, Sports, and Games 118

el boleto	la entrada	ticket
la cancha	el campo deportivo	playing field

24.11 Travel and Tourism 119

la carpa	la tienda de campaña	tent
la estadía	la estancia	stay
el pasaje	el viaje	trip
la valija	la maleta	suitcase
la visa	el visado	visa

24.12 Business and the Economy 120

el almacén	la tienda de comestibles	grocery store
la bodega	tienda de comestibles	grocery store
el boliche	tienducha	small store, hole-in-the-wall
el contador, la contadora	el, la contable	bookkeeper
efectivar	cambiar en efectivo	to cash
la mercadería	la mercancía	merchandise, goods
el monopolio	el estanco	monopoly
el patrón, la patrona	el jefe, la jefa	boss
la plata	el dinero	money

el **sencillo**	el dinero suelto	loose change
en **concreto**	al contado, en efectivo	in cash

24.13 Communications and Mass Media 121

el **altoparlante**	el altavoz	loudspeaker
el **aviso**	el anuncio	classified ad
la **carta registrada**	la carta certificada	registered letter
las **cartas detenidas**	la lista de correos	General Delivery
el **celular**	el móvil	cell phone
el **directorio de teléfonos**	la guía telefónica	telephone directory
la **estampilla**	el sello	stamp
el **noticioso**	las noticias	news
el **radio**	la radio	radio

24.14 Traffic, Means of Transportation 122

andar en bicicleta	ir en bicicleta	ride a bicycle
el **baúl**	el maletero	trunk
la **boletería**	la ventanilla	ticket window
el **boleto**	el billete	ticket
la **bomba**	la gasolinera	gas station
el **bus**	el autobús	bus
el **carro**	el coche, el auto	car

la chapa	la matrícula	license plate
el coche-dormitorio	el coche-cama	sleeping car
la combinación	el enlace	connection
el compartimiento	el compartimento	compartment
dañado, dañada	estropeado, estropeada	damaged, defective
demorarse	retrasarse	to be late
doblar	torcer, girar	to turn
enceguecer	cegar	to blind
el ferry-boat	el transbordador	ferry
manejar	conducir	to drive
parquear	aparcar	to park
la playa	el estacionamiento	parking lot
el tránsito	el tráfico	traffic
la vereda	la acera	sidewalk
el vagón-restaurante	el coche-restaurante	dining car

24.15 Nature, the Environment, Ecology 123

la grama	el césped	lawn
la mata	el matorral	bush
el palo	el árbol	tree
el tierral *Mex*	polvareda	cloud of dust
el zorrino	la mofeta	skunk

24.16 Time and Space 124

a la mañana	por la mañana	in the morning
a la noche	por la noche	at night
a la tarde	por la tarde	in the afternoon
acá	aquí	here
allá	allí	there
A.M.	de la mañana	A.M.
ahorita	ahora	right now
el **día feriado**	el día festivo	holiday
P.M.	de la tarde	P.M.
recién	recientemente	recently

24.17 General Concepts 125

el **cabro,** la **cabra**	el muchacho, la muchacha	boy, girl, teenager
liviano, liviana	ligero, ligera	light
malograrse	romperse, estropearse	to break, to get damaged or out of order
el **vidrio**	el cristal	glass

Additional Tips and Information

INFO

Pronunciation

Words that end in a *vowel*, *-n* or *-s* are stressed on the *next-to-last syllable*. Words that end in a *consonant* (other than -n or -s) are stressed on *the last syllable*.

If the pronunciation deviates from those rules, the words contain an accent mark on the stressed syllable.

Note: The stress in a word is constant. Therefore, if personal pronouns, for example, are attached to a verb, an accent mark must be added.

Redistribution of sound: When a word ends in a consonant and the following word begins with a vowel (or vice versa), the sounds are not kept distinct, but are *joined*. Example:

Isabel y Amparo son estupendas.   *Isabel and Amparo are wonderful.*

If a word ends in *the same vowel* with which the following word begins, the vowel is *sounded only once*. That also applies when the following word begins with *h* and the same vowel. Examples:

la arena (larena); la hamaca (lamaka)

INFO

Adjectives

As a rule, adjectives follow nouns. When adjectives precede nouns, the meaning of the noun is intensified or changes. Example:

| una información cierta | *true information* |
| una cierta información | *certain information* |

Frequently an expression is repeated to lend more emphasis to a statement. This applies not only to adjectives:

| Lucía es **rubia, rubia**. | *Lucía is blond, very blond.* |
| **¡Pase, pase!** | *Come on in!* |

This duplication is used also in turns of speech:

| **¡Vaya, vaya!** | *Well, well!* |
| **¡Venga, venga!** | *You don't say!* |

INFO

Articles

If a word that is *feminine in gender* begins with a stressed *a*, the *masculine definite article* is used in the singular. Examples:

el agua limpia, el águila blanca, el alma pura

But:

las aguas limpias, las águilas blancas, las almas puras

In some *turns of speech*, *the meaning* changes when the indefinite article is used in place of the definite article:

Tengo **la mosca** detrás de la oreja.	*It seems suspicious to me.*
Tengo **una mosca** detrás de la oreja.	*I have a fly behind my ear.*

The meaning also changes when, instead of the definite article, no article is used:

Está **en cama**.	*He/She is sick in bed.*
Está en **la cama**.	*He/She is in bed.*
La aspirina quita **dolores**.	*Aspirin alleviates some pains.*
La aspirina quita **los dolores**.	*Aspirin alleviates pain.*

For *titles*, *occupations*, and *institutions*, the definite article is commonly used:

la señora Sánchez—*Mrs. Sánchez*, **el doctor** Martí—*Dr. Martí*.

INFO

Verbs

In the present indicative, the first person singular always ends in **-o**, with the exception of these verbs: **ir (voy)**, **dar (doy)**, **ser (soy)**, **estar (estoy)**, **saber (sé)**, and **haber (he)**.

List of Information Boxes

List of Information Boxes

Index of False Friends

Track List of the MP3

Track	Title	
1	1.1	Personal Data
2	1.2	Nationality, Languages, Countries, Ethnic Groups
3	2.1	Body Parts and Organs
4	2.2	Sexuality, Reproduction
5	2.3	Birth, Stages of Life, Death
6	2.4	Senses and Perceptions
7	2.5	Activities, Movements, States
8	2.6	Appearance
9	2.7	Cosmetics and Personal Grooming
10	3.1	General State of Health
11	3.2	Medical Care
12	3.3	Diseases and Treatment
13	3.4	Drugs, Tobacco, Alcohol
14	4.1	Feelings
15	4.2	Thoughts
16	4.3	Character, Behavior
17	4.4	Human Abilities and Communication
18	5.1	Shopping
19	5.2	Eating and Drinking
20	5.3	Groceries and Cooking
21	5.4	Eating Out
22	5.5	Articles of Clothing
23	5.6	Cleaning and Care
24	5.7	Materials and Properties
25	5.8	Jewelry and Accessories
26	6.1	Housing and Construction
27	6.2	Buying, Renting, and Inhabitants
28	6.3	Apartments and Furnishings
29	6.4	Household and Housework
30	7.1	Individuals, Families
31	7.2	Saying Hello and Good-bye
32	7.3	Youth Scene, Young People
33	7.4	Social Ties, Social Groups
34	7.5	Social Behavior
35	7.6	Relationships of Possession
36	8.1	Education
37	8.2	Classroom Instruction, School
38	8.3	University, Studies
39	9.1	Professional Tools
40	9.2	Office Items
41	9.3	Career Training and Careers
42	9.4	Work, Working Conditions

Track	Title	
43	10.1	Leisure Time, Hobbies, and Games
44	10.2	Sports
45	10.3	Theater, Film
46	10.4	Parties and Celebrations
47	11.1	Traveling and Making Travel Preparations
48	11.2	Accommodations
49	11.3	Sights of Interest
50	12.1	Visual Arts
51	12.2	Music and Dance
52	12.3	Literature
53	13.1	History
54	13.2	Religion
55	14.1	Constitution, State Institutions
56	14.2	Politics, Political Systems
57	14.3	Laws, Systems of Justice, Crime, Police Force
58	14.4	Political Resistance
59	14.5	Latin American Countries
60	14.6	International Relations
61	14.7	War and Peace
62	15.1	Agriculture, Fishing, and Mining
63	15.2	Industry, Handicrafts, and Technology
64	15.3	Company Operations
65	15.4	Trade, Services, and Insurance
66	15.5	Money and Banking
67	16.1	Postal Service and Telecommunications
68	16.2	Radio, Television
69	16.3	Print Media and Books
70	16.4	Multimedia, Computers, Internet
71	17.1	Individual Transportation
72	17.2	Public Transportation System
73	18.1	Universe, Earth
74	18.2	Geography
75	18.3	Bodies of Water, Coasts
76	18.4	Climate, Weather
77	18.5	Materials, Substances
78	18.6	Plants, Flowers, and Trees
79	18.7	Animals, Keeping an Animal
80	18.8	Town, Country, Infrastructure
81	18.9	Ecology, Environmental Protection
82	19.1	Days of the Week and Dates
83	19.2	Months
84	19.3	Year, Seasons
85	19.4	Time, Time of Day, Periods of Time
86	19.5	Other Time Concepts

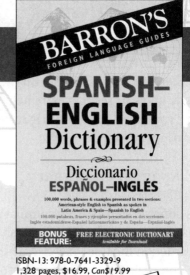